Übersetzen als Problemlöseprozess

Xue Li

Übersetzen als Problemlöseprozess

Praktisches Übersetzen anhand von Übersetzungsbeispielen aus der Automobilbranche im Sprachenpaar Deutsch-Chinesisch

Bibliografische Information der Deutschen Nationalbibliothek
Die Deutsche Nationalbibliothek verzeichnet diese Publikation
in der Deutschen Nationalbibliografie; detaillierte bibliografische
Daten sind im Internet über http://dnb.d-nb.de abrufbar.

Zugl.: Eichstätt-Ingolstadt, Kath. Univ., Diss., 2015

Umschlagabbildung: © Xue Li

Gedruckt auf alterungsbeständigem,
säurefreiem Papier.

D 824
ISBN 978-3-631-66456-8 (Print)
E-ISBN 978-3-653-05649-5 (E-Book)
DOI 10.3726/978-3-653-05649-5

© Peter Lang GmbH
Internationaler Verlag der Wissenschaften
Frankfurt am Main 2015
Alle Rechte vorbehalten.
PL Academic Research ist ein Imprint der Peter Lang GmbH.

Peter Lang – Frankfurt am Main · Bern · Bruxelles · New York ·
Oxford · Warszawa · Wien

Diese Publikation wurde begutachtet.

www.peterlang.com

Inhaltsverzeichnis

Vorwort

Die vorliegende Arbeit entstand als Dissertation an der Katholischen Universität Eichstätt-Ingolstadt an der Professur für „Deutsch als Fremdsprache" zwischen 2011 und 2014. Als ich mich für dieses Promotionsvorhaben und -thema entschied, befand ich mich bereits seit 9 Jahren in Deutschland und hatte inzwischen Sprachkenntnisse sowie alltägliche und kulturelle Erfahrungen gesammelt, die für die Anfertigung dieser Dissertation als unabdingbare Kenntnisvoraussetzungen erforderlich waren. Während der Promotionszeit war ich zugleich bei einem deutschen Automobilhersteller tätig. Die somit erworbenen beruflichen Erfahrungen und Erkenntnisse, insbesondere aus der Übersetzungspraxis, konnte ich gezielt in diese Arbeit miteinbeziehen, worauf einige meiner Ansichten und Auffassungen auch basieren und aufbauen.

Seit meiner Ankunft in Deutschland wurde ich von neugierigen Deutschen sehr oft gefragt: Worin besteht der Hauptunterschied zwischen der deutschen und der chinesischen Kultur? Immer wieder stellte ich dabei fest, dass diese Frage nicht in wenigen Sätzen zu beantworten ist, denn allein der Kulturbegriff in diesem Zusammenhang umfasst bereits eine uferlose Bandbreite an Inhalten und Bereichen. Diese Arbeit behandelt <u>einen</u> Teilaspekt des Kulturspektrums, die „menschliche Kommunikation". Konkret geht es dabei um den Versuch, die sprachlichen und kulturellen Unterschiede zwischen Deutschland und China im Rahmen des Übersetzens und im Besonderen während des Übersetzungsprozesses aufzuzeigen.

Dass die Promotion überhaupt zustande kam, ist meinem Doktorvater, Herrn Professor Dr. Klaus Müller geschuldet, dem ich dafür zutiefst danke. Seine unzähligen konstruktiven Ratschläge gaben mir insbesondere in der schwierigen Phase der Promotionszeit viel Kraft, Selbstbewusstsein und neue Orientierung. Ohne seine exzellente Betreuung wäre die Arbeit wohl kaum entstanden.

Mein großer Dank geht auch an Herrn Prof. Dr. Hans van Ess von der Ludwig-Maximilians-Universität München für seine unverzichtbare Unterstützung und besonders die Überprüfung der praktischen Übersetzungsbeispiele.

Herzlich bedanke ich mich bei Frau Prof. Dr. Johanna Meixner für ihre stets freundliche Hilfsbereitschaft und Ermutigung.

Herrn Roland Gumpert, Geschäftsführer der Gumpert Sportwagenmanufaktur GmbH, möchte ich an dieser Stelle für sein Verständnis und somit das Ermöglichen meiner flexiblen Arbeitszeiten ebenfalls meinen Dank aussprechen. Ganz besonderer Dank geht an meinen Ehemann Roland Beer für seine kontinuierlichen Ermutigungen. Er hat mich jederzeit und in jeder Hinsicht unterstützt.

Einführung

Wer schon einmal als Übersetzer[1] tätig war, ganz gleich ob professionell oder gelegentlich, war dabei sicher mit unterschiedlichsten Problemen konfrontiert. Nach meinen praktischen Erfahrungen konnte ich Folgendes feststellen: Verfügt der Übersetzer nicht über ausreichende Berufs- und Übersetzungserfahrung, wird er sich beim Übersetzen in erster Linie überwiegend auf die sprachlichen Probleme konzentrieren. Ist hingegen ein Übersetzer mit viel Erfahrung am Werk, wird er über die sprachbezogene Ebene und Grenze hinausgehen und sich zuerst mit den situativen wie kulturellen Bedingungen und Gegebenheiten der verschiedenen Länder und Kulturen beschäftigen. Ein geübter Übersetzer weiß genau, dass die situations- und kulturrelevanten Faktoren großen Einfluss auf die Übersetzung nehmen und oft sogar entscheiden, wie man viele sprachliche Probleme zu lösen hat.

Ich habe noch sehr gut eine Übersetzungssituation in Erinnerung, bei der mir ein ehemaliger Kollege aus der technischen Abteilung des Automobilherstellers, für den ich arbeitete, einen Satz mit chinesischer Übersetzung zur Überprüfung schickte. Der Originalsatz stand ursprünglich auf einem Aufkleber an der Innenseite der Fahrertür. Da das Fahrzeug aus Demonstrationsgründen nach China ausgeliefert werden sollte, wollte er den Aufkleber in die chinesische Sprache übersetzen, um dem chinesischen Partner die entsprechende Information zu übermitteln. Der deutsche Mitarbeiter verfügte über gewisse chinesische Grundkenntnisse und übersetzte den unten angegebenen Originalsatz mithilfe eines Online-Übersetzungsprogramms wie folgt:

Maximalgeschwindigkeit	*auf* dem gesamten		Betriebsgelände	ist 50 km/h[2]
整个	公司 场地	内	最 高 速度	限 为　50 km/h
(Zhengge	gongsi changdi	*nei*	zui gao sudu	xian wei　50 km/h)

Aus linguistischer Sicht handelt es sich um eine Übersetzung nach dem „wortgetreuen" Prinzip. Zunächst schlug ich ihm vor, das Wort „Betriebsgelände", anders als oben dargestellt, nicht als „公司场地 (gongsi changdi – Firmengebiet)",

---

1 In der vorliegenden Arbeit wird aufgrund der Einfachheit und Einheitlichkeit das Maskulinum verwendet.

2 Die jeweiligen chinesischen Übersetzungen sind in den gleichen Farben markiert wie die entsprechenden Originalwörter. Da in der chinesischen Sprache keine „Artikel" vor den Normen stehen, wird „dem" nicht übersetzt.

sondern als „厂区 (changqu – Fabrikgelände)" zu übersetzen. Das Hauptproblem bei diesem Übersetzungsfall befand sich jedoch nicht allein auf sprachlicher Ebene, vielmehr stellte sich die Frage, ob man diesen Satz überhaupt übersetzen sollte. Meiner Meinung nach war es unnötig, den Chinesen diese Information zur Maximalgeschwindigkeit zu übermitteln, da in China andere Regelungen bzgl. der Höchstgeschwindigkeit innerhalb der Ortschaften, auf Autobahnen und auf Betriebsgeländen gelten. Zudem ist es eine individuelle und betriebsabhängige Entscheidung, ob eine Geschwindigkeitsbegrenzung auf einem Betriebsgelände festgesetzt wird. Meine Empfehlung lautete daher, den deutschen Aufkleber einfach aus dem Auto zu entfernen. Als Alternative wäre auch denkbar gewesen, die Zahl „50" zu streichen und es dem chinesischen Partner zu überlassen, diese Information dem „Betrieb" und chinesischen Markt entsprechend nachträglich hinzuzufügen.

Dieses einfache Beispiel verdeutlicht, dass Übersetzen nicht nur die Sprache an sich betrifft, sondern eine Vielfalt übersetzungsrelevanter Faktoren zu berücksichtigen sind, die alle zusammen das Übersetzungsergebnis wesentlich beeinflussen. Diese Faktoren sind beispielsweise:

- Sinn oder Funktion des Ausgangstextes;
- die Zielleser und ihre Erwartungen und ihre Wünsche;
- der Wissensstand des Übersetzers;
- die Besonderheiten des Ziellandes und der Zielkultur.

Solche situativen und kulturellen Bedingungen können nur durch selbständiges Denken, Analysieren und Recherchieren vom Übersetzer in den Übersetzungsprozess mit einbezogen und berücksichtigt werden. Daher spielt die aktive Beteiligung des Übersetzers sowohl im gesamten Übersetzungsprozess als auch für das gesamte Übersetzungsergebnis eine entscheidende Rolle.

Im dargestellten Übersetzungsfall wurde für die Übersetzungsarbeit auch ein Online-Übersetzungsprogramm in Anspruch genommen. In diesem Zusammenhang rückt eine weitere „Übersetzungsmöglichkeit" neben dem Übersetzer in den Fokus – das maschinelle Übersetzen. Grundsätzlich kann das maschinelle Übersetzen unter bestimmten übersetzerischen Bedingungen und Situationen sehr gute Hilfe leisten und dem Übersetzer wichtige Unterstützung bieten, jedoch mit Einschränkungen. In der Datenbank oder in den Übersetzungsprogrammen ist in der Regel zwar eine Entsprechung eines einfachen Wortes zu finden. Zu entscheiden, ob die Entsprechung im Zieltext, für den Zielleser und für die Zielkultur geeignet und angemessen ist, ohne eine genaue Text- und Situationsanalyse vorzunehmen, ist jedoch nicht möglich. In der interkulturellen Kommunikation, auch in der Fach- und

Wirtschaftskommunikation, findet schließlich eine „Sprachmittlung" statt, „über sprachliche und kulturelle Grenzen hinweg" (Stolze, 2009, 386). Daraus resultiert, dass maschinelles Übersetzen der Komplexität der interkulturellen Kommunikation nicht gerecht wird und keine geeignete und ausreichende Lösung für Kommunikationsprobleme darstellt. Aufgrund solcher „Übersetzungseinschränkungen" zählt maschinelles Übersetzen nicht zu den Untersuchungsgegenständen dieser Arbeit.

Zusammenfassend soll die vorliegende Arbeit einem grundsätzlichen Motto folgen – aus der Praxis für die Praxis. Um vorab einen Überblick über die Gesamtstruktur dieser Studie zu geben, werden im Folgenden die aktuelle Relevanz, die Zielsetzung und der Aufbau der Arbeit erläutert.

a) Zur aktuellen Relevanz der Arbeit

Das 21. Jahrhundert ist gekennzeichnet durch ein wichtiges und offensichtliches Merkmal – die rasante Globalisierung, die enorme Auswirkungen auf das Zusammenleben der Menschen hat. Durch diesen Globalisierungsprozess treffen immer mehr Menschen aus verschiedenen Ländern durch Reisen, Ausbildung, wissenschaftliche Kongresse oder Geschäftstermine aufeinander. Dabei ist oft zu beobachten, dass gewisse Missverständnisse und Kommunikationsschwierigkeiten aus den Begegnungen unterschiedlicher Kulturen entstehen und dort auch auftreten. Einerseits liegen diese Verständigungsprobleme in den sprachlichen Unterschieden zwischen den Kommunikationspartnern begründet. Überwiegend lassen sich die Probleme jedoch auf die unterschiedlichen Kulturen, Traditionen und Normen zwischen diesen Ländern und somit auf die unterschiedlichen Denk- und Verhaltensweisen der Menschen zurückführen. Dies macht deutlich, dass interkulturelle Kommunikation nicht nur ein wichtiger Bestandteil des heutigen menschlichen Zusammenlebens ist, sondern vielmehr deren notwendige Voraussetzung.

Während interkulturelle Kommunikation und die daraus entstehenden Probleme immer mehr in den Mittelpunkt der Gesellschaft rücken, ist man dementsprechend verstärkt auf Verständigungsmittel und -möglichkeiten angewiesen. Nicht nur aus privaten und persönlichen Gründen, sondern besonders für wissenschaftliche und wirtschaftliche Zwecke werden ständig Dolmetsch- und Übersetzungsarbeiten benötigt. Sie gelten als unabdingbare Hilfsmittel und unverzichtbare Arbeitsgeräte und gewinnen den gesellschaftlichen Entwicklungen und Forderungen nach zunehmend an Bedeutung. Es lässt sich deutlich erkennen: Von der alltäglichen Arbeit in einem kleinen Joint Venture bis zu großen internationalen Kongressen sind Dolmetsch- und Übersetzungsarbeiten so unentbehrlich geworden, dass es ohne sie kaum noch möglich ist, eine problemlose Kommunikation und Zusammenarbeit zwischen Menschen aus unterschiedlichen Kulturen und mit verschiedenem Sprachengebrauch sicherzustellen.

Die Beispieltexte, welche im Rahmen der vorliegenden Arbeit behandelt und übersetzt werden, stammen aus dem Wirtschaftsbereich, konkret aus der Automobilbranche. Dies begründet sich einerseits aus meiner langjährigen Berufstätigkeit bei einem deutschen Automobilhersteller und andererseits aus wirtschaftlichen Entwicklungen und Interessen der heutigen Gesellschaft.

Nicht nur in den letzten 50 Jahren haben ausländische Unternehmen versucht, in China, einem Land mit großem Wachstumspotenzial und aussichtsreichen Zukunftschancen, Fuß zu fassen. Das wirtschaftliche Interesse zwischen chinesischen und ausländischen Geschäftspartnern nimmt stetig zu, die Geschäftsbeziehungen werden intensiver und die Geschäftsbereiche umfangreicher. Um wirtschaftliche Erfolge zu erzielen, müssen alle wesentlichen und erfolgsrelevanten Faktoren berücksichtigt und angestrebt werden. Die klassischen grundlegenden Kriterien wie Fachbereich und -technologie, die Qualität der hergestellten Produkte sowie das Preis-Leistungs-Verhältnis können in der heutigen globalisierten Gesellschaft jedoch nicht mehr alleine eine vollständige Zielerreichung garantieren. Dazu leisten Menschen mit ihren kreativen Ideen und kommunikativen Fähigkeiten einen großen Beitrag. Je stärker und härter der internationale Wettbewerb wird, umso wichtiger sind die individuellen Fähigkeiten und kommunikativen Kompetenzen der Menschen. Da sich das wirtschaftliche Handeln zwischen China und Deutschland mit Sicherheit noch intensivieren wird, muss eine problemlose Kommunikation und Verständigung zwischen diesen beiden Ländern bestmöglich gewährleistet sein. Dies macht deutlich, dass die hier behandelte Thematik mit dem aktuellen gesellschaftlichen und wirtschaftlichen Bedarf übereinstimmt und auch für die Zukunft von großer Bedeutung sein wird.

b) Zur Zielsetzung der Arbeit

Die vorliegende Arbeit verfolgt drei eng miteinander verbundene Ziele:

1) Sie soll dazu beitragen, die „Übersetzungsrealität" beim Übersetzen insbesondere in Hinblick auf die Übersetzungsmöglichkeiten und -schwierigkeiten ausreichend darzustellen sowie Lösungsfindungen aufzuzeigen. Die Ergebnisse sollen zeigen, wie konkrete übersetzungsrelevante Situationen richtig erkannt und eingeschätzt und damit auftretende Übersetzungsprobleme praxis- und situationsorientiert behoben werden können.

Die Entwicklung der Gesellschaft und somit die Veränderungen im menschlichen Zusammenleben wirken sich tief greifend auf die Tätigkeit der Übersetzer aus: Oft stehen sie unter Leistungs- und Zeitdruck zugleich. Einerseits wird von ihnen eine hervorragende Leistung hinsichtlich Qualität und Genauigkeit der Übersetzung erwartet, andererseits stehen ihnen meist zu wenig Zeit und nicht ausreichend Materialien sowie Informationen für die Anfertigung der Übersetzungsarbeit zur Verfügung. Die immer wieder neu geschaffenen oder erweiterten Arbeitsbereiche und -themen stellen eine weitere Herausforderung für die Übersetzer dar, sodass sie stetig ihren Anforderungen hinsichtlich Sprach- und Fachspezialisierung entsprechend arbeiten müssen. Da viele Übersetzer, vor allem Anfänger, noch keine umfangreiche Berufserfahrung sammeln konnten, sind sie mit diesen Anforderungen häufig überfordert. Diesbezüglich soll diese Arbeit den Übersetzern aufzeigen, wie sie sich schneller und effektiver die grundlegenden Übersetzungstheorien und -kenntnisse der übersetzerischen Praxis aneignen und bestimmte Übersetzungsschwierigkeiten optimal überwinden können. Eine vollständig neue Orientierung kann diese Arbeit den Übersetzern natürlich nicht bieten. Welche Kenntnisse der Übersetzer und inwieweit er diese individuell und subjektiv diesen Ausführungen entnehmen kann und welche Konsequenzen er daraus für seine übersetzerische Praxis zieht, bleibt ihm selbst überlassen.

2) Darüber hinaus ist mit der vorliegenden Untersuchung angestrebt, die Haupthypothese der Arbeit – „Übersetzen als Problemlöseprozess" nicht nur theoriebasierend zu bestätigen, sondern diese auch anhand von praktischen Übersetzungsbeispielen anschaulich zu bekräftigen.

Neben den Ausführungen zu den allgemeinen Übersetzungstheorien soll die Beschäftigung mit der Thematik des „Problemlösens" die verschiedenen Problemarten aufzeigen. Die einzelnen Problemarten, einschließlich der Probleme des Übersetzens, werden klassifiziert, analysiert und anschließend, von ihren konkreten Merkmalen ausgehend, nach den geeignetsten problemlösenden Strategien und Lösungswegen für das Übersetzen gefiltert.
Die ganzheitliche Betrachtung und die Gegenüberstellung des Übersetzens und des Problemlösens sollen es ermöglichen, auf einer theoretischen Ebene die Zusammenhänge zwischen diesen beiden Phänomenen herauszufinden. Um die Hauphypothese der vorliegenden Arbeit auch empirisch abzusichern, werden im praktischen Teil der Arbeit konkrete Beispieltexte behandelt und übersetzt. Dazu wird hier erstmals versucht, die während eines Übersetzungsprozesses auftretenden Probleme zusätzlich unter Einbezug problemlösender Theorien,

insbesondere in Bezug auf problemlösende Strategien und Prozesse, zu analysieren und konstruktiv zu bewältigen.

3) Zuletzt soll die vorliegende Untersuchung aufgrund der praxisorientierten Vorgehensweise einen „nachweisbaren" und „aussagekräftigen" Beitrag zu der übersetzungstheoretischen Forschung und Entwicklung leisten.

Die vorliegende Arbeit bietet im ersten Teil einen Einblick in die allgemeinen Übersetzungstheorien, die als notwendige Grundlage für das Übersetzen dienen. Das bedeutet jedoch nicht, dass sich diese Arbeit nur auf eine Darstellung oder Zusammenfassung der bereits anerkannten und bestehenden grundlegenden übersetzerischen Theorien konzentriert. Es geht vielmehr darum, diese bestehenden Theorien einerseits zu analysieren und zu verinnerlichen und sie andererseits auf den Prüfstand zu stellen und bei Bedarf zu optimieren. Daher werden im praktischen Teil der Arbeit die konkreten Übersetzungsbeispiele bzw. die zu übersetzenden Texte unter Einbeziehen von Übersetzungstheorien ausführlich analysiert, kritisch reflektiert und schließlich übersetzt.

Die allgemeinen Übersetzungstheorien können den Übersetzern zwar eine grundlegende Orientierung während des Übersetzungsprozesses bieten, jedoch keine konkrete Lösung für jedes Übersetzungsproblem aufzeigen. Keinem Übersetzungswissenschaftler wird es möglich sein, jedes denkbare Übersetzungsproblem theoretisch zu analysieren und einzuordnen. Daher sollen die während des praktischen Übersetzungsprozesses gewonnenen Erkenntnisse der Übersetzungswissenschaft als Impulse zur weiteren Theoriebildung dienen. Sie sollen Anhaltspunkte zu weiterführenden Überlegungen bieten und eventuell völlig neue Einsichten in der Übersetzungswissenschaft eröffnen.

Da zwischen der chinesischen und deutschen Sprache und im weiteren Sinne zwischen diesen beiden Kulturen noch ein Untersuchungsdefizit im Rahmen der Übersetzungswissenschaft besteht, soll mit dieser Ausführung versucht werden, diese wissenschaftliche „Lücke" sowohl theoriebasierend als auch praxisorientiert zu verringern.

c) Zum Aufbau der Arbeit

Um die obenerwähnten Ziele zu erreichen, gliedert sich diese vorliegende Arbeit in fünf Schwerpunktthemen und umfasst dementsprechend fünf Kapitel: „Übersetzungstheorien", „Theorien des Problemlösens", „Übersetzen als Problemlöseprozess", „Textklassifikation und Fachkommunikation" und „praktische Übersetzungsarbeiten". Während sich die ersten vier Kapitel überwiegend auf die übersetzerischen und problemlösenden Theorien konzentrieren, richtet sich Kapitel fünf an die konkreten praktischen Übersetzungsarbeiten.

Kapitel I

Zuerst geht diese Arbeit auf das gesamte Wesen des Übersetzens (**Kapitel 1.1**) und der Übersetzungswissenschaft (**Kapitel 1.2**) ein. Der Einblick in die Definitionen des Übersetzens und in die verschiedenen Ansätze der Übersetzungswissenschaft zeigt, dass die Gesamtentwicklung der Übersetzungswissenschaft grundsätzlich auf zwei wesentliche Ausprägungen der Disziplin hinweist, einerseits auf die linguistischen und sprachlichen und andererseits auf die funktionalen und kulturellen Aspekte. Der Begriff der „Äquivalenz" besitzt in der linguistisch orientierten Übersetzungstheorie eine zentrale Bedeutung wie der Terminus „Skopos" für die funktionalen und kulturellen Übersetzungsansätze.

Nach einer allgemeinen theoretischen Erläuterung richtet sich der Blick in den **Kapiteln 1.3–1.5** auf einzelne konkrete Übersetzungsaspekte und damit auf Übersetzungsprinzipien, -zwecke, -prozesse und -strategien. Die hier aufgeführten übersetzungsrelevanten Theorien sollen jedoch keineswegs apodiktisch vorschreiben, was und wie ein Übersetzer zu übersetzen hat, da diese Theorien keine „Gesetze" sind und auch nicht für alle Übersetzungsfälle und für alle Übersetzer gelten. Ihre Erörterung soll vielmehr eine Grundorientierung für die übersetzerische Arbeit bieten sowie anerkannte Übersetzungsmöglichkeiten und -alternativen beim übersetzerischen Handeln aufzeigen. Diese Übersetzungstheorien sind m.E. notwendige Grundlagen für einen gelingenden Übersetzungsprozess und stellen das unabdingbare „Vorwissen" für die Anfertigung einer angemessenen Übersetzungsarbeit dar.

Dennoch sollte man die aktive Rolle des Übersetzers in diesem Zusammenhang nicht vernachlässigen. Die Funktion und Kompetenzen des Übersetzers erläutert **Kapitel 1.6**. Das Übersetzen ist eine komplexe Handlung und Tätigkeit mit verschiedenartigen Anforderungen sowohl sprach- als auch kulturbezogen. Um den Anforderungen beim übersetzerischen Handeln nachzugehen und die Übersetzungsschwierigkeiten und -probleme lösen zu können, sind nicht nur sprachliche und kommunikative Kenntnisse, allgemeines Sach- und Fachwissen sowie übersetzungstheoretische Kenntnisse des Übersetzers erforderlich, sondern auch dessen interkulturelle Kompetenz und kreative Fähigkeiten sind gefragt. Letztlich ist die „Qualität" der Übersetzung davon abhängig, über wie viel übersetzerische Kompetenz der Übersetzer verfügt und wie er diese im Übersetzungsprozess gezielt anwenden kann.

Auf die praktische Übersetzungswissenschaft wird in **Kapitel 1.7** kurz eingegangen. Die Betonung liegt darauf, dass sich Übersetzungstheorien und praktische Übersetzungswissenschaft gegenseitig wichtige „Hinweise" zur Weiterentwicklung der Gesamtübersetzungswissenschaft liefern. Eine falsche und irrtümliche Fokussierung allein auf den rein theoretischen Bereich des Übersetzens sollte verhindert und zugleich die Relevanz der praktischen Übersetzungswissenschaft erkannt werden. Die vorliegende Arbeit will somit eine Brücke zwischen beiden Disziplinen schlagen.

Kapitel II

Der Fokus des zweiten Teils der Arbeit liegt auf der Thematik des „Problemlösens". In **Kapitel 2.1** wird das „Problem" anhand seiner drei Komponenten – unerwünschter Anfangszustand, erwünschter Endzustand und Barriere – definiert. Dabei wird das „Problemlösen" der menschlichen „Handlung" untergeordnet bzw. als „Handlung" aufgefasst, da die beiden Begriffe sowohl eine innere gedankliche Form als auch eine äußere Handlungsform aufweisen. Das entscheidende Kriterium ist, dass der Problemlöser und der Handelnde während des Denk- und Operationsprozesses intentional und zielgerichtet vorgehen.

Der Darstellung der Problemklassifizierung in **Kapitel 2.2** liegen vor allem die Auffassungen Dörners zugrunde. Seinen Theorien nach werden Probleme nach zwei Kriterien – „Klarheit der Zielvorgabe" und „Bekanntheitsgrad der problemlösenden Mittel" – konkret in Interpolations-, synthetische und dialektische Probleme unterteilt. Die wesentlichen Unterschiede zwischen diesen drei Problemtypen bzw. inwieweit Zielvorgabe und problemlösende Mittel der jeweiligen Problemgruppe bekannt sind, wird an konkreten Beispielen aufgezeigt.

Die genaue Charakterisierung und Identifizierung von Problemen liefern dem Problemlöser wichtige Hinweise für den Entwurf entsprechender problemlösender Strategien, die den Untersuchungsgegenstand von **Kapitel 2.3** darstellen. Hier wird in erster Linie das problemlösende und schlussfolgernde Denken, insbesondere auf deduktives, induktives und analoges Denken bezogen, erläutert. Das allgemeine logische Denken stellt die grundlegenden Kenntnisse, bzw. Überlegungen dar, auf die der Problemlöser prinzipiell immer zurückgreifen kann, wenn er mit Problemen konfrontiert ist. Die darauf folgenden konkreten heuristischen Problemlösestrategien beziehen sich auf verschiedene Problemtypen und entspringen den vorliegenden Merkmalen von Problemen. Einige der dargestellten heuristischen Problemlösestrategien können universal zur Lösungsfindung aller Problemarten verwendet werden, so etwa die „Situationsanalyse" oder die „Suche nach Operatoren oder Mitteln". Andere Strategien eignen sich wiederum für das Lösen bestimmter Probleme, beispielsweise wird die „Zerlegung des Gesamtziels" zum Lösen dialektischer Probleme bevorzugt. Da es sich in realen Problemsituationen häufiger um kreatives und komplexes Problemlösen handelt, widmen sich **Kapitel 2.4** und **2.5** explizit diesen beiden Aspekten. Im Vergleich zum kreativen Problemlösen, das vor allem den Einsatz der „kreativen Denkoperationen" vonseiten des Problemlösers erfordert, stellt das komplexe Problemlösen eine weitere Herausforderung dar, da der Problemlöser hierfür eine umfangreiche Wissensstruktur aktivieren muss. Diese zwei Kapitel sollen aufzeigen, wodurch sich das kreative und komplexe Problemlösen kennzeichnen und wie man vor allem die komplexen Probleme systematisch lösen kann.

Kapitel 2.6 geht auf problemlösende Kompetenzen und den individuellen Emotionsfaktor des Problemlösers ein. Wissen und Intelligenz gelten als grundlegende Kompetenzen des Problemlösers, die voneinander abhängen und in einer engen Wechselwirkung stehen. Da das Problemlösen intentional verläuft und die „Innensteuerung" des Problemlösers den Kernpunkt des Problemlösens bildet, spielt die Emotion des Problemlösers beim Problemlöseprozess eine wichtige Rolle. Die Selbsteinschätzung und das Selbstvertrauen können Erfolg beim Problemlösen herbeiführen, im Gegensatz resultiert aus Unsicherheit und Lustlosigkeit Misserfolg.

Da das Problemlösen immer in einem sozialen und kulturellen Rahmen stattfindet, wird in **Kapitel 2.7** das kulturvergleichende Problemlösen beschrieben. Hier ist festzustellen, dass die in einer Kultur bereits integrierten und verborgenen Kriterien wie Werte, Zielorientierung und Denkweisen der Menschen großen Einfluss auf die problemlösenden Strategien und Prozesse nehmen. Darüber hinaus wirken sich diese Kriterien auch auf die Kompetenzen des Problemlösers aus, beispielsweise aufgrund der unterschiedlichen Bildungsmöglichkeiten und seiner emotionalen Empfindungen während des Problemlöseprozesses.

Kapitel III

Im Mittelpunkt des dritten Kapitels steht die theoretische Darlegung der Haupthypothese der vorliegenden Arbeit. Nach dem Versuch einer Definition von „übersetzerischem Problem" in **Kapitel 3.1**, werden die Übersetzungsprobleme in **Kapitel 3.2** vor allem in Anlehnung an Nord's Theorien konkret in „ausgangstextabhängige", „pragmatische", „kulturpaarspezifische" und „sprachenpaarspezifische" Probleme unterteilt und beschrieben. Daraus ergibt sich, dass viele verschiedene Übersetzungsprobleme sowie deren Lösungswege miteinander verknüpft und voneinander abhängig sind, weshalb sie nicht oder nicht immer voneinander getrennt behandelt und gelöst werden können. **Kapitel 3.3** konkretisiert den Zusammenhang zwischen Übersetzen und Problemlösen in dreierlei Hinsicht – in Bezug auf das problemlösende Mittel, den problemlösenden Prozess und in Gegenüberstellung zum gesamten Problemlösen. Dabei wird eine Schlussfolgerung aus den vorangehenden Kapiteln gezogen sowie eine ganzheitliche Betrachtung der zwei Hauptbegriffe „Übersetzen" und „Problemlösen" vorgenommen.

Kapitel IV

Das vierte Kapitel dient ebenfalls als theoretische Grundlage der praktischen Übersetzungsarbeiten. Da die im praktischen Teil konkret zu übersetzenden Beispieltexte aus der Automobilbranche ausgewählt und behandelt werden, sollen vorab die theoretischen Grundlagen der Textklassifikation und Fachkommunikation in **Kapitel 4.1 und 4.2** erläutert werden. Dabei soll einerseits die entsprechende theoretische Grundlage gelegt und andererseits verdeutlicht werden, worauf sich die Beispieltexte beziehen und welche Merkmale diese Texte von vornherein mitbringen.

Kapitel V

Von allgemeinen übersetzerischen und problemlösenden Theorien ausgehend richtet sich diese Arbeit schließlich auf das praktische Übersetzen in der Automobilbranche mit ihren speziellen Merkmalen und Anforderungen. Dieses Kapitel behandelt drei konkrete Beispieltexte aus der Automobilbranche und richtet sich vor allem an chinesische Übersetzer. Die gesamte Arbeit thematisiert ausschließlich die Übersetzungen Deutsch – Chinesisch, da eine zusätzliche Übersetzung Chinesisch – Deutsch einen breiteren Umfang sowohl an Theorien als auch an praktischen Beispielen beansprucht und dies im Rahmen der vorliegenden Arbeit nicht zu realisieren ist. In diesem Kapitel sollen die wesentlichen übersetzerischen Fragen, die sowohl sprachsystem- als auch kulturbedingt sind, anhand der bereits dargestellten Übersetzungstheorien beantwortet und in Bezug auf Problemlösetheorien analysiert werden. Die Übersetzungs- und Analyseergebnisse bzw. die Befunde und Resultate des praktischen Teils liefern Nachweise und Argumentation für die Haupthypothese der vorliegenden Arbeit – Übersetzen als Problemlöseprozess.

Kapitel VI

Das **Fazit** beschließt die vorliegende Dissertation mit konkreten Schlussfolgerungen aus dem Dargestellten und führt Praxis und Theorie zusammen.

1. Theorien des Übersetzens und der Übersetzungswissenschaft

Translatologie oder auch Translationswissenschaft bezeichnet als Oberbegriff die Wissenschaft vom Dolmetschen und Übersetzen. Otto Kade machte den Begriff der Translation als neue Wissenschaftsdisziplin bekannt, indem er ihn als einen Prozess bzw. Vorgang definierte, der mit der Aufnahme des Ausgangstextes beginnt und mit der Wiedergabe des Zieltextes endet und „dessen wichtigster Bestandteil der Kodierungswechsel, d. h. die Umschlüsselung eines gegebenen Textes aus dem Kode AS [Ausgangssprache] in den Kode ZS [Zielsprache], bildet" (Kade, 1968, 33).

Obwohl sich die translatorische Tätigkeit durch die ältesten erhaltenen Übersetzungen in ihrer Tradition historisch bis ins 3. Jahrtausend v. Chr. zurückverfolgen lässt (vgl. Stolze, 2011, 15), setzte die Entwicklung ihrer Theoriebildung verhältnismäßig spät ein. Statt Translatologie, Translationswissenschaft oder Übersetzungsforschung wird in dieser Arbeit der Begriff der betreffenden Disziplin einheitlich als Übersetzungswissenschaft benannt. Dieses Kapitel beschreibt vorwiegend die Entwicklung und theoretische Fundierung der Übersetzungswissenschaft ab den 70er-Jahren, da sich in diesem Zeitraum nicht nur die bedeutendste und zum Teil revolutionäre Entwicklung der Übersetzungswissenschaft vollzog, sondern diese sich „als eigenständige Disziplin herausbilden konnte" (Siever, 2010, 15).[3] Vordergründig besteht jedoch der Bedarf, die Begrifflichkeit des Übersetzens zu erörtern.

---

3   Die Diskussion um die Übersetzungswissenschaft als eine Eigendisziplin wird teilweise bis heute fortgeführt (vgl. Siever, 2010, 13). Iscen geht in „Transformation und übersetzungswissenschaftliche Forschung" näher auf diese Frage ein und bezeichnet die Übersetzungswissenschaft als „bisher etabliert, aber auch problematisch beurteilt" (vgl. Iscen, 2008, 14). Die Grundproblematik besteht hauptsächlich darin, „man geht harmlos von einer ‚unabhängigen und eigenständigen Übersetzungswissenschaft' aus und unterteilt sie je nach Tendenz und Entwicklungsgrad dann in ‚spezifische Übersetzungswissenschaft' (linguistische etwa, oder textlinguistische)" (Iscen, 2008, 22). Daher verweist die Übersetzungswissenschaft gleichzeitig und widersprüchlich auf zwei Eigenschaften: einerseits als Eigendisziplin und andererseits als Teilaspekt. Wilss (1988) und Snell-Hornby (1986) beispielsweise bezeichnen die Übersetzungswissenschaft als „interdisziplinär". In Kapitel 1.2.4 wird Übersetzungswissenschaft im Hinblick auf die Interdisziplinarität erläutert. Da der Begriff Interdisziplin das genaue Gegenteil einer eigenständigen Wissenschaftsdisziplin angibt (vgl. Siever, 2010, 13),

1.1 Definition des Übersetzens

Traditionsgemäß werden die Definitionen bezüglich der zu behandelnden Thematik meist im ersten Kapitel einer wissenschaftlichen Arbeit thematisiert, mit dem Ziel, die Begrifflichkeit möglichst vollständig zu erläutern und zu konkretisieren. Dass sowohl das Übersetzen als auch die Übersetzungswissenschaft bereits mehrmals von verschiedenen Theoretikern als „aussichtsloses" und „uferloses" Unternehmen (vgl. Iscen, 2008, 17; vgl. Kvam, 2009, 21) beschrieben wurde, weist auf eine hohe Komplexität dieser neuen Disziplin hin. Aufgrund dessen begrenze ich die Begriffserklärung auf insgesamt sechs Bedeutungen des Übersetzens in Hinblick auf die linguistischen sowie auf die funktionalen und kulturellen Aspekte. Diese Darstellung bietet zwar keine begriffliche Gesamtschau, was in dem vorliegenden Zusammenhang auch nicht notwendig ist, dennoch führt sie die wichtigen und grundlegenden Auffassungen an, die für die vorliegende Arbeit von großer Bedeutung sind.

1.1.1 Übersetzen aus linguistischer Sicht

Entwicklungsgeschichtlich bedingt orientierte sich die Übersetzungswissenschaft in der Anfangsphase stark an der Sprachwissenschaft, somit wurde sie automatisch vom linguistischen Ansatz geprägt (siehe 1.2.2). Diese ausdrückliche linguistische Prägung bestätigt auch die Begriffserklärung des Übersetzens in Meyers enzyklopädischem Lexikon:

> Übersetzung: Wiedergabe eines Textes in einer anderen Sprache, Form der schriftlichen Kommunikation über Sprachgrenzen hinweg im Gegensatz zur aktuellen mündlichen Vermittlung des Dolmetschers. (…) Nach der Nähe zum Originaltext wird z. T. auch begrifflich differenziert zwischen Übersetzung (möglichst wortgetreuer Anschluss ans Original), Übertragung (freiere sinnbetonte Wiedergabe unter voller Berücksichtigung der semantischen, idiomatischen und stilistischen Eigentümlichkeiten der Zielsprache), Nachdichtung (formbedachte und gehaltkonforme Nachschöpfung, besonders bei poetischen Texten) (Meyers enzyklopädisches Lexikon, 1979, 76).

Während die Definition in der Brockhaus Enzyklopädie des Jahres 1999 nur die Wiedergabefunktion des Zieltextes anführt (vgl. Brockhaus, 1999, 4034), unterscheidet Meyers zusätzlich die „Wiedergabe", jedoch unter Berücksichtigung der übersetzerischen Prinzipien und Prozesse (siehe 1.3 und 1.4), in drei verschiedene Formen: diejenige der Übersetzung, der Übertragung und der Nachdichtung.

---

stellt die Verwendung dieses Begriffes die Eigenständigkeit der Übersetzungswissenschaft infrage.

Im weiteren Sinne ist unter dieser Definition zu verstehen, dass viele übersetzerischen Bestimmungen und Bedingungen, etwa der Zweck und die Funktion des Originaltextes sowie die textuellen Voraussetzungen, zum Beispiel Textsorten, einen Einfluss darauf haben, „wie" das Übersetzen letzten Endes durchgeführt werden soll.

Der linguistischen Betrachtungsweise zufolge richtet sich das Übersetzen grundlegend auf die „Relation" zwischen Ausgangstext und Zieltext, die von zahlreichen Übersetzungswissenschaftlern auf verschiedenen Ebenen unterschieden und somit differenziert wurde. Tatsache bleibt aber, dass sich das Übersetzen stets um diese „übersetzungskonstituierende Relation" bzw. um die „Äquivalenzrelation" (Koller, 2011, 192) bemühen muss, gleich in welcher Art und Weise und inwieweit die Differenzierungen dieses Begriffes divergieren. Ist von Relation zwischen Ausgangstext und Zieltext die Rede, kann man diese nicht konkretisieren, ohne Werner Koller und seine Äquivalenztheorie einzubeziehen. Koller hat den Äquivalenzbegriff (siehe 1.2.2.1) nicht nur ausführlich untersucht und veranschaulicht, er betrachtet diesen zudem als oberstes Gebot der übersetzerischen Praxis. In diesem Zusammenhang definiert er Übersetzung wie folgt:

> Eine Übersetzung ist das Resultat einer sprachlich-textuellen Operation, die von einem AS [Ausgangssprache] -Text zu einem ZS [Zielsprache] -Text führt, wobei zwischen ZS-Text und AS-Text eine Übersetzungs- (oder Äquivalenz-) relation hergestellt wird (Koller, 2011, 9).

Im eigentlichen Sinne bezeichnet Koller die Übersetzung als das, „was bestimmten Äquivalenzforderungen normativer Art genügt" (Koller, 2011, 203).[4] Daraus folgt, dass die Bearbeitungen von übersetzten Texten, die beispielsweise aufgrund von verschiedenen Alters- oder Zielgruppen vorgenommen wurden, oder die kommentierenden Inhaltserläuterungen nicht als Übersetzungen, sondern nur als Sonderform der Übersetzung aufzufassen sind. Dem äquivalenzorientierten Ansatz nach ist „die Unterscheidung zwischen Bearbeitung und Übersetzung" bei der Definition des Übersetzungsbegriffes von „fundamentaler Bedeutung" (Koller, 2011, 199). Anzumerken ist jedoch, dass es kaum möglich ist, eine klare und scharfe Grenze zwischen Übersetzung und Bearbeitung anhand der Erfüllung der Äquivalenzforderungen zu ziehen.

Ebenfalls an der Äquivalenzbeziehung und den Äquivalenzbedingungen orientiert sich die Definition durch die Enzyklopädie Philosophie und Wissenschaftstheorie:

---

4   Siever bezeichnet und kritisiert diesen Übersetzungsbegriff von Koller als „eingeschränkt" (vgl. Siever, 2010, 62).

Übersetzung: Bezeichnung für das Verfahren und das Ergebnis einer an teils miteinander konkurrierenden, teils einander ergänzenden Äquivalenzbedingungen orientierten (in der Regel schrittweisen, wenngleich nicht unbedingt linear vorgehenden) Ersetzung eines Textes der Ausgangssprache durch einen Text der Zielsprache (Enzyklopädie 1996, 370).

Die oben genannten Auffassungen bestätigen, dass die übersetzerische Relation zwischen Ausgangstext und Zieltext im linguistischen Übersetzungsansatz die Hauptrolle spielt. Dabei hat das Übersetzen die Funktion zu erfüllen, vereinfacht formuliert, den Ausgangstext durch den Zieltext wiederzugeben oder zu ersetzen. Im Vergleich zu den Definitionen des Übersetzens unter linguistischer Betrachtungsweise beinhaltet und beansprucht das funktionale und kulturelle Übersetzen mehrere Aspekte und Bestimmungen, die im Folgenden erläutert werden.

1.1.2 Funktionales und kulturelles Übersetzen

„Übersetzen ist bekanntlich eine historisch gewachsene und je nach kulturellem Hintergrund unterschiedlich konventionalisierte Größe" (Kvam, 2009, 15). Demzufolge kann Übersetzen nicht getrennt von situativen Gegebenheiten und Konventionen behandelt und betrachtet werden. Sowohl die gegebenen Situationen in der Kultur der Ausgangssprache als auch die situativen Bedingungen in der Kultur der Zielsprache sind zu berücksichtigen, sie beeinflussen das übersetzerische Handeln als Ganzes. Daher betont Wilss gewisse spezifische und situativ gegebene Merkmale sowie Einschränkungen des Übersetzens, die dem Übersetzer vor seiner Arbeit bereits bekannt sind, so beispielsweise die Übersetzungsabsicht und die Funktion des Übersetzens. Im pragmatischen Sinne fasst Wilss das Übersetzen als „einen spezifischen Typ situationsabhängiger, wertorientierter und ablaufkontrollierter sprachlicher Aktivität" auf (Wilss, 1988, 7).

Ähnlich wie Wilss hebt Vermeer die Komplexität des Übersetzens hervor und legt den Wert des Übersetzens gleichzeitig auf die funktionalen, kulturellen und sprachlichen Bestimmungen fest, die in einer neuen translatorischen Situation und durch eine „komplexe Handlung" berücksichtigt werden müssen:

Eine Translation ist nicht die Transkodierung von Wörtern oder Sätzen aus einer Sprache in eine andere, sondern eine komplexe Handlung, in der jemand unter neuen funktionalen und kulturellen und sprachlichen Bedingungen in einer neuen Situation über einen Text (Ausgangssachverhalt) berichtet, indem er ihn auch formal möglichst nachahmt (Vermeer, 1986, 33).

Folglich „[geht] es bei einer Translation nicht um sprachliche, erst recht nicht formale sprachliche Phänomene allein, Translation [ist] vielmehr ein kultureller und darin sprachlicher Transferprozess" (Reiß/Vermeer, 1984, 122). Schließlich gibt die aktuelle Brockhaus Enzyklopädie eine ausführliche Auffassung wieder, die das Übersetzen unter Berücksichtigung vielfältiger übersetzungsrelevanter Bedingungen sowie Situationen beschreibt:

> Übersetzung: *Philologie*: Art der Translation, bei der auf der Basis eines mündlich oder schriftlich fixierten Ausgangstextes auftrags- / zweck-, zeit- und situationsgebunden ein Zieltext mit vergleichbarer Funktion für Adressaten in einer anderen Kultur bzw. Sprache geschaffen wird. Im Unterschied zum Dolmetschen ist die Übersetzung wiederholbar, der Zieltext kann mehrfach korrigiert, überarbeitet und redigiert werden. Der Verwendungszweck bzw. die Funktion des Zieltextes, die Zeit für die Ausführung und der soziokulturelle Kontext der beteiligten Kulturen bzw. Sprachen bilden das situative Bedingungsgefüge, in dem der Übersetzer handelt (Brockhaus, 2006, Band 28, 195).

Zusammenfassend ist festzustellen, dass das funktionale und kulturelle Übersetzen immer „Transkultur" und „transkulturelles Handeln" (Vermeer, 1986) darstellt. Präziser bedeutet „Transfer" „die möglichste Lösung eines Phänomens aus seinen alten kulturellen Verknüpfungen und seine Einpflanzung in zielkulturelle Verknüpfungen" (Vermeer, 1986, 34). Ich schließe mich der Meinung Vermeers an und möchte ausdrücklich betonen, dass das Übersetzen immer mit situativer Bedingtheit verbunden ist und daher nicht problemlos und korrekt durchgeführt werden kann, ohne die kulturellen Aspekte von Ausgangskultur und Zielkultur einzubeziehen. Denn aufgrund der Veränderbarkeit des kulturellen Abstandes und der kulturellen Differenzierung ist keine konstante Übersetzungssituation gegeben. Der Frage nach dem konkreten Zusammenhang zwischen Kulturelementen und Übersetzen widmet sich Abschnitt 1.2.3.3.

Fazit: Aus den oben dargestellten Übersetzungsdefinitionen geht hervor, dass ihre Vertreter hauptsächlich zwei Zielsetzungen verfolgen. Konkret weisen die verschiedenen Bezeichnungen für das Übersetzen hauptsächlich auf zwei Richtungen der Begrifflichkeit hin: äquivalente Wiedergabe (Koller) einerseits und funktionale sowie kulturelle Transformierung (Vermeer) andererseits.

Um einen tieferen Einblick in das Forschungsfeld der Übersetzungswissenschaft zu gewinnen, sind jedoch die theoretischen Grundlagen sowie Ansätze des Übersetzens zu erörtern und zu thematisieren. Während der gesamten Entwicklung der Übersetzungswissenschaft lassen sich grundsätzlich zwei Ausprägungen der Disziplin unterscheiden: Zum einen stehen die linguistischen und sprachlichen Aspekte im Vordergrund, zum anderen geht es um Funktion, Kognition und Kultur, wonach die funktionalen, kognitiven und kulturellen Gesichtspunkte und Perspektiven in Übersetzungstheorien untersucht und berücksichtigt werden (vgl. Bernardo, 2010, 16). Im nächsten Kapitel wird die

Theoriebildung der Übersetzungswissenschaft in Hinblick auf diese beiden Ausprägungen dargestellt.

1.2 Theoriebildung der Übersetzungswissenschaft

Die Vielfalt übersetzerischer Ansätze erschwert es, die bestehenden Übersetzungstheorien überblickend zusammenzufassen. Die Problematik besteht einerseits darin, dass eine solche Zusammenfassung zu allgemein ausfällt und somit
für einzelne übersetzerische Aspekte ungeeignet ist, andererseits kann der Überblick zu wenig Ansätze umfassen, sodass er die Gesamtheit der Übersetzungswissenschaft nicht ausreichend darstellt. Die unten zu erörternden Theorien
knüpfen an die Perspektiven und die Betrachtungsweisen der Übersetzungsdefinitionen und runden diese ab. Demnach werden die übersetzungstheoretischen
Ansätze unter linguistischen sowie unter funktionalen und kulturellen Aspekten
beschrieben. Bevor ich jedoch näher auf die einzelnen Übersetzungstheorien
eingehe, soll zuerst die grundlegende Problematik der Übersetzbarkeit der Sprache kurz veranschaulicht werden.

1.2.1 Übersetzbarkeit und Unübersetzbarkeit

Die Fragen, ob eine bzw. jede Sprache übersetzbar ist und wo die Grenze der
Übersetzbarkeit liegt, wurden in den letzten Jahrhunderten intensiv diskutiert
und debattiert. Otto Kade machte bereits in der 60er-Jahren darauf aufmerksam,
dass die Haltung zu der Frage der Übersetzbarkeit in der gesamten Literatur zu
Fragen der Übersetzung eine entscheidende Rolle spielt (vgl. Kade, 1968, 15).
Bestätigung fand dies später durch Werner Koller: „Es gibt kaum eine Frage in
der jahrhundertealten Auseinandersetzung mit dem Übersetzen, die intensiver
und kontroverser diskutiert worden ist als die der theoretischen und praktischen
Möglichkeit oder Unmöglichkeit des Übersetzens" (Koller, 2011, 161).

Die Diskussionen über die Frage der Übersetzbarkeit und Unübersetzbarkeit
von Sprachen beinhalten zahlreiche verschiedene Aspekte, sodass es unmöglich
ist, eine allgemeingültige Aussage aus der Komplexität der vertretenen Meinungen zu extrahieren. Es ist nicht beabsichtigt, diese jahrhundertlange Debatte
erneut zu eröffnen und fortzuführen, dennoch möchte ich einige Theoretiker
erwähnen, die sich mit dieser Thematik umfassend auseinandergesetzt haben.

Wilhelm von Humboldt (1767–1835) betrachtet das Übersetzen sprachbe-
zogen und betont die Eigenartigkeit und Besonderheit der einzelnen Wörter einer Sprache, in der das „Denken" und der „Geist" eines Volks verborgen liegen
(vgl. Stolze, 2011, 25). Seiner Ansicht nach ist das Übersetzen wissenschaftlicher

und künstlerischer Texte besonders schwierig, da diese zusätzlich umfangreiche Komplexitäten beinhalten, die vom menschlichen Denkvermögen sowie kulturellen Bedingtheiten abhängen und daher nicht durch Sprache übersetzbar sind. Somit betont Humboldt einerseits die engste Verknüpfung zwischen einer Sprache und ihrer Kultur, macht aber anderseits deutlich, dass gerade diese enge Beziehung und Verbindung die Unübersetzbarkeit bedingt. Humboldt formuliert in einem Brief an A. W. Schlegel vom 23. Juli 1796:

> Alles Übersetzen scheint mir schlechterdings ein Versuch zur Auflösung einer unmöglichen Aufgabe. Denn jeder Übersetzer muss immer an einer der beiden Klippen scheitern, sich entweder auf Kosten des Geschmacks und der Sprache seiner Nation zu genau an sein Original oder auf Kosten seines Originals zu sehr an die Eigentümlichkeiten seiner Nation zu halten. Das Mittel hierzwischen ist nicht bloß schwer, sondern geradezu unmöglich (zit. nach Koller, 2011, 161).

Für jedes Wort einer Sprache ein äquivalentes Wort in einer anderen Sprache zu finden, hielt nicht nur Humboldt für unmöglich, sondern auch **Johann Leo Weisgerber** (1899–1985). Er bezeichnet jede Sprache als ein relativ „abgegrenztes" und „geschlossenes" (Stolze, 2011, 28) System, das auf die eigenen kulturellen Charakterzüge und Weltansichten hinweist und diese dementsprechend sprachlich zum Ausdruck bringt. Aufgrund dessen kann eine Fremdsprache die kulturbedingten Eigenschaften nicht äquivalent wiedergeben, weshalb auch kein Übersetzen in diesem Sinne angemessen ist. Weisgerbers Ansicht zu dem Verhältnis von „Sprache – Denken – Wirklichkeit", das auch den sprachphilosophischen Theorien zugrunde liegt, ist im Bereich der inhaltsbezogenen Sprachwissenschaft von großer Bedeutung (vgl. Koller, 2011, 170) und dient als theoretischer Ausgangspunkt seiner Übersetzungsproblematik.

Zusätzlich zu den oben erwähnten Auffassungen, die einerseits in Hinblick auf die kulturelle Betrachtungsweise und andererseits auf die Hervorhebung der äquivalenten Relation zwischen Wörtern der eigenen und fremden Sprache zusammengestellt sind, möchte ich das „linguistische Relativitätsprinzip" erläutern, welches von **Benjamin Lee Whorf** (1897–1941) und seinem Schüler **Edward Sapir** (1884–1939) entwickelt wurde und somit auch als „Sapir/Whorf-Hypothese" bekannt ist. Das linguistische Relativitätsprinzip betont ausdrücklich, dass der menschliche Gedanke stark durch den Wortschatz seiner eigenen Sprache beeinflusst und bestimmt ist. Das Relativitätsprinzip besagt, dass „nicht alle Beobachter durch die gleichen physikalischen Sachverhalte zu einem gleichen Weltbild geführt werden, es sei denn, ihre linguistischen Hintergründe sind ähnlich oder können in irgendeiner Weise auf einen gemeinsamen Nenner gebracht werden"

(Whorf, 1963, 12). Was Whorf mit dieser Bemerkung sowie seinem Relativitätsprinzip zum Ausdruck bringen wollte, verdeutlichen seine eigenen Worte:

> Wenn moderne chinesische oder türkische Naturwissenschaftler die Welt in den gleichen Termini wie die westlichen Wissenschaftler beschreiben, so bedeutet dies natürlich nur, dass sie das westliche System der Rationalisierung in toto übernommen haben, nicht aber, dass sie dieses System von ihrem eigenen muttersprachlichen Gesichtspunkte aus mit aufgebaut haben (Whorf, 1963, 13).

Da eine vollständige Übernahme aus anderen Kulturen, gleich ob es sich um die Übernahme des „Systems der Rationalisierung", des „Systems des Denkens" oder des „Aufbaus des Weltbildes" geht, kaum möglich erscheint, schließt Whorf in diesem Sinne die äquivalenten „Termini" in der westlichen und östlichen Kultur „relativ" aus.

Die Äquivalenz zu „relativieren" und somit festzustellen, dass „es eine völlige semantische Äquivalenz zwischen Wörtern verschiedener Sprachen nicht gibt" (Zima, 1994, 88), verweist auf einen wesentlichen theoretischen Bestandteil des Dekonstruktivismus. Das dekonstruktivistische Denken ist hauptsächlich in den USA, Großbritannien, Frankreich und Brasilien verbreitet und hat im deutschsprachigen Übersetzungsdiskurs keine tiefere Spuren hinterlassen (vgl. Siever, 2010, 128, 144). Unter Dekonstruktion ist im sprachlichen Kontext und aus übersetzerischer Perspektive konkret zu verstehen, dass sich ein geschriebenes Wort nicht auf einen bestimmten Sinn fixieren lässt und es in neuen Situationen immer wieder anders verstanden und im weiteren Sinne übersetzt werden kann. **Jacques Derrida** (1930–2004) gilt als Begründer des Dekonstruktivismus und Übervater der dekonstruktivistischen Übersetzungstheorie (vgl. Siever, 2010, 142). Er leistete einen wesentlichen Beitrag zur Entwicklung der Übersetzungswissenschaft in Hinblick auf die Beziehung bzw. Auseinandersetzung zwischen dem Übersetzbaren und Unübersetzbaren. Der „unübersetzbare Rest" und die „Unverständlichkeit" (Zima, 1994, 88) bilden die Hauptfaktoren, welche die Dekonstruktivisten, so auch Derrida und **Walter Benjamin** (1892–1940), faszinierten. Diese Faszination hatte und hat zur Folge, dass Thematisierung und Diskussion über den Dekonstruktivismus und die Unübersetzbarkeit der Sprache weiter anhalten.

Dennoch möchte ich nicht näher auf diese Diskussion eingehen, da die tausendjährige übersetzerische Praxis und die unzähligen übersetzten Literaturen sowie Publikationen bereits den besten Beweis für die „prinzipielle Übersetzbarkeit" (Koller, 2011, 181) der Sprachen erbracht haben. Die prinzipielle Übersetzbarkeit lässt zu, dass in jeder Sprache immer Unübersetzbares existiert, das „zu einer bestimmten Zeit und unter besonderen Umständen in einem bestimmten Land entwickelt und gebraucht wurde" (Gui, 2001, 240). Dieses „Nicht-Übersetzbare" soll nicht als Unübersetzbarkeit, sondern als Übersetzungsschwierigkeit betrachtet werden, die hauptsächlich von den Erfahrungen und Kompetenzen des Übersetzers abhängt und beispielsweise durch neue „erfundene" Entsprechungen in der Zielsprache überwunden werden kann. Dieser Auffassung entsprechend ist Übersetzbarkeit nicht nur relativ, sondern vielmehr auch „progressiv" (Koller, 2011, 188). Das bedeutet, jedes neue Übersetzen mindert die verschiedenartigen Übersetzungsschwierigkeiten und steigert somit die Übersetzbarkeit der Sprachen.

Eine übersetzungstheoretische Diskussion, ganz gleich ob diese die Grenze der Übersetzbarkeit betrifft oder ob es sich um einen konkreten übersetzerischen Ansatz handelt, kann in eine schwierige und endlose Situation geraten, die von Komplexität und Perspektivenreichtum geprägt ist. Die eigentlichen Bezugspunkte und „Inhalte" des Übersetzens sind zwar aufgrund des lediglich konkreten übersetzerischen Handelns eingeschränkt, dennoch kann jeder einzelne Teilaspekt dieses Handelns, zum Beispiel das Formen von Ausdrücken oder die pragmatische Anwendbarkeit der Sprache, weiter ausgebaut werden und somit neue Diskussionen auslösen. In dieser Arbeit werden die übersetzerischen Theorien einerseits auf den linguistischen, andererseits auf den funktionalen und kulturellen Ansatz eingeschränkt, um eine Ausuferung zu vermeiden.

1.2.2 Der linguistische Ansatz in der Übersetzungswissenschaft

In der Anfangsphase war Übersetzungswissenschaft lediglich auf die Linguistik ausgerichtet. Die Übersetzungswissenschaft galt in vielerlei Hinsicht als Unterdisziplin der Geisteswissenschaft und Sprachwissenschaft, die sich erst nach 1945 herausbildete (vgl. Kvam, 2009, 11). Die Verwissenschaftlichung und Etablierung der Übersetzungswissenschaft sind zwar mit der Entwicklung der Sprachwissenschaft verbunden, doch wollte sich die Übersetzungswissenschaft aus diesem Zusammenhang „emanzipieren" und schuf sich seit Mitte der 80er-Jahre eine gewisse Unabhängigkeit. In der Folge wurde sie nicht mehr als Teilbereich der Sprachwissenschaft und Literaturwissenschaft aufgefasst (vgl. Stolze, 2011, 155; vgl. Snell-Hornby, 1986, 12). Letztlich gelang es der Übersetzungswissenschaft als junge und selbstständige Disziplin anerkannt zu werden (vgl. Bernardo, 2010, 36).

Der linguistische Ansatz übernahm zwischen den 50er- und 70er-Jahren die Führung in der Übersetzungswissenschaft. Die Wiederbelebung und die erweiterten Untersuchungen des Begriffes der Übersetzungsäquivalenz, welche die Relation zwischen Ausgangstext und Zieltext bezeichnet, haben dazu geführt, die wichtige Funktion des linguistischen Ansatzes erneut zu betonen und diese in vielfältiger Weise in die Praxis einzubeziehen.

1.2.2.1 Übersetzungsäquivalenz

Die Erläuterung des Äquivalenzbegriffes besitzt bei der Theoretisierung des Übersetzens und bei der Beschreibung von Übersetzungen zentrale Bedeutung (vgl. Koller, 2011, 217). In der linguistisch orientierten Übersetzungswissenschaft gilt „Äquivalenz" als Kernbegriff. Er wurde vor 1960 kaum in den Wörterbüchern definiert und im Laufe der Zeit u. a. mit „Angemessenheit, Adäquatheit[5], Gleichwertigkeit, Übereinstimmung, Korrespondenz, sinngemäße Entsprechung, Wirkungsgleichheit" gleichgesetzt. Stolze ist der Meinung, man könne nicht „äquivalent übersetzen", vielmehr könne ein Zieltext nur auf bestimmter lexikalischer Ebene, beispielsweise auf Wort- oder Satzebene, als äquivalent zu einem Ausgangstext gelten (vgl. Stolze, 2011, 103). Diese Auffassung ähnelt der von Gui, der die „völlige Übersetzungsäquivalenz" für realistisch und möglich hält, aber „keine völlig oder absolut äquivalente Übersetzung" (Gui, 2001, 283). Da der Begriff der Äquivalenz zu den „schillerndsten und am vielfältigsten interpretierten (oder interpretierbaren) Begriffen der Übersetzungswissenschaft" (Nord, 1991, 25) gehört und bereits viele verschiedene Meinungen und auch Differenzierungen dazu geäußert worden sind, beschränke ich mich auf die theoretischen Grundsätze von Qianyuan Gui und Werner Koller, die Äquivalenz nicht nur ausführlich, sondern auch aus verschiedenen Perspektiven untersucht haben.

Guis Ansicht nach beschreibt Übersetzungsäquivalenz grundsätzlich „eine Relation der Gleichwertigkeit" (Gui, 2001, 283) zwischen Ausgangstext und Zieltext. Jedoch ist die Übersetzungsäquivalenz nur relativ, da es Guis Meinung nach keine absolut äquivalente Übersetzung oder Entsprechung zwischen zwei Wörtern und Ausdrücken aus zwei unterschiedlichen Sprachen gibt. Während des Versuchs, eine äquivalente Relation der Übersetzung zu seinem Original herzustellen, muss sich der Zieltext stets darum bemühen, die gleiche „Wirkung"[6]

---

5   Der Terminus „Adäquatheit" wird von Reiß/Vermeer im Zusammenhang mit Äquivalenz mit Nachdruck erläutert. Dieser Begriff beschreibt in Bezug auf Übersetzen und Übersetzungswissenschaft jedoch nicht die größtmögliche Übereinstimmung zwischen Ausgangstext und Zieltext, sondern richtet sich ausdrücklich an dem Übersetzungszweck und Kommunikationsziel aus (vgl. Reiß/Vermeer, 1984).

6   „Wirkung" bezeichnet ein „Eindrucksverhältnis" zwischen dem Text und den Rezipienten. Während des Rezipierens eines Textes gewinnt der Textempfänger folglich entweder bewusst, unbewusst oder unterbewusst einen Eindruck aus der gesamten Textsituation. Die Wirkungsgleichheit in der Übersetzungswissenschaft strebt daher

wie der Ausgangstext zu erzeugen. Die Übersetzungsäquivalenz wird in diesem Sinne mit Wirkungsäquivalenz gleichgestellt (vgl. Gui, 2001, 283).

Gui unterscheidet Äquivalenz grundlegend in drei Ebenen: inhaltliche, formale und stilistische Äquivalenz (vgl. Gui, 2001, 291). Während die inhaltliche Äquivalenz hauptsächlich eine semantische Gleichwertigkeit beansprucht, konzentriert sich die formale Äquivalenz auf grammatische und konstruktive Eigenschaften des Ausgangs- und Zieltextes. Im Vergleich zu diesen zwei eher „sprachlichen" Anforderungen orientiert sich stilistische Äquivalenz an einem anderen Aspekt aus dem Bereich der „Außersprachlichkeit". Einerseits soll demnach die stilistische Äquivalenz wie gewohnt die sprachliche Forderung berücksichtigen, den ursprünglichen Stil des Originals im Zieltext wiederzugeben, andererseits müssen bei der Herstellung der stilistischen Äquivalenz viele außersprachliche übersetzerische Bestimmungen gleichzeitig in Betracht gezogen werden, beispielsweise zeitliche, örtliche, sachverhaltsmäßige oder absichts- und zweckabhängige Bedingungen. Zu beachten ist dabei, dass man die inhaltliche, formale und stilistische Äquivalenz eines Wortes, eines Satzteils oder eines Satzes nicht getrennt behandeln kann, wenn der Übersetzer eine äquivalente Übersetzung zu erreichen versucht.

Werner Koller untersuchte seit Ende der 70er-Jahre den Äquivalenzbegriff auf verschiedenen Ebenen und machte diesen Ansatz auch für die Praxis nutzbar. In seiner Theorie zum Übersetzungs- und Äquivalenzbegriff fordert er vorwiegend, dass zwischen Zieltext und Ausgangstext nicht nur eine gewöhnliche „Bindung", sondern eine „ganz spezifische Beziehung" (Koller, 2011, 191) bestehen müsse. Koller nennt diese Übersetzungsbeziehung zwischen zwei Texten „Äquivalenzrelation" (Koller, 2011, 218). Da die Übersetzung an sich von vielen variablen und unterschiedlichen Eigenschaften abhängt, kann sowohl die einfache „Bindung" als auch die „spezifische Beziehung" zu dem Ausgangstext auch unterschiedlich hergestellt werden. Anders ausgedrückt können die Äquivalenzbedingungen auf verschiedene Formen und Schwerpunkte hinweisen, zum Beispiel auf die „Inhaltsgleichheit", „Gleichheit grammatischer Form als Strukturgleichheit" oder „Funktionsgleichheit" (Enzyklopädie Philosophie und Wissenschaftstheorie, 1996, 371–372). Daher wird die Äquivalenzrelation in diesem Sinne durch „eine relative Größe" (Koller, 2011, 195) gekennzeichnet und stellt einen übergeordneten und umfassenden Begriff dar.

---

danach, dass die Übersetzung den gleichen Eindruck bei den Zielempfängern erzeugt wie das Original bei den Ausgangstextempfängern.

Der Äquivalenzbegriff wird nicht nur in der linguistisch orientierten Übersetzungswissenschaft ausführlich thematisiert, sondern auch in den allgemeinen bzw. handlungsorientierten Translationstheorien, die Gegenstand des Kapitels 1.2.3 sind. Vertreter der handlungs- und kulturorientierten Ansätze sind vor allem der Ansicht, dass die Definitionen der Äquivalenz, die jene zum Beispiel als eine spezifische Relation zwischen einem Ausgangstext und einem Zieltext bezeichnen, „entweder zu wenig differenziert sind oder nur Teilaspekte einer Textäquivalenz betreffen" (Reiß/Vermeer, 1984, 127–128).[7] Einig sind sich die linguistisch orientierten Übersetzungstheoretiker in dieser Meinung jedoch nicht, da verschiedene Forderungsrahmen der Äquivalenz bereits ausgearbeitet wurden, die eine Differenzierung und Konkretisierung des Äquivalenzbegriffs ermöglichen. Diese Bezugsrahmen können einerseits die wesentliche Relation zwischen Ausgangstext und Zieltext veranschaulichen und andererseits die Auswahl unter potenziellen „Äquivalenten" auf Wort-, Satz- oder Textebene bestimmen. Konkret definiert Koller fünf Bezugsrahmen, die entscheiden, welche Äquivalenzforderungen der Zieltext in erster Linie zu erfüllen hat. Somit kann festgestellt werden, worauf sich der Äquivalenzbegriff konkret bezieht:

- *Denotative Äquivalenz*, die sich am außersprachlichen Sachverhalt orientiert und in der die Lexik als zentraler Gegenstand charakterisiert wird;
- *Konnotative Äquivalenz*, die sich auf die Auswahl der Ausdrucksmöglichkeiten bezieht;
- *Textnormative Äquivalenz*, die sich an textgattungsspezifischen Merkmalen orientiert;
- *Pragmatische Äquivalenz*, die auf den Empfänger und seine Verstehensvoraussetzungen sowie Rezeptionssituation gerichtet ist;
- *Formal-ästhetische Äquivalenz*, die die formalen, ästhetischen und individualstilistischen Eigenschaften sowie Vorgaben des Ausgangstextes in Betracht zieht (vgl. Koller, 2011, 219).[8]

---

7   In den theoretischen Äquivalenzdiskussionen wurden einige Auffassungen von Güttinger, Jakobson, Kade und Koller als Beispiele verwendet und diskutiert. Bei weiterführendem Interesse an den ausführlichen Auseinandersetzungen verweise ich auf das Buch „Grundlegung einer allgemeinen Translationstheorie" von Reiß/Vermeer 1984, S. 124–153.

8   Bei der Definition des Übersetzungsbegriffes und bei der Festlegung der Äquivalenzrahmen betont Koller ausdrücklich die „Bindung" sowie „Beziehung" zwischen Ausgangstext und Zieltext. In diesem Zusammenhang kritisiert Siever, dass sich nur Kollers drei erstgenannte Bezugsrahmen auf das Verhältnis zwischen zwei Texten beziehen, die Erläuterung der pragmatischen und formal-ästhetischen Äquivalenz

Die Realisierung und Verwirklichung der Äquivalenz ist eng von den mit dem Originaltext zusammenhängenden expliziten „Äquivalenzforderungen" abhängig. Alle fünf oben genannten Bezugsrahmen existieren zwar prinzipiell bei jedem translatorischen Handeln, aber je nach verschiedenen Kriterien wie Textsorten, Intention des Autors oder des Übersetzers etc. besitzt die eine oder die andere Äquivalenzforderung Priorität, vorrangig behandelt zu werden. Daher ist es nicht möglich, die fünf Arten der Äquivalenz gleichzeitig und gleichrangig zu behandeln. Schließlich bestimmen die Äquivalenzforderungen, an welchen Leitlinien sich das Übersetzen orientiert und welche Hauptfunktion der Zieltext erfüllen muss. Infolgedessen widerspreche ich der Auffassung vieler wissenschaftlicher Arbeiten, in denen behauptet wurde, der äquivalenzorientierte Ansatz sei unbrauchbar, weil in diesem Ansatz die „funktionale Seite" des Übersetzens nicht berücksichtigt und behandelt wird (vgl. Kvam, 2009, 77). Kollers fünf Bezugsrahmen haben das Gegenteil bewiesen, indem er die Funktionalität und Äquivalenz durch die „Forderungsbestimmungen" eng miteinander verbindet. Zusammenfassend ist festzustellen, dass sich die Äquivalenztheorien Kollers letztlich auf den Ausgangstext beziehen, zugleich sind diese Theorien „funktionalorientiert" (Kvam, 2009, 77).

Da der „denotative Aspekt" in dem vorliegenden Zusammenhang als zentraler Gegenstand gilt und die linguistischen sowie sprachlichen Aspekte aus dieser Perspektive am deutlichsten zum Ausdruck gebracht werden können, gehe ich im Folgenden nicht auf jeden einzelnen Bezugsrahmen, sondern ausschließlich auf die denotative Äquivalenz ein. Koller betont, die denotative Äquivalenz könne durch sprachliche und lexikalische Operation sowie „mittels *kommentierender*

---

jedoch nicht (vgl. Siever, 2010, 63). Meines Erachtens betreffen die Übersetzungsbeziehung sowie das Verhältnis zwischen Ausgangtext und Zieltext nicht nur die inhaltliche, sprachliche und textuelle Beziehung zwischen zwei Texten, auch die empfänger- und ausgangstextbezogenen Bedingungen müssen im weiteren Sinne eingeschlossen werden. Für das lediglich übersetzerische Handeln spielen alle Äquivalenzrahmen eine entsprechende Rolle. Sie werden nun je nach konkreten Übersetzungszielen und -kriterien sowie übersetzungsrelevanten Situationen unterschiedlich gewichtet und vor- oder nachrangig zum Ausdruck gebracht. Zusätzlich schreiben Reiß und Vermeer, dass sie dieser Konkretisierung der Äquivalenzrelation durch Koller prinzipiell zustimmen, jedoch halten sie diese für unvollständig, da die kulturellen und situativen Merkmale nicht in der „pragmatischen Äquivalenz" beschrieben werden und enthalten sind. Reiß und Vermeer betonen in diesem Zusammenhang, Textäquivalenz gehe „über die sprachliche Textmanifestation hinaus" und solle auch „kulturelle Äquivalenz" (Reiß/Vermeer, 1984, 131) umfassen.

Übersetzungsverfahren[9] prinzipiell" (Koller, 2011, 231) erreicht werden. Konkret bedeutet „prinzipiell" in diesem Sinne die „Absehung von anderen Kategorien" (Koller, 2011, 231), die zum Beispiel Lesbarkeit, Verständlichkeit oder formal-ästhetische Werte des Textes betreffen. Hinsichtlich der denotativen Äquivalenz behandelte Koller hauptsächlich „Entsprechungstypen", die sich nach dem Grad der Übersetzbarkeit des einzelnen Wortes unterscheiden. Die „Entsprechungstypen" Kollers, die im Weiteren erläutert werden, gelten in der linguistisch orientierten Übersetzungswissenschaft als wichtige theoretische Grundsätze.

1.2.2.2 Entsprechungstypen

Vor der Darstellung Kollers Entsprechungstypen fasse ich zunächst vier Äquivalenzgruppen, jeweils von Gui und Kade, als zusätzliche theoretische Grundlagen kurz zusammen. Die Beispiele, die Gui zur Erklärung und Konkretisierung der Äquivalenzen heranzog, erstrecken sich auf die Satzebene, wobei ich für diesen Zweck eher zu einer „wortbezogenen" Darstellungsweise tendiere, um grundlegend die Äquivalenzbeziehung des einzelnen Wortes zwischen der Ausgangssprache und der Zielsprache zu verdeutlichen. **Gui** unterscheidet folgende Äquivalenzgruppen:

- *Volläquivalenz* bezeichnet eine wortwörtliche oder sinngemäße Übersetzung, bei der nur eine einzige und beste Übersetzungsmöglichkeit besteht, die Bedeutung des Ausgangstextes äquivalent wiederzugeben;
- Wenn der Ausgangstext durch mehrere Möglichkeiten übersetzt werden kann, aber keine Volläquivalenz erreicht, liegt die *Teiläquivalenz* vor;
- Die *Schein-Nichtäquivalenz* ist eine scheinbare Nichtäquivalenz, die jedoch in Wirklichkeit durch sinngemäße Übersetzung in eine Voll- oder Teiläquivalenz umgewandelt werden kann;
- Die *Nichtäquivalenz* wird mit Unübersetzbarkeit (siehe 1.2.1) gleichgesetzt oder gilt als Übersetzungsgrenze, die aufgrund mangelnder fremd- sowie

---

9   Um dem Leser zu vermitteln oder sein Verständnis zu erleichtern, was im Original gesagt oder beschrieben wurde, benötigen manche Übersetzungen zusätzliche Kommentare, Interpretationen oder weitere Bearbeitungen. In solchen Fällen wird das kommentierende Übersetzungsverfahren verwendet. Koller nennt Fußnoten, Anmerkungen oder erweiternde Zusätze im Text als Möglichkeiten und äußere Formen des kommentierenden Übersetzungsverfahrens. Mithilfe des Kommentierens können beispielsweise Textverstehen und Funktion des Originaltextes sichergestellt werden (vgl. Koller, 2011, 270–271).

muttersprachlicher Kompetenzen oder Sachkenntnisse entstehen kann (vgl. Gui, 2001, 292–294).

Im Vergleich zu den Äquivalenzarten von Gui geht **Otto Kade** bei der Beschreibung von Äquivalenzbeziehungen einerseits von der „Ausdrucksebene" und andererseits von der „Inhaltsebene" aus (vgl. Kade, 1968, 98). Anhand dieser rein formalen Kriterien und von semantisch-funktionalen Merkmalen unterscheidet Kade vier potenzielle Äquivalenzarten:

- *Totale Äquivalenz*: Eins-zu-eins-Entsprechung auf der Ausdrucks- und Inhaltsebene;
- *Fakultative Äquivalenz*: Eins-zu-viele-Entsprechung auf der Ausdrucksebene und Eins-zu-eins-Entsprechung auf der Inhaltsebene;
- *Approximative Äquivalenz*: Eins-zu-eins-Entsprechung auf der Ausdrucksebene und Eins-zu-teil-Entsprechung auf der Inhaltsebene;
- *Null-Äquivalenz*: Eins-zu-null-Entsprechung auf der Ausdrucks- und Inhaltsebene (vgl. Kade, 1968, 79–82).

Abgesehen von den unterschiedlichen Bezeichnungen der Äquivalenz weisen die Ansichten von Gui und Kade bezüglich der Übersetzungsmöglichkeiten sowie -alternativen im Grunde auf ein ähnliches Prinzip sowie eine verwandte Betrachtungsweise hin. Als Grundlage meiner Erläuterung zu dieser Thematik bevorzuge ich jedoch die „fünf Ebenen" von Koller, weil sie differenzierter sind. Diese fünf Äquivalenztypen dienen in der vorliegenden Arbeit als wichtige Übersetzungstheorien und liegen vor allem einem Teil der praktischen übersetzerischen Arbeiten zugrunde, in dem die fachinterne Übersetzung analysiert und behandelt wird (siehe 5.2). In lexikalischer Hinsicht lassen sich die fünf Entsprechungen wie folgt unterscheiden (vgl. Koller, 2011, 230–243):

- *Die Eins-zu-eins-Entsprechung*:

z.B. 1) Motor – 发动机 (fadongji)
 2) Leistung – 功效 (gongxiao) / 成绩 (chengji) / 能力 (nengli)

Das erste Beispiel repräsentiert einen idealen Fall der Eins-zu-eins-Entsprechung. Beim zweiten Beispiel handelt es sich um eine Mehrfachentsprechung, die sich jedoch nur auf die denotative Ebene bezieht. Welche Entsprechung und Ausdrucksweise hinsichtlich der konnotativen Werte weshalb für eine konkrete Übersetzung als treffendste Möglichkeit ausgewählt wird, ist irrelevant. Vielmehr soll verdeutlicht werden, dass die denotative Äquivalenz durch Mehrfachentsprechung völlig erreicht wird, während sich die einzelnen Übersetzungen bzw.

Entsprechungen jedoch aufgrund der konnotativen Effekte und Werte unterscheiden können.

– Die Eins-zu-viele-Entsprechung:

z.B. Onkel – 叔叔 (shushu) / 大爷 (dayie) / 舅舅 (jiujiu) / 姨父 (yifu) / 姑父 (gufu)

Um das richtige „Gemeinte" im Originaltext aus den vielen möglichen Übersetzungen herauszufiltern, muss der Textzusammenhang betrachtet werden. Da in manchen Übersetzungsfällen „in der ZS [Zielsprache] Bedeutungen obligatorisch ausgedrückt werden, die in der AS [Ausgangssprache] unausgedrückt bleiben" (Koller, 2011, 233), muss der Übersetzer versuchen, entsprechende Übersetzungsschwierigkeiten besonders unter Berücksichtigung des gesamten inhaltlichen und textuellen Zusammenhangs zu beheben. Das oben genannte Beispiel zeigt genau dieses Phänomen auf. In der chinesischen Sprache wird der Begriff „Onkel" exakt nach dem genauen Verwandtschaftsverhältnis unterschieden:

> Jüngerer Bruder des Vaters – 叔叔 (shushu)
> Älterer Bruder des Vaters – 大爷 (dayie)
> Bruder der Mutter – 舅舅 (jiujiu)
> Ehemann von Vaters Schwester – 姑父 (gufu)
> Ehemann von Mutters Schwester – 姨父 (yifu)

Dieser feinen und genauen Unterscheidung im Chinesischen steht in der deutschen Sprache nur ein einziges, stark verallgemeinerndes Wort – „Onkel" – gegenüber. Um demnach „Onkel" korrekt vom Deutschen ins Chinesische zu übersetzen, um ein richtiges „Verwandtschaftsverhältnis" darzustellen, muss das Wort in Bezug auf den gesamten Text und auf die Textsituation betrachtet werden.

– Die Viele-zu-eins-Entsprechung:

z.B. 1) Ersatzteile/Bauteile/Zubehör – 零件 (lingjian)
      2) Essen/Fressen – 吃 (chi)

Beispiel 1 stellt ein einfaches und typisches Beispiel dar. Das heißt, für mehrere gleichbedeutende Wörter im Deutschen findet man eine Entsprechung im Chinesischen. „Essen" und „Fressen" in Beispiel 2 haben in der deutschen Sprache verschiedene Bedeutungen. „Essen" bezeichnet die Nahrungsaufnahme durch Menschen, „Fressen" bezieht sich auf Tiere. Diese zwei Wörter werden im Chinesischen jedoch identisch als „吃 (chi)" übersetzt. Um zu unterscheiden, ob im Chinesischen die Nahrungsaufnahme durch Menschen oder Tier gemeint ist,

38

wird hinter dem „吃 (chi)" ein weiteres Wort hinzugefügt: „Reis – 饭 (fan)" als Nahrung für Menschen oder „Futter – 食 (shi)" als Nahrung für „Tiere". Allerdings ist das Hinzufügen des Wortes „Reis" oder „Futter" nicht immer notwendig, da man in der Regel das Wort „吃 (chi)" unter normalen Umständen und in einer Alltagssituation immer richtig interpretieren kann.

– *Die Eins-zu-Teil-Entsprechung*:

z.B. 1) Geist – 精神 (jingshen) / 灵魂 (linghun) / 智慧 (zhihui)
      2) Philosophie – 理念 (linian) / 哲学 (zhexue) / 人生观 (renshengguan)

In Bezug auf kulturelle, historische sowie soziale Hintergründe des Sprachgebrauchs können Wörter in verschiedenen Sprachen nicht immer in völliger Übereinstimmung übersetzt werden. Die jeweilige chinesische Teilentsprechung in den Beispielen deckt den kompletten Inhaltsbereich von „Geist" oder „Philosophie" nicht ab. Dennoch kann diese einzelne Entsprechung in bestimmten Textzusammenhängen und unter Heranziehung von kulturellen Aspekten als Übersetzungsäquivalenz gelten, wenn sie dem im Text ausdrücklich gemeinten „Inhalt" entspricht und diesen wiedergibt.

– *Die Eins-zu-Null-Entsprechung*:

Beim letzten Entsprechungstyp „Eins-zu-Null-Entsprechung" handelt es sich um vorläufige Übersetzungslücken, die aufgrund kultureller Elemente sowie Differenzierungen entstanden sind. Dieser Entsprechungstyp wurde in der linguistisch orientierten Übersetzungswissenschaft ausführlich behandelt, da er für den Übersetzer sowie seine übersetzerische Praxis und Leistung eine entscheidende Rolle spielt. Trotz Heranziehung von Hilfsmitteln wie Wörterbücher oder andere Übersetzungen aus dem gleichen Fachgebiet muss der Übersetzer diese Übersetzungslücken im Zieltext zum Teil kreativ und selbstständig schließen. Um diese Übersetzungsprobleme zu lösen, stehen dem Übersetzer vor allem vier Übersetzungsverfahren zur Verfügung, auf welche die folgenden Beispiele Bezug nehmen:

z.B. 1a) Audi – 奥迪 (aodi);
      1b) Mercedes Benz – 奔驰 (benchi)

In Beispiel 1a) geht es um eine unveränderte Übernahme des Ausdrucks der Ausgangssprache in die Zielsprache. Bei Beispiel 1b) handelt es sich um eine aufgrund der phonetischen oder morphologischen Anpassung teilweise veränderte Übernahme: „Benz – 奔驰 (benchi)". Diese „phonetische" Veränderung erfüllt dabei eine wichtige Funktion in Bezug auf die Eigenschaft dieses Produkts, da „benchi" im Chinesischen „schnell fahren" bedeutet. So werden die positiven Charakterzüge der hohen Geschwindigkeit und der Dynamik des Autos dargestellt.

2) TÜV (Technischer Überwachungsverein) – 技术监控局 (jishu jiankongju)

Dieses Beispiel zeigt eine klassische Lehnübersetzung, bei der es sich um eine wortwörtliche bzw. „Glied-für-Glied-Übersetzung" handelt.

3) Volksfest – 啤酒节 (pijiujie)

Häufig liegt in der Zielsprache keine völlige Äquivalenz, sondern nur eine ähnliche und am nächsten liegende Übersetzungsalternative für den Ausdruck der Ausgangssprache vor. In diesem Fall, den das dritte Beispiel zeigt, gilt ein in ähnlicher Bedeutung bereits bestehendes Wort „Bierfest" als Entsprechung von „Volksfest", was in der chinesischen Kultur unbekannt ist.

4a) Haftpflichtversicherung – 第三方责任险 (disanfang zerenxian)
4b) Zehnte Klasse – 初中三年级 (chuzhong sannianji)

Die nächste Art einer Übersetzungslücke ist gekennzeichnet durch eine „Umschreibung oder Kommentierung" des Ausdrucks der Ausgangssprache. „第三方责任险 (disanfang zerenxian)" beschreibt eine Versicherung, die die Haftungsansprüche einer dritten Person absichert. Da diese Information dem deutschen Wort nicht direkt zu entnehmen ist, wird daher im Chinesischen kommentiert sowie umschrieben. Das Beispiel 4b) präsentiert eine kulturspezifische Differenzierung eines Ausdrucks, hier „zehnte Klasse". Da dieser im chinesischen Bildungssystem nicht direkt existiert, wird hier der Ausdruck entsprechend umschrieben, sodass der Zielleser die Bedeutung verstehen kann. Die vergleichbare Jahrgangsstufe für die deutsche „zehnte Klasse" ist im Chinesischen die „dritte Klasse der Sekundarstufe", nach der, wie auch in Deutschland, das Gymnasium weiter besucht wird. Demzufolge wird in diesem Fall der spezifische kulturbedingte Ausdruck der Ausgangssprache durch einen ebenfalls spezifischen Ausdruck der Zielsprache ersetzt.

Um die Übersetzungslücke bei der „Eins-zu-Null-Entsprechung" zu schließen, schlägt Karin Götz auch folgende Übersetzungsstrategien vor: Ersetzen des spezifischen Ausdrucks der Ausgangssprache durch einen spezifischen Ausdruck der Zielsprache; Belassen des Begriffes der Ausgangssprache; Belassen eines Begriffes mit Apposition der Ausgangssprache; Ersetzen durch einen neutralen Begriff; Ersetzen durch bekanntere Begriffe; Erläuterung in Fuß- oder Endnoten (vgl. Götz, 2005, 55–61). Diese übersetzerischen Verfahren sind im Großen und Ganzen identisch mit den theoretischen Grundlagen von Koller. Beide betonen jedoch, dass bei der Auswahl von Strategien für konkrete Übersetzungsfälle viele Kriterien zu berücksichtigen sind, so auch der Zweck bzw. Skopos der Übersetzung.

Zusammenfassend bezeichnen „Äquivalenz" und „Entsprechung" in der Übersetzungswissenschaft eine „Forderung nach der Gleichheit bestimmter Aspekte in der Textvorlage und der Übersetzung" (Stolze, 2011, 103). Es ist von den unterschiedlichen übersetzerischen Bestimmungen und Bedingungen sowie von der Praxis abhängig und diese bestimmend, welche genauen Aspekte dieser „Gleichheitsforderung" berücksichtigt und vorrangig behandelt werden sollen.

Die oben bereits beschriebenen theoretischen Grundlagen richteten den Blick detailliert auf die sprachlich-strukturelle Betrachtungsweise. Im nächsten Teil dieses Kapitels wird der (text-)linguistische Ansatz in der Übersetzungswissenschaft ganzheitlich untersucht. Dabei werden nach der Erläuterung von Textualitätsmerkmalen die Beurteilungen dieses Ansatzes zusammengefasst bzw. eine Gegenüberstellung von Ablehnung und Zustimmung zu diesem vorgenommen.

1.2.2.3 (Text-)Linguistik in der Übersetzungswissenschaft

In den 60er-Jahren des 20. Jahrhundert rückte der „Textbegriff" in den Mittelpunkt der Sprachwissenschaft, wodurch Begriffe wie „Textlinguistik" und „Textwissenschaft" als „spezifische Zweige" der Sprachwissenschaft entstanden und auseinandergesetzt wurden (vgl. Klemm, 2002, 17). Der linguistische bzw. textlinguistische Aspekt übernahm seither bis Ende der 70er-Jahre die zentrale Rolle in der Übersetzungswissenschaft. Da die Linguistik hauptsächlich vier Ebenen der Sprachbeschreibung, Phonologie, Syntax, Semantik und Pragmatik, beinhaltet und behandelt, wurde die linguistische Übersetzung in Bezug auf diese Ebenen vor allem als „sprachliche Operation" (Bernardo, 2010, 21) betrachtet.

Wie bereits unter 1.2.2 angesprochen ist die Beziehung zwischen (Text-) Linguistik (Sprachwissenschaft) und Übersetzungswissenschaft problematisch und komplex.[10] Einerseits verfügen beide über einen gemeinsamen Gegenstandsbereich – die Sprache, die als Verständigungsmittel die sprachlichen

---

10 Hier ist zu erwähnen, dass die Übersetzungswissenschaft nicht nur als Teil der Allgemeinen Sprachwissenschaft, sondern auch als Teil der Angewandten Sprachwissenschaft (auch Angewandte Linguistik) definiert wurde. Im Rahmen der Angewandten Linguistik wurde die Übersetzungswissenschaft von verschiedenen linguistisch orientierten Wissenschaftlern in Verbindung mit der „Kontrastiven Linguistik", mit der „Translationslinguistik" oder mit „einer interdisziplinären angewandten Linguistik als Kombination verschiedener Forschungszweige" aufgefasst. Abgesehen von den unterschiedlichen Begriffen haben sie eines gemeinsam: Die Übersetzungswissenschaft wird der Linguistik zugeordnet (vgl. Kaindl, 2004, 17–22).

kommunikativen Handlungen unterstützt und diese auch ermöglicht. Die zweite Sichtweise zum Verhältnis zwischen Linguistik und Übersetzungswissenschaft weist auf eine „strenge Trennung" hin, welche die Übersetzungswissenschaft zwingt, auf die linguistischen sowie sprachlichen Ansätze zu verzichten und sich stattdessen an den Theorien der „funktionsorientierten interkulturellen Transferhandlungen" (Zhang, 2006, 5) zu orientieren. Den Ausgangspunkt zu verändern, „weg von einer rein sprachlich-strukturellen zu einer handlungs-orientierten Betrachtung von Übersetzen" (Kvam, 2009, 24), befürwortet zum Beispiel die Skopostheorie von Vermeer, die das „Wozu" bzw. den Zweck des Übersetzens als allerwichtigstes Kriterium festsetzt. Darauf werde ich in Kapitel 1.2.3.1 näher eingehen.

Im Allgemeinen plädieren Vermeer, Snell-Hornby und Kaindl für eine grundsätzliche Trennung zwischen Linguistik und Übersetzungswissenschaft. Ihren Ansichten nach muss die Übersetzungswissenschaft vollständig aus der Linguistik und der linguistischen Betrachtungsweise ausgeklammert werden. Kvam ist der Meinung, der (text-)linguistische Ansatz werde von verschiedenen Theoretikern abgelehnt, weil die Linguistik im abstrakten Sinne und sehr einseitig „auf die Analyse von sprachlichen Strukturen ohne Berücksichtigung situativer, und dabei auch kultureller Aspekte von sprachlicher Kommunikation" reduziert würde und sich somit „nur mit den Sprachstrukturen beschäftige" (Kvam, 2009, 24).

Diese Begründung zur „Ablehnung der (Text-)Linguistik in der Übersetzungswissenschaft", die auf der „Reduktion" der Gegenstandsbereiche der Linguistik basiert, kann für die heutige Linguistik jedoch nicht mehr gelten. Durch die Weiterentwicklung lässt sich die neue Linguistik samt ihren Bestandteilen nicht mehr nur, wie anfangs, auf die rein strukturelle Beschreibung des Satzes beschränken, „vielmehr sind größere Einheiten wie der Text und dabei auch an Situation und Funktion von Texten orientierte Problemstellungen Gegenstand der Analyse" (Kvam, 2009, 26).[11] Folglich sind auch die „Textfunktion", „der Handlungswert eines Textes" und „die Gegebenheiten der Kommunikationssituation" (Gansel, 2011, 8) Bestandteile, welche die Textlinguistik thematisieren muss. Schließlich werden nicht nur Wörter und Sätze übersetzt, sondern die

---

11 Daher können die Auffassungen der „Anti-Linguistik-Vertreter", die den linguistischen Ansatz in der Übersetzungswissenschaft aufgrund der „rein strukturellen Beschreibung" und der „Reduktion" ablehnen, als historisch überholt gelten. Der Analyse- bzw. Themenbereich der Linguistik hat sich bereits stark erweitert, weshalb die Ablehnung dieses Ansatzes nicht mehr mit „eingeschränkter sprachkultureller Analyse" begründet werden kann.

Übersetzungen werden in Form von Texten und auf einen konkreten Kontext bezogen durchgeführt. Es soll verdeutlicht werden, dass es sich beim Übersetzen grundsätzlich immer um einen Ausgangstext als Anfangszustand, einen Zieltext als dessen Ergebnis und eine handelnde Operation bzw. Transformation, die den Ausgangszustand in den Zielzustand überführt, handelt.

Während in den 70er-Jahren noch kontrovers über den (text-)linguistischen Ansatz diskutiert wurde, machte sich bereits ein Phänomen aus der Praxis stark bemerkbar: Trotz vieler Bemühungen konnte der linguistische und sprachwissenschaftliche Ansatz dem Komplex der Übersetzungswissenschaft und ihrer Praxis nicht mehr gerecht werden (vgl. Arntz, 2004, 31; vgl. Zhang, 2006, 4). Um schwierige übersetzerische Probleme zu lösen, musste die Übersetzungswissenschaft auch andere Disziplinen außerhalb der linguistischen Betrachtungsweise bemühen. Fortan bemühte man sich darum, eine allgemein gültige, für alle Texte geltende und alle Gesichtspunkte der Übersetzung abdeckende Theorie zu entwerfen (vgl. Gerzymisch-Arbogast, 2004, 107). Unter intensiver Betrachtung stand daraufhin Anfang der 80er-Jahre der Funktionalismus (vgl. Bernardo, 2010, 25). Aus dem Hinzufügen und Heranziehen der kultur- und handlungsorientierten Betrachtungsweisen hat die Übersetzungswissenschaft vielfältige bedeutende und wesentliche theoretische Grundsätze gewonnen. Dies führte unmittelbar zur Etablierung ihrer Eigenständigkeit als eine neue Disziplin.

Zusammenfassend kann festgehalten werden, dass der linguistische Ansatz trotz der weiteren übersetzungstheoretischen Entwicklung und den daraus resultierenden sowohl konstruktiven als auch kritischen Diskussionen und Einsichten nach wie vor fundierte theoretische Basis der Übersetzungswissenschaft bleibt. Als überholt gilt lediglich die Ansicht, das Übersetzten sei ein rein sprachliches Phänomen (vgl. Zhang, 2006, 4).

1.2.3 Übersetzungstheorien aus funktionalen und kulturellen Perspektiven

Die funktionalen und kulturellen Ansätze stellen „einen der entscheidenden Impulse" (Kaindl, 2004, 325) in der Entwicklung der Übersetzungswissenschaft dar und „verkünde[n] eine neue Phase in der Entwicklung der Disziplin" (Bernardo, 2010, 47). Diese Ansätze enthalten unterschiedliche Begriffe verschiedener Theoretiker, die jedoch ähnliche theoretische Prinzipien und Konzepte umfassen: Als erster legte Vermeer die „Skopostheorie" als Grundstein der Weiterentwicklung der Übersetzungswissenschaft dar und eröffnete somit eine umfassende Neuorientierung. Diesem funktionalen Konzept angenähert entwickelt Holz-Mänttäri die Theorie des „translatorischen Handelns" und Christiane Nord die

„Translationstypologie". Im Folgenden werden die Theorie Vermeers, die den Anfang der funktionalen und kulturellen Ansätze markiert, sowie die Grundsätze Holz-Mänttäris, die als Ergänzung und Erweiterung der von Vermeer entworfenen Skopostheorie gelten, ausführlicher behandelt.

1.2.3.1 Skopostheorie

Der Terminus „Skopos" stammt aus dem Griechischen und kann mit „Zweck" gleichgesetzt werden. Für die funktionalen und kulturellen Ansätze gilt „Skopos" als zentraler Begriff, ähnlich wie „Äquivalenz" für die linguistisch orientierte Übersetzungswissenschaft. Im Jahr 1978 begründete Hans Vermeer die Skopostheorie mit einem konzisen Aufsatz und arbeitete diese später zusammen mit Katharina Reiß in der allgemeinen Translationstheorie aus. Grundsätzlich leistet die Skopostheorie „ein[en] interessante[n] Beitrag zu einer pragmatisch fundierten Translationstheorie" (Kvam, 2009, 24).

Wie der Name „Skopostheorie" bereits andeutet, tragen Zweck und Funktionalität der Übersetzung in dieser Theorie zweifellos die größte Bedeutung. In der Übersetzungswissenschaft ist der Begriff „Skopos" auch mit „Funktion" gleichzusetzen, welche die „Leistung eines sprachlichen Elements in einem bestimmten Zusammenhang" (Brockhaus, 2006, Band 10, 90) umschreibt. Aus sprachwissenschaftlicher Sicht kann es sich dabei etwa um die bedeutungsunterscheidende Funktion der Phoneme, um die semantische, grammatische und syntaktische Funktion der Wörter und um die kommunikative Funktion von Sprache handeln. Wichtig ist dabei, dass sich diese sprachlichen Funktionen bzw. Leistungen immer auf konkrete Zusammenhänge und auf bestimmte Bedingungen beziehen müssen, die nicht nur innerhalb der Sprache, sondern auch innerhalb der Konventionen, Gesellschaft, Kultur und im gemeinsamen menschlichen Leben vorhanden sind. In diesem Sinne kann die Skopostheorie als funktionale Translationstheorie bezeichnet werden (vgl. Stolze, 2011, 180).

Im Allgemeinen lässt sich der Skopos der Übersetzung anhand der „Bestimmung des intendierten Zielpublikums eines Texts und dessen primären Interesses" (Götz, 2005, 61) festlegen. Das bedeutet, „das Ziel jeder translatorischen/kommunikativen Handlung ist dabei von [dem] jeweiligen [Empfänger] abhängig" (Kadri´c/Kaindl/Kaiser-Cooke, 2010, 78). Daher fokussiert die Skopostheorie den Zieltext-Empfänger und die Wirkung des Zieltextes auf den Empfänger. Umgekehrt ist festzustellen, dass eine völlige Übermittlung des Ausgangstextes an den Empfänger nur gelingt, wenn die Wirkung des Ausgangstextes beim übersetzerischen Vorgang erhalten bleibt und im Zieltext korrekt wiedergegeben wird. Kußmaul folgt dieser Ansicht, der er Folgendes hinzufügt:

In der Übersetzungswissenschaft gibt es eine Richtung, die den zielsprachlichen Leser in den Mittelpunkt ihrer Überlegungen stellt. Man spricht dort vom Funktionieren oder auch vom Zweck einer Übersetzung für den Leser in seiner Situation und Kultur (Kußmaul, 2010, 13).

Für Reiß und Vermeer ist die Dominante aller Translation deren Zweck (vgl. Reiß/Vermeer, 1984, 96).[12] Daher erachten sie es als wichtiger, den Translationszweck zu erreichen, als die Translation in bestimmter Weise durchzuführen (vgl. Reiß/Vermeer, 1984, 100; vgl. Stolze, 2011, 180). Somit soll sich der Übersetzer am Anfang seiner Übersetzung „soweit eben möglich, immer detailliert über den Skopos zu informieren suchen" (Vermeer, 1992, 106), indem er den Zieltext-Empfänger und seine Forderung ins Zentrum rückt. Obwohl der Zweck des Originaltextes das oberste Gebot der Skopostheorie repräsentiert, ist es dennoch nicht möglich, diesen immer deutlich zu erkennen, denn „ein Text kann eine oder auch mehr als eine ‚kommunikative Funktion' signalisieren" (Gansel, 2011, 63). Die unterschiedlichen übersetzungsrelevanten Situationen und Bedingungen sind Gründe dafür, dass ein Text mehrere Funktionen hat und der Zweck der Übersetzung nicht konstant bleiben kann. In diesem Sinne kann einer Übersetzung nur abverlangt werden, „dass [sie] möglichst nahe an den Ausgangstext herankommt" (Stolze, 2011, 180). Bezüglich dieser Thematik spricht Vermeer von einer zulässigen Funktionsänderung bzw. einer Abweichung vom Skopos, damit der Sinn des Zieltextes dem des Originaltextes entspricht (vgl. Reiß/Vermeer, 1984, 104).

Der Zweck einer Translation ist von der Handlungssituation mitabhängig. Nicht jeder Zweck läßt sich in jeder Situation erreichen. Ändert sich also die Situation, so kann ein Zweck inadäquat oder obsolet werden. (…) Entweder bleibt ein Zweck konstant – dann ändert sich ein anderer Translationsfaktor, zum Beispiel Wirkung-, oder ein Text wird für eine Translation ungeeignet, oder es ändert sich der Translatzweck (Vermeer, 1986, 46).[13]

---

12 Koller kritisiert, dass dieser Satz von Reiß und Vermeer nicht mit der Auffassung von Übersetzungswissenschaft als empirisch-induktive Wissenschaft verträglich sei. „‚Die Dominante aller Translation ist deren Zweck' beinhaltet letztlich nichts anderes als die höchst problematische Abspaltung des Begriffs der Zweckmäßigkeit (der Übersetzung) vom Begriff der Wahrheit (bzw. in der traditionellen Terminologie: der Treue) der Übersetzung" (Koller, 2001, 213).

13 Dieses Zitat wird in Kapitel 3.3.3.1 anhand von einem konkreten Übersetzungsbeispiel ausführlich erläutert, einerseits um die Ansicht Vermeers zu verdeutlichen und andererseits um die entsprechenden Übersetzungsprobleme in diesem Zusammenhang theoriebasierend zu beheben.

Zwei Gründe sind für diese Funktionsänderung ursächlich. Da eine Translation unter unterschiedlichen übersetzerischen Bedingungen und Voraussetzungen verschiedenen Zwecken dienen kann, lässt sich der Skopos sowohl aus sprachlicher als auch aus funktionaler und kultureller Hinsicht nicht im Allgemeinen bestimmen und behandeln. Zudem liegt in manchen Übersetzungsfällen die eigentliche Funktion des Zieltextes „oft außerhalb der eigentlichen Übersetzung" (Snell-Hornby, 1986, 25). In solchen Fällen trägt der Übersetzer die Hauptverantwortung, den wesentlichen Zweck herauszufinden und wiederzugeben. In diesem Prozess spielen die individuellen Kompetenzen des Übersetzers eine wichtige Rolle. Besonders bei der Entscheidung, welchen Zweck die Übersetzung letztlich zu erfüllen hat, sind viele rezipientenabhängige Variablen bzw. Bedingungen in Betracht zu ziehen, da „der Übersetzungszweck letztlich von den Erwartungen und Bedürfnissen der zielsprachlichen Empfänger abhängt" (Kußmaul, 2009, 90). Dennoch ist zu bedenken, dass die Beibehaltung des Zwecks keine Grundforderung einer allgemeinen Translationstheorie darstellt (vgl. Reiß/Vermeer, 1984, 103).

Die zweite wichtige Ursache für die Abweichung zwischen Skopos im Originaltext und im Zieltext liegt in den Implikationen, die nur im Ausgangstext und somit im weiteren Sinne auch in der Ausgangskultur enthalten sind. Diese Implikationen können nur durch einen gelungenen „Kulturtransferprozess" im Zieltext repräsentiert werden, da Translation unter funktionalen und kulturellen Aspekten ausdrücklich „einen kulturellen Transfer" umfasst und diesen im übersetzerischen Vorgang auch kompromisslos beansprucht. Um zu erreichen, dass die „ausgangskulturelle Bedeutung in der Übersetzung (…) [nicht] verfremdend wirkt" (Stolze, 2011, 59) und sie daher dem Originalsinn entspricht, darf aus kultureller und interkultureller Hinsicht eine eventuelle „Funktionsänderung" bzw. Abweichung vom Skopos als eine der Möglichkeiten oder Methoden in manchen praktischen Übersetzungsprozessen eingesetzt und verwendet werden (vgl. Reiß/Vermeer, 1984, 104). Somit steht fest, dass das kulturspezifische Kriterium eine entscheidende Rolle für die Festlegung des Übersetzungszweckes spielt und auf die Erfüllung des Zwecks großen Einfluss nimmt. Auf den kulturellen Aspekt in der Übersetzungswissenschaft komme ich in Kapitel 1.2.3.3 erneut zu sprechen.

Um die Notwendigkeit der Abweichung vom Skopos im Ausgangs- und Zieltext zu verdeutlichen, möchte ich ein Beispiel geben: Der Übersetzer soll die Produktbeschreibung einer Waschmaschine übersetzen, um dieses neue Produkt im Zielland zu vermarkten. Diese Übersetzung kann gleichzeitig drei Zwecken dienen, deren Schwerpunkte sich jedoch voneinander unterscheiden. Für das

Verkaufspersonal im Zielland besteht der Zweck der Übersetzung einerseits im „Wecken des Kaufinteresses des Verbrauchers" und andererseits in der „richtigen Positionierung des Produktes auf dem neuen Markt". Dementsprechend verlockend muss die Übersetzung für den Verbraucher klingen, aber zugleich auch den wahren Wert des Produktes darstellen. Für das interne technische Team der Firma im Zielland muss die Produktbeschreibung vor allem auf „Technik" und „konkrete technische Daten" ausgerichtet sein, sodass die Techniker sowohl „Vorteile" als auch „Nachteile" des Produktes sowie dessen Anwendbarkeit genau prüfen und evtl. Verbesserungsmaßnahmen vornehmen können. Da sich die Produktbeschreibung auch direkt an den Verbraucher selbst richten kann, muss die Übersetzung der Verständnisvoraussetzung des Verbrauchers entsprechen, realitätsnah bleiben und auch einen gewissen „Kaufanreiz" erzeugen, indem beispielsweise hauptsächlich Vorteile des Produktes betont werden. Entsprechend dem „Zielpublikum" muss ein Text, hier die Produktbeschreibung, verschiedene Funktionen und Zwecke erfüllen. In diesem Zusammenhang fasst Stolze einen Text, wenn in diesem mehrere Textfunktionen überlagert sind, als eine „multiperspektivische Einheit" (Stolze, 2009, 268). Prinzipiell gilt es, je größer die kulturellen Unterschiede zwischen Ausgangsland und Zielland sind, desto schwieriger ist die Anfertigung einer in jeder Hinsicht geeigneten und passenden Übersetzung.

Ich möchte hier ausdrücklich betonen, dass die Übersetzungsfälle, in denen es aus verschiedenen Gründen nicht möglich oder nicht erwünscht ist, die Funktion des Ausgangstextes beizubehalten, und in denen aufgrund dessen eine Funktionsänderung vorgenommen werden soll, nicht aus dem Kreis der „Übersetzung" ausgeklammert werden dürfen. Das bedeutet, auch Zieltexte mit Funktionsänderung dürfen nicht als „Bearbeitungen" oder sogar als „Nicht-Übersetzung" verallgemeinert werden und sollen schließlich als Übersetzungen anerkennt werden. In solchen Übersetzungsfällen sind translatorische Kompetenzen nötig wie zum Beispiel Kreativität, die ein angemessenes Übersetzen überhaupt erst ermöglichen.

Im Grunde genommen hat diese Darstellung der Skopostheorie nicht den eigentlichen Gegenstand des Übersetzens explizit dargestellt und erläutert. Klar ist nur, dass das Übersetzen von seinem Zweck bestimmt ist. Zybatow vertritt die Ansicht, die Skopostheorie sage nichts über die Übersetzung selbst, den Prozess und die Methode des Übersetzens aus und reduziere schließlich nur den Gegenstand der Übersetzungswissenschaft auf die Bestimmung und Hervorhebung des Zwecks (vgl. Zybatow, 2010, 96). Zybatow betrachtet den Gegenstand der Übersetzungswissenschaft als „Vorgang und das Ergebnis der professionellen

Translation in all ihren Arten in ihrer ganzen Komplexität" (Zybatow, 2010, 100), den die Skopostheorie aus dem Blickfeld verloren habe. Zusätzlich kritisiert Zybatow, der Begriff Skopos werde in der Skopostheorie nicht exakt geklärt, ob er zum einen als Zweck für den Prozess des Übersetzens oder zum anderen als Zweck der Nutzung der Übersetzung in der Zielkultur gilt (vgl. Zybatow, 2010, 97). Diese Kritik entkräftet die Auffassung von Dizdar. Ihm zufolge kann sich der Skoposbegriff sowohl auf den Übersetzungsprozess als auch auf den Zieltext beziehen. Für den Übersetzungsprozess bedeutet der Skopos das vom Übersetzer intendierte Ziel, während der Translatskopos auf die gesamte Funktion der Übersetzung hinweist (vgl. Dizdar, 2006, 105). Das vom Übersetzer intendierte Ziel kann nur im Idealfall mit der Funktion, welche die Übersetzung in der Zielkultur erfüllt, übereinstimmen.

Ungeachtet dieser Diskussionen wird das Übersetzen gemäß Skopostheorie „nicht nur als (mehr oder minder von einer gegebenen Situation losgelöstes, ,eigenständiges') sprachliches Phänomen betrachtet, sondern als kommunikatives Handlungselement in Situation" (Vermeer, 1992, 26). Im Folgenden wird die Theorie des translatorischen Handelns von Holz-Mänttäri ausführlich erörtert, die sich den Grundsätzen und -regeln der Skopostheorie annähert und diese erweitert, indem sie nicht nur den kommunikativen Aspekt, sondern auch den Handlungsaspekt betont.

1.2.3.2 *Theorie des translatorischen Handelns*

Ausgangspunkt des translatorischen Handelns nach Holz-Mänttäri ist „eine allgemeine Handlungstheorie, wodurch ein beträchtlich größerer Spielraum und zugleich größere Komplexität ermöglicht werden, als dies für einen streng sprachbezogenen Ansatz möglich wäre" (Betcke, 1985, 4, zit. nach Vermeer, 1992, 21). Wie in der Skopostheorie gilt hier der Zweck oder die Funktion des Zieltextes ebenfalls als Schlüsselbegriff. Damit geht es beim translatorischen Handeln nicht nur um Kommunikation, sondern um die Produktion eines Textes für einen bestimmten Zweck. Konkret hängt der Zweck des translatorischen Handelns einerseits mit der menschlichen kommunikativen Fähigkeit zusammen, andererseits bezieht er sich auf die soziale und kulturelle Ebene. Im Vergleich zur Skopostheorie, welche diese beiden Aspekte gleichrangig thematisiert, befasst sich das translatorische Handeln intensiver mit dem „Handeln" im soziokulturellen Kontext, bei dem der Übersetzer als Experte dargestellt wird. Holz-Mänttäri bezeichnet das translatorische Handeln auch „spezifisches Handlung-in-Situation-Konzept" (Holz-Mänttäri, 1984, 26).

Im Allgemeinen meint „Handeln" zweck- und zielorientiertes Verhalten, das somit auch intentional ist. Vermeer definiert „Handeln" und „Handlung" bewusst nicht, denn seiner Ansicht nach „[lässt sich] eine Handlungseinheit im konkreten Fall oft nicht gegenüber einer Handlungskette bzw. einem Handlungsteil (Handlungsstück, Handlungselement, ‚Handlungsakt') abgrenzen" (Vermeer, 1992, 77). Vermeer gemäß soll das Handeln generell der „Erreichung eines Zieles dienen" und zwar in gegebener Situation (vgl. Reiß/Vermeer, 1984, 98). Aus translatorischer Perspektive betrachtet Wilss das Handeln, das sowohl auf den Ausgangstext als auch auf den zielsprachlichen Leser gerichtet ist, als „funktionsbestimmt, bewusst, planmäßig und kontrolliert". Zudem soll das Handeln den Zweck verfolgen, „zwischen den Angehörigen verschiedener Sprach- und Kulturgemeinschaften Kommunikation zu ermöglichen" (Wilss, 2008, 63).

Holz-Mänttäri definiert das „Handeln" als „Produktionsprozess eines Handelnden", „mit der Funktion, Botschaftsträger einer näher zu bestimmenden Art zu produzieren, die in übergeordneten Handlungsgefügen zur Steuerung von aktionalen und kommunikativen Kooperationen eingesetzt werden" (Holz-Mänttäri, 1984, 17). Bei diesem Produktionsprozess bezeichnen „Botschaftsträger" vor allem „funktionsgerechte Texte", welche die „Handelnden" bzw. Übersetzer produzieren. Da solche Texte bestimmte Sachverhalte beinhalten, die mit einem bestimmten Zweck und Ziel situationsangemessen und rezipientengerecht weitervermittelt werden sollen, müssen beim Produzieren dieser „Botschaftsträger" zwei Voraussetzungen erfüllt sein, die unmittelbar mit der Funktion des Zieltextes zusammenhängen und den Funktionswert beeinflussen.

Die erste Voraussetzung der Textproduktion besteht in der individuellen Kompetenz des „Textproduzenten", beruhend auf der Theorie individueller menschlicher Kommunikation. „Voraussetzung für translatorisches Handeln ist die Fähigkeit zur Kommunikation" (Betcke, 1985, 4, zit. nach Vermeer, 1992, 21). So sind die Absichten und Fähigkeiten, zu kommunizieren, für den gesamten translatorischen Handlungsprozess wie für das gesamte Ergebnis zwingend erforderlich. Daher kann das translatorische Handeln im engeren Sinne als kommunikative Handlung gelten, in der die kommunikative Fähigkeit hervorgehoben wird.

Da translatorisches Handeln immer in einem soziokulturellen Kontext einer Gesellschaft stattfindet, muss das kommunikative Handeln speziell unter Berücksichtigung vorgegebener und relevanter Bedarfs- sowie Handlungssituationen durchgeführt werden. Daraus folgt, dass die Handlungssituationen bzw. die sozialen und gesellschaftlichen Bedingungen als „Teil eines durch bestimmte Merkmale geprägten Kulturraums" (Götz, 2005, 50) in den Produktionsprozess einbezogen werden müssen. Diese zweite Voraussetzung für das Produzieren von „Botschaftsträgern" gründet auf der Theorie des sozialen menschlichen Handelns, welche soziale, kulturelle und gesellschaftliche Kriterien beinhaltet und behandelt. Holz-Mänttäri betont:

> Translatorisches Handeln soll als gesellschaftliche Institution, als Kooperationsmuster, beschrieben werden, denn daraus gewinnt es als pragmatische und didaktische Disziplin seine Daseinsberechtigung. Damit wird der Funktionsbegriff zum Präzisionsinstrument für die Ausmessung und Zuordnung aller Fälle auf der Skala potentieller Produktion von funktionsgerechten Botschaftsträgern für transkulturellen Botschaftstransfer (...) (Holz-Mänttäri, 1984, 26).

Zusammenfassend ist translatorisches Handeln demnach in den gesamtgesellschaftlichen Kontext eingebettet. Jedes translatorische Handeln ist „ein kommunikativer Akt unter spezifischen Bedingungen" (Kadrić/Kaindl/Kaiser-Cooke, 2010, 90; vgl. Siever, 2010, 159). Demzufolge ermöglicht Übersetzen ein kommunikatives Verständnis, das Sprach- und Kulturbarrieren überschreitet. Holz-Mänttäri beschreibt und betont in der Theorie des translatorischen Handelns zwar die vielfältigen Handlungs- und Kommunikationskomponenten sowie deren Funktionen, geht aber nicht auf die Rolle des Ausgangstexts ein. Welche Bedeutung der Ausgangstext für den Translationsprozess und für das Produzieren der „Botschaftsträger" hat, bleibt unbeantwortet. Da der kulturelle Kontext in den oben bereits dargestellten handlungsorientierten Übersetzungstheorien eine wesentliche Rolle spielt, wird dieser Aspekt in nächsten Abschnitt detailliert erläutert.

1.2.3.3 Kultur und Übersetzen

„Kultur" ist einerseits aufgrund ihrer Vielfältigkeit an Inhalten und Bereichen und andererseits aufgrund der mit ihr zusammenhängenden Entwicklung der Geschichte und Gesellschaft ein sehr komplexer und deshalb schwer definierbarer Begriff. Ohne Menschen und deren Fähigkeiten kann keine Kultur entstehen, denn Kultur ist „das von Menschen zu bestimmten Zeiten in abgrenzbaren Regionen aufgrund der ihnen vorgegebenen Fähigkeiten in Auseinandersetzung mit der Umwelt und ihrer Gestaltung in ihrem Handeln in Theorie und Praxis Hervorgebrachte (...)" (Meyers Enzyklopädisches Lexikon, 1975, 437). Aus geschichtlicher Sicht bezieht sich „Kultur" auf „bestimmte Muster des Denkens, Fühlens und Handelns, die über die jeweils eigenen Symbole einer Gesellschaft erworben und weitergegeben werden" (Kroeber & Kluckhohn, 1952, zit. nach Helfrich, 2007, 378). Vereinfacht formuliert handelt es sich bei Kultur um die „Art und Weise, wie Menschen sich verhalten, wie sie ihre Umwelt sehen und bewerten" (Vermeer, 1992, 112). Daher kann zu „Kultur" „alles gezählt werden, das sich in Konventionen, Normen und Resultaten manifestiert" (Wendt, 2002, 197). Infolgedessen verfügt jede Kultur in der Regel über verschiedene „Ausprägungsformen" (Helfrich, 2007, 378) der Kultur in unterschiedlichen Bereichen wie Lebensumwelt, Tradition oder Entwicklung.

Diese Begriffsdarstellung deckt nur wenige Aspekte des kompletten Spektrums um den Kulturbegriff ab. Gemäß der gegenwärtigen Kultur- und Kulturgeschichteforschung enthält der Kulturbegriff mehrere Bedeutungsaspekte bzw. -ebenen. Einer der vier wesentlichen Schwerpunkte dieses Begriffes bezieht sich auf die menschliche Kommunikation und den kulturellen Austausch. Da dieser Aspekt für die vorliegende Arbeit von großem Interesse ist, folgen hierzu nähere Erläuterungen.

Sprache bildet die Grundlage der menschlichen Kommunikation, daher gilt sie als „Teil von Kultur" (Vermeer, 1992, 112). Darüber hinaus wird Sprache als „wesentlicher Ausdruck" und gleichzeitig „Träger der Kultur" (Kadri´c/Kaindl/ Kaiser-Cooke, 2010, 34) bezeichnet. Als „Werkzeug" unterstützt Sprache die wachsenden kommunikativen Bedürfnisse von Menschen sowie der Gesellschaft und ermöglicht somit den Informationsaustauch zwischen unterschiedlichen Kulturen. Die Beziehung zwischen „menschlicher Kommunikation" und „Kultur" ist konkret von zwei Merkmalen geprägt: Einerseits kann der Austausch von Kulturinhalten als Ergebnis und Resultat des menschlichen Kommunikationsprozesses aufgefasst werden, andererseits setzen ein erfolgreicher kultureller Transfer und eine vollständige Verständigung voraus, dass die Kommunikation unter strenger Berücksichtigung kultureller Faktoren wie Religion, Politik, Sprache, Recht, Kunst und Wissenschaft etc. stattfindet. Verschiedene Barrieren können zum Scheitern von Kommunikation führen. Im Vergleich zu den traditionellen linguistischen Übersetzungsansätzen, die „Sprachverschiedenheit" als Hauptgrund für dieses Scheitern betrachten, machen handlungs- und kulturelle Übersetzungstheorien die „Unterschiede auf kultureller Ebene" für den Misserfolg verantwortlich, die Verständigungsprobleme zwischen verschiedenen Kulturen hervorrufen.

Konkret auf die modernen Übersetzungstheorien bezogen muss Kultur wie Sprache „übersetzt" und „transformiert" werden, da Übersetzen schließlich einen „Kulturtransfer" bedeutet. Die Sprache trägt die eine oder andere ausgeprägte Kulturspezifik in sich. Somit sind die zu produzierenden Texte in einen kulturellen Kontext eingebettet, der sich auf das Übersetzen auswirkt. Daraus folgt, dass eine professionelle Translation, die in einem sprachlichen und interkulturellen Rahmen stattfindet, ohne Kulturwissen keinesfalls angemessen durchgeführt werden kann (vgl. Kadri´c/Kaindl/Kaiser-Cooke, 2010, 42). Darüber hinaus betont Resch, ein professionelles kulturelles Übersetzen bzw. der „Kulturtransfer" bedeutet „Textneuproduktion". Das heißt, der „Kulturtransfer" erfordert die „Produktion neuer Texte", sodass die Texte ihre Funktion in der Zielkultur auch erfüllen (vgl. Resch, 2006, 13).

Kulturen können aufgrund ihrer unterschiedlichen Merkmale und „Grundcharaktere" als „individualistische" oder „kollektivistische" Kulturen bezeichnet werden. Während die westlichen Kulturen besonders von Unabhängigkeit, Persönlichkeit und Freiheit geprägt sind, repräsentieren in den asiatischen Kulturen Solidarität, Harmoniestreben, Anpassung und Kompromissfähigkeit bevorzugte Werte. In der chinesischen und japanischen Kultur wird das Wort „Nein" aus Höflichkeitsgründen selten benutzt. Stattdessen finden dort unpräzise Redeweisen wie „Lassen Sie mich überlegen", „Warten wir ab" oder „Lassen Sie uns nochmals darüber sprechen" Verwendung. Diese Sätze sind manchmal jedoch gleichbedeutend mit „Nein" und stiften daher in den westlichen Kulturen große Verwirrung. Solche indirekten und oft „umständlichen" kontextbezogenen Ausdrucksweisen finden in der kollektivistischen Kultur vorwiegend Anwendung (vgl. Stolze, 2009, 313). Umgekehrt kann die direkte Redeweise der Europäer auf Chinesen und Japaner „unpassend" oder sogar „unmöglich" wirken. Derartige kulturelle Feinheiten müssen im Rahmen eines Übersetzungsprozesses grundlegend analysiert und berücksichtigt werden.

Welche Kulturspezifika in einer konkreten Translationssituation vorliegen und berücksichtigt werden sollen, ob alle kulturellen Faktoren bezüglich des übersetzerischen Handelns und des Übersetzungsergebnisses relevant sind, kann hier nicht beantwortet werden. Diesbezüglich verweise ich auf Kapitel 1.6.2.3 zum Stichwort „interkulturelle Kompetenz des Übersetzers", in dem die kulturelle Thematik fortgesetzt wird und weitere Aspekte abgehandelt werden.

Fazit: Die „Entthronung des heiligen Originals" wird als wesentliches Ziel der funktional orientierten Übersetzungstheorie gesetzt (vgl. Engberg, 2004, 64), somit sind ausschließlich die auf die Zielsituation bezogenen Kriterien für eine solche Übersetzung maßgebend. Der übersetzte Text muss in der Zielsprache seine Aufgabe erfüllen, unter Berücksichtigung kultureller Bedingungen und Besonderheiten dem Zweck und der Funktion des Ausgangstextes zu entsprechen und sie präzise widerzuspiegeln. Während die skopos-orientierten bzw. die funktionalen und kulturellen Übersetzungsansätze die funktionale Wiedergabe von Originaltexten betonen und unterstreichen, legen sie keinen großen Wert auf die formale Übereinstimmung zwischen Ausgangstext und Zieltext. Demnach spielt in diesen Ansätzen die Äquivalenzrelation, die sich vor allem auf die sprachliche

Ebene zwischen Ausgangstext und Zieltext bezieht, keine entscheidende Rolle. Das Kapitel 5.1 im praktischen Teil dieser Arbeit richtet sich vor allem auf das funktions- und kulturorientierte Übersetzen. Dieser Teil will den Versuch demonstrieren, während des Übersetzungsprozesses einerseits die Besonderheit der Ausgangssprache und -kultur zweckgemäß und zweckorientiert zu verdeutlichen und andererseits die zielsprachlichen und -kulturellen Bedingungen, beispielsweise die Verständnisvoraussetzungen der Rezipienten, mit einzubeziehen.

Meines Erachtens scheint es unmöglich, bei einem übersetzerischen Vorgang, besonders bei einer komplexerer Übersetzungsarbeit, klar zwischen den linguistischen und funktionalen Ansätzen zu trennen, da man das Übersetzen weder allein als sprachliche Operation noch allein als kulturellen Transfer definieren und eingrenzen kann. In der Übersetzungswissenschaft soll nicht ein Ansatz ein anderes Paradigma ersetzen, vielmehr handelt es sich „lediglich [um ein] Nebeneinander funktionaler, kognitiver, kultureller und ebenfalls linguistischer Gesichtspunkte" (Bernardo, 2010, 48). Es ist wichtig, anzuerkennen, dass die neuen funktionalen und kulturellen Ansätze einen großen Beitrag zu der theoretischen Weiterentwicklung der Übersetzungswissenschaft geleistet haben, jedoch verläuft dieser Entwicklungsprozess nicht ohne Nebenwirkungen: Die neuen Ansätze wollen die sprachwissenschaftlichen Perspektiven aus ihrer dominanten Stellung in der Übersetzungswissenschaft verdrängen, um sich selbst richtig positionieren zu können.

In der Übersetzungswissenschaft existieren nicht nur verschiedene Aspekte und Paradigmen, die es zu berücksichtigen gilt, sondern sie ist auf unterschiedliche Disziplinen angewiesen. Daher steht das Thema der Interdisziplinarität im Zentrum des nächsten Abschnitts. Es geht darum, die einbezogenen verschiedenen Fachrichtungen in der Übersetzungswissenschaft aufzuzeigen und andererseits die Etablierung der Übersetzungswissenschaft als Eigendisziplin zu begründen.

1.2.4 Interdisziplinarität

Zu Beginn des ersten Kapitels wurde bereits auf die bis heute fortgeführte Diskussion hingewiesen, ob die Übersetzungswissenschaft als Eigendisziplin (Siever) oder als Interdisziplin (Wilss/Snell-Hornby) aufzufassen ist. Wie bereits in den Kapiteln 1.2.2 und 1.2.3 dargestellt, ausgehend von der Linguistik bis zur Skopostheorie Vermeers, kamen viele äußerst unterschiedliche übersetzungstheoretischen Ansätze zur Anwendung. Das Thema der „Interdisziplinarität" wird hier deshalb erläutert, da es große Bedeutung für die gesamte Entwicklungsgeschichte der Übersetzungswissenschaft in den letzten Jahrzenten besitzt.

Obgleich sich dieser Abschnitt der Interdisziplinarität widmet, kann dieser Begriff im Zusammenhang mit Übersetzungswissenschaft nicht explizit erläutert werden, da Bernardos Ansicht folgend eine ausführliche Darstellung der Interdisziplinarität die Eigenständigkeit der Übersetzungswissenschaft eher gefährden und sie somit gründlich infrage stellen kann (vgl. Bernardo, 2010, 28). Die folgende Darstellung fokussiert sich nicht auf eventuelle Schlussfolgerungen dieser Diskussionen. Sie bemüht sich stattdessen um eine Darstellung, welche die Fortführung dieser Diskussion bis heute nachzeichnet.

Die Entwicklung oder konkret die Herausbildung der Übersetzungswissenschaft als Eigendisziplin ist eng verwoben mit verschiedenen „Nachbardisziplinen". Chronologisch betrachtet brachte Jiri Levy bereits im Jahr 1965 mehrere Disziplinen mit der Forschung des Übersetzungsprozesses in Verbindung, so zum Beispiel Sprachwissenschaft, Ästhetik, Psycholinguistik und Semantik (vgl. Bernardo, 2011, 20, 28). In diesem Zusammenhang zieht Zhang vor allem folgende Fachrichtungen in Betracht: Kommunikationswissenschaft, Kulturtheorie, Kulturanthropologie, Hermeneutik, Interkulturalistik und kontrastive Ästhetik (vgl. Zhang, 2006, 5). Wie man hier deutlich erkennen kann, lässt sich nicht vermeiden, dass die Übersetzungswissenschaft stets auf unterschiedlichen Ebenen – der linguistischen, funktionalen, semantischen, kulturellen und ästhetischen Ebene etc. ausgerichtet und daher auf unterschiedliche Fachrichtungen unvermeidbar angewiesen ist.

Aufgrund der fächerübergreifenden „Integration" bzw. „Heranziehung" unterschiedlicher Fachdisziplinen wird die junge Übersetzungswissenschaft zwangsläufig als „interdisziplinär" und „unselbständig" oder – gemäß Metzler Lexikon – als „Teilgebiet der angewandten Sprachwissenschaft" (Metzler Lexikon Sprache, 2005, 703) bezeichnet. Snell-Hornby betrachtet die Translation als Wissenschaft, die sich mit einer Welt zwischen den Disziplinen beschäftigt:

> Wenn man von den bestehenden Wissenschaften als Kategorien ausgeht, dann wäre die Übersetzungswissenschaft als interdisziplinäre, multiperspektivische Einheit zu verstehen, die von der komplexen Realität des Übersetzens und nicht von den axiomatischen Modellen der Linguistik ausgeht und sich durch eine verbindende Perspektive auszeichnet (Snell-Hornby, 1986, 12).

Die Gegenstimme zu der oben dargestellten Eigenschaft der Übersetzungswissenschaft als „Interdisziplin" resultiert hauptsächlich aus der Einbeziehung des „linguistischen Aspektes". Da „es [der] Linguistik nicht gelang, den Gegenstand derselben eindeutig in ihren Fächerkanon einzuordnen" (Kaindl, 2004, 22), hat die Übersetzungswissenschaft einerseits die forschungsorganisatorische

„Institutionalisierung"[14] erreicht und andererseits wissenschaftstheoretische „Eigenständigkeit" gewonnen, sodass sie an ihren eigenen inhaltlichen und methodischen Konzepten arbeiten und sich mit ihren eigenständigen wissenschaftstheoretischen Faktoren beschäftigen kann. Nachdem die funktionalen und kulturellen Ansätze in Betracht gezogen wurden, bemüht sich die Übersetzungswissenschaft besonders darum, eine „Grenzziehung zu anderen Fächern vorzunehmen, um sich sowohl institutionell als auch in der Gegenstandsbetrachtung als eigenständige Disziplin zu etablieren" (Kaindl, 2004, 41). Diese Bemühungen führen dazu, dass das Forschungsfeld der Übersetzungswissenschaft im deutschsprachigen Raum als ein eigener Wissenschaftsgegenstand gilt, weshalb sie nicht mehr als Interdisziplin, sondern als eigenständige Wissenschaftsdisziplin anzuerkennen ist (vgl. Siever, 2010, 14).

Iscen hält es zudem für irreführend und fragwürdig, die Übersetzungswissenschaft als „interdisziplinär" zu bezeichnen, weil seiner Ansicht nach eine interdisziplinäre Beziehung nur unter „gleichberechtigten (unterschiedlichen) Komponenten" möglich ist. Da die Übersetzungswissenschaft im Gegensatz zu den anderen Disziplinen wie etwa Sprachwissenschaft eindeutig nur eine vollkommen „passive" Rolle spielt, kann sie nicht „interdisziplinär" sein (vgl. Iscen, 2008, 102).

Die Übersetzungswissenschaft war zu Beginn ihrer Entstehung zwar linguistisch orientiert, hat durch die inhaltlichen sowie methodischen Entwicklungen und Forschungen sowohl völlig neue als auch von anderen Disziplinen differenzierte Impulse erhalten, die als Ausgangspunkte für ihre weitere theoretische Entwicklung und Etablierung dienen. Wie man die Übersetzungswissenschaft hinsichtlich „Interdisziplinarität" bewertet, ändert jedoch nichts daran, den linguistischen Ansatz mit den Handlungstheorien kombinieren zu müssen, um der Komplexität und den umfassenden Aspekten des Übersetzens nachzugehen. Nach der bisher allgemeinen theoretischen Darstellung wendet sich diese Arbeit ab dem nächsten Kapitel den einzelnen „Aufgaben" der Übersetzungswissenschaft zu.

---

14 Die Institutionalisierung hat die Aufgabe, „den Zusammenhang zwischen Forschung und fachlicher Zuordnung zu erklären und die Eigenständigkeitsbestrebung der Translationswissenschaft gegenüber ihren Ausgangsdisziplinen zu begründen" (Kaindl, 2004, 38). Mit Ausgangsdisziplin ist hier die Sprachwissenschaft bezeichnet.

1.3 Übersetzungsprinzipien

Es geht bei der Darstellung von Übersetzungsprinzipien nicht darum, alle existierenden und derzeit gültigen Übersetzungsprinzipien vorzustellen, da sie nicht konstant bleiben, sich von Zeit zu Zeit verändern und daher nicht allgemeingültig definiert werden können. Der Grund für diese Veränderungsprozesse liegt hauptsächlich darin, dass die Übersetzungsprinzipien eng mit der Gesellschaft, Wissenschaft und den Lebensbedingungen eines Landes zusammenhängen, die ständig im Wandel sind. Zusätzlich weist jedes Land von vorneherein unterschiedliche Kulturspezifika auf und ist von verschiedenen Entwicklungsstatus geprägt, die alle Lebensbereiche der Menschen beeinflussen und somit ausnahmslos auch verschiedene Wissenschaftsbereiche wie auch die Übersetzungswissenschaft.

Erst in den 60er-Jahren zeigte sich verstärkt das Bestreben, Prinzipien des Übersetzens explizit zu formulieren. Statt auf die übersetzerische Produktion wurde großer Wert auf die Verdeutlichung der Prinzipien, Strukturen und Kategorien übersetzerischen Handelns gelegt (vgl. Wilss 1988, 6). Ab diesem Zeitpunkt und besonders durch die Hinwendung zu handlungstheoretischen und kultursensitiven Orientierungen in den 80er-Jahren verband sich das Übersetzen mit noch größeren und konkreteren Aufgabenbereichen, „die sowohl die wissenschaftstheoretische Positionierung und die translationstheoretische Fundierung als auch die methodische Diskussion sowie die thematische Palette der Translationswissenschaft betreffen" (Kandl, 2004, 319). Der erste konkrete Aufgabenbereich gemäß den Übersetzungstheorien, mit dem sich der Wissenschaftler beschäftigt, sind die Übersetzungsprinzipien.

1.3.1 Kontroverse bezüglich Übersetzungsprinzipien im Allgemeinen

Übersetzungsprinzipien, auch Übersetzungskriterien genannt, sind grundlegende Maßstäbe, nach denen der Übersetzer seine übersetzerische Tätigkeit in Abhängigkeit von den konkreten Situationen durchführen kann. Die diesbezüglichen Kontroversen offenbaren zwei gegensätzliche Paradigmen. Einerseits wird die Ansicht vertreten, dass das Einhalten und Befolgen dieser Orientierungsprinzipien dem Übersetzer helfen sollen, sich beim Übersetzen sicherer zu fühlen und das eigene Selbstbewusstsein zu stärken. Indem der Übersetzer bestimmte Übersetzungsprinzipien im Übersetzungsprozess befolgt, soll die Qualität von Übersetzungen in gewissem Maß gewährleistet werden. Die Gegenstimme stellt die Übersetzungsprinzipien grundsätzlich durch die Argumentation infrage, dass den Übersetzern durch die Übersetzungsprinzipien die Hände gebunden sind und diese somit eine Einschränkung und Blockierung für die übersetzerische Arbeit bedeuten. Durch die Einhaltung von Übersetzungsprinzipien könnten sich bestimmte übersetzerische Fertigkeiten nicht entfalten, zum Beispiel die kreative übersetzerische Fähigkeit. Soll der Übersetzer immer nach Übersetzungsprinzipien arbeiten oder inwiefern kann er sich auf diese Prinzipien verlassen?

Da das Übersetzen eine kognitive Tätigkeit und mit komplexeren Phänomenen verbunden ist, kann keine Richtlinie für diese Tätigkeit ausgearbeitet werden, die alle übersetzungsrelevanten Bedingungen und Perspektiven berücksichtigt und abdeckt. Daher ist es nicht möglich, absolute zeitlose und einheitliche Übersetzungskriterien auszuarbeiten und festzulegen. Es ist völlig ausgeschlossen, Übersetzungsprinzipien im Allgemeinen zu definieren, die für alle Übersetzungsfälle und in allen Situationen gültig und verwendbar sind. In der übersetzerischen Praxis wurde bereits bewiesen, dass eine gleiche Übersetzung von verschiedenen Übersetzungstheoretikern oder Übersetzern je nach konkreten Situationen, individuellen Empfindungen und Maßstäben unterschiedlich bewertet wird.

Seit den 80er-Jahren bemüht sich die Übersetzungswissenschaft jedoch besonders darum, die übersetzerische Tätigkeit zu standardisieren und sich als Wissenschaft theoretisch zu vervollständigen. Daraus folgt die Notwendigkeit, eine Lösung bzw. einen „Mittelweg" anzustreben, nämlich die Übersetzungsprinzipien grob aufzustellen. Eine „grobe" Aufstellung bestimmter Übersetzungsprinzipien bietet dem Übersetzer zwei Möglichkeiten. Einerseits verfügt der Übersetzer über gewisse grundlegende Übersetzungsorientierungen, andererseits kann er diese Prinzipien der konkreten Übersetzungssituation entsprechend selbst festlegen und individuell verwenden. Nach welchen Prinzipien der Übersetzer grundsätzlich arbeiten kann, wird im Folgenden dargestellt.

1.3.2 Treue und Freiheit des Übersetzens

Traditionell prägen zwei Charakteristika die gesamte Thematik der Übersetzungskriterien: „Treue" – wörtliche Übersetzung einerseits, und „Freiheit" – sinngemäße Übersetzung andererseits. „Etwa seit der Mitte des 18. Jahrhunderts begann sich die insbesondere in Deutschland vertretene Konzeption des originalgetreuen Übersetzens europaweit durchzusetzen" (Enzyklopädie der Neuzeit, 2011, 881). Zu den Vertretern einer originalgetreuen Übersetzung zählen in Deutschland Wilhelm Mylius, Johann Gottfried Herder, Friedrich Klopstock und Friedrich Schleiermacher (vgl. Enzyklopädie der Neuzeit, 2011, 880). Der Terminus „Treue" umfasst in den Übersetzungstheorien viele Bedeutungen und

Bereiche: Inhaltstreue, Formtreue, Treue zur Syntax oder zum textuellen Stil etc. Im Zuge der Erläuterung des Äquivalenzbegriffes wurden ähnliche Begrifflichkeiten bereits erwähnt und diskutiert. Gui beispielsweise unterscheidet Übersetzungsäquivalenz in „inhaltliche, formale und stilistische" Kategorien (siehe 1.2.2.1). Daraus kann eine Verwandtschaft der Begriffe „Treue" und „Äquivalenz" gefolgert werden. Dieses enge Verhältnis zwischen Treue und Äquivalenz ist nicht nur allgemein anerkannt, sondern auch in der Übersetzungswissenschaft, in der „Treue" mit „Äquivalenz" scheinbar gleichzusetzen ist (vgl. Nord, 1991, 25).

In den 60er- und 70er-Jahren war „Übersetzungsprozess" gleichbedeutend mit „Transkodierungsprozess" und wurde zum Teil sogar als Sonderfall von Transkodierung beschrieben (vgl. Öttinger, 1973, zit. nach Siever, 2010, 82). Transkodierung bedeutet, „so wörtlich (genau) wie möglich und so frei wie nötig" zu übersetzen, um ein optimales übersetzerisches Verhältnis zwischen dem zielsprachlichen und ausgangssprachlichen Text herzustellen. Jedoch sind „genau" und „frei" dehnbare Begriffe (vgl. Reiß, 1993, 7), die nur wenig klar und abgegrenzt sind. Während eines Transkodierungsprozesses ist demzufolge zwar eine möglichst geringfügige Abweichung auf der formalen, inhaltlichen, stilistischen sowie funktionalen Ebene zwischen dem Original und dem Zieltext zulässig, jedoch ist nicht klar definiert, was „geringfügig" in diesem Zusammenhang exakt bedeutet (vgl. Vermeer, 1992, 41) und welches Ziel die Abweichung dieser Ebenen letztlich zu erfüllen hat. Zusätzlich kann das Resultat eines Transkodierungsprozesses trotz möglicher Abweichungen, die bei der strengen „Äquivalenzübersetzung" und „wörtlichen Übersetzung" im engsten und abstrakten Sinne nicht erlaubt sind, nicht hundertprozentig gewährleisten, dass der Zieltext vom Leser verstanden und die Funktionalität des Originaltextes beibehalten wird. Für die Übersetzungsfälle, die sich grundlegend an den Übersetzungsprinzipien „Treue" oder „Transkodierung" orientieren, ist es also notwendig, dass der Übersetzer den „Zieltextgebrauch" als weiteren Maßstab in Betracht ziehen muss. Dadurch können Verständnisprobleme in Bezug auf den Zieltext verringert oder vermieden werden.

Hinsichtlich wörtlicher Übersetzung definiert Kade „wörtlich" im Sinne von „wortgetreu" und „formgetreu" (Kade, 1968, 21). Somit gilt die Regel, dass die Form des Originals „unantastbar" bleibt und die Formgleichheit um jeden Preis gewahrt werden soll, soweit möglich. Andererseits stellt Kade fest, dass die Befolgung dieses Übersetzungsprinzips jedoch zu „eine[r] Vergewaltigung der Zielsprache und eine[r] Verstümmelung des Inhalts bis zur Unkenntlichkeit" (Kade, 1968, 20) führen kann. Um ein besseres übersetzerisches Ergebnis zu erreichen und den Zieltext verständlich zu machen, muss demnach dem Übersetzer in der Praxis mehr Freiheit und Flexibilität zugestanden werden. Besonders nach dem Wandel innerhalb der Übersetzungswissenschaft von einer eher linguistisch orientierten zu einer funktionalen und empfängerorientierten Betrachtungsweise, wird auf die Verständlichkeit des Zieltextes größerer Wert gelegt.

Im Vergleich zu den wörtlichen Übersetzungen sind die nichtwörtlichen Übersetzungen hauptsächlich durch umfassende und komplexe übersetzungsrelevante Verhältnisse und Gegebenheiten zwischen Originaltext und Zieltext sowie zwischen Ausgangskultur und Zielkultur gekennzeichnet. Daher kann die Regel „möglichst wortgetreue Übertragung des Textes aus einer Sprache in eine andere" nicht mehr allen Übersetzungsfällen gerecht werden und auch nicht mehr als allgemeingültiges Grundprinzip der Übersetzungswissenschaft gelten (vgl. Vermeer, 1992, 17). Die komplexeren und offeneren nichtwörtlichen Übersetzungen fordern größere Freiheit des Übersetzers und mehr übersetzerische Kompetenz.

Ohne Bezug zu konkreten Übersetzungssituationen ist es jedoch unmöglich, zu entscheiden, ob die wörtliche Übersetzung oder die freie Übersetzung zu bevorzugen ist, da jedes Übersetzungsprinzip Vor- und Nachteile in sich birgt. In Wirklichkeit kann der Übersetzer, egal ob er „treu" oder „frei" übersetzt, immer nur Teilaspekten des Ausgangstextes gerecht werden. Übersetzt demnach der Übersetzer „wortgetreu" und wörtlich, könnten Probleme bei der Syntax oder Verständnisprobleme beim Leser entstehen; übersetzt man „sinngetreu", wäre eventuell eine Formveränderung gegenüber dem Originaltext vorzunehmen (vgl. Reiß/Vermeer, 1984, 35). So drehen sich die theoretischen Diskussionen um Treue und Freiheit beim Übersetzen ständig im Kreise. Daher muss der Übersetzer in der Praxis je nach relevanten wie konkreten Situationen und Bedingungen darüber nachdenken, wo er „die Grenze zwischen ‚Treue' und ‚sklavischer Treue' (…) auf der einen und ‚Freiheit' und ‚Freiheitsmissbrauch' (d. h. Adaptation[15]

---

15 „Adaptation" bedeutet im Allgemeinen „Anpassen". In der Literaturwissenschaft bezeichnet Adaptation die Bearbeitung eines künstlerischen Werkes für eine andere Gattung oder für ein anderes Medium (vgl. Brockhaus, 2006, Band 1, 178). Das heißt, der Originaltext wird hinsichtlich der pragmatischen Aspekte und der Verständlichkeit des Lesers adaptiert bzw. bearbeitet. In Bezug auf die Definition des Begriffs Adaptation und des Verhältnisses zwischen Adaptation und Übersetzen existieren unterschiedliche Ansichten. Im Gegensatz zu Nord sieht Koller in der „Adaptation" eine zusätzliche Übersetzungsmethode, die jedoch nur eingeschränkt für das literarische Übersetzen verwendet werden kann. Kußmaul ist auch der Meinung, dass der Übersetzer beispielsweise durch die Verwendung von Adaptation und unter der strengen Bedingung, dass

oder Bearbeitung oder ‚gar‘ Nachdichtung) auf der anderen Seite" (Nord, 1991, 25) ziehen soll, und einen idealen „Grad" der Übersetzungsprinzipien herausfinden. Zentral ist für Nord, dass der Begriff „Treue" einer Präzisierung bedarf wie die Freiheit einer Einschränkung durch die Verantwortung des Übersetzers. Kade vertritt zudem die Ansicht, dass die Beziehung zwischen „Treue" und „Freiheit" auf keinen Fall als Gegensatz oder Widerspruch betrachtet werden soll, vielmehr sind diese beiden Prinzipien „mit Einschränkungen zu verstehen" (Kade, 1968, 21) und durch Abwägen des konkreten Übersetzungszwecks anzuwenden.

1.3.3 Funktionales Übersetzungskriterium

„Funktionales" Übersetzen ist nicht mit „freiem" bzw. „sinngemäßem" Übersetzen im engeren Sinne gleichzusetzen. Wie bereits in Kapitel 1.2.3 erwähnt betonen Vermeer, Holz-Mänttäri und Nord den funktionalen Aspekt des Übersetzens und heben den „Skopos" bzw. die „Funktion" des Originaltextes im übersetzerischen Handeln hervor. In den skoposorientierten sowie funktionalen und kulturellen Übersetzungstheorien besitzt die „funktionale Wiedergabe des Originals im Zieltext" gegenüber der „formalen Übereinstimmung zwischen Ausgangs- und Zieltext" deutlich höheren Wert. Als wesentliches Kriterium entscheidet die Beibehaltung der Funktion schließlich darüber, ob die Übersetzung ihre maximale Leistung erbracht hat und als gelungen eingestuft werden kann. Die funktionale Wiedergabe ist demnach eine wirkungstreue Translation, in welcher der „inhaltlichen Treue" keine große Aufmerksamkeit zukommt. Für eine wirkungstreue Translation ist „freie Wiedergabe" bzw. mehr übersetzerische „Freiheit" nötig (vgl. Reiß/Vermeer, 1984, 35). Jedoch beruht die Freiheit des Übersetzers nicht auf einer willkürlichen, „sondern auf durch den Skopos begründbaren bewußten Entscheidung" (Dizdar, 2006, 106).

In diesem Zusammenhang möchte ich zwei Begrifflichkeiten von Juliane House darstellen: „overt translation" (offene Übersetzung) und „covert

---

die Erwartungen und Bedürfnisse der zielsprachlichen Leser im Zentrum stehen, seine kreative übersetzerische Leistung erreichen und zeigen kann (vgl. Kußmaul, 2007, 21). Meines Erachtens lassen sich sowohl der Adaptionsgrad als auch der Kreativitätsgrad je nach konkreten Übersetzungsfällen und anhand von unterschiedlichen übersetzungsrelevanten Bedingungen unterscheiden. Daher ist es nicht möglich, diese Begrifflichkeiten abschließend zu definieren und einzugrenzen. Wenn jedoch eine Adaptation im übersetzerischen Vorgang stattfindet, ist es wichtig, dass der Übersetzer diese Besonderheit an den entsprechenden Textstellen oder in der Fußzeile kennzeichnet.

translation" (verdeckte Übersetzung).[16] Diese Darstellung soll die Unterschiede sowie das Wechseln zwischen „Wirkungstreue" und „Inhaltstreue" der Übersetzung zum Ausdruck bringen und begründen. Für die „overt translation" wird Äquivalenz auf der Ebene des Textes, des Registers und der Gattung beansprucht, somit ergibt sich aufgrund der zielkulturellen und sprachlichen Besonderheiten eventuell eine Änderung der Funktion im zielsprachlichen Text. Nimmt man eine verdeckte Übersetzung vor, so wird die funktionale Äquivalenz des Zieltextes wie beim Original gefordert, wodurch Änderungen auf der inhaltlichen und formalen Ebene möglich sind. In diesem Sinne wird das Ziel angestrebt, dass der Zieltext wie ein Original „wirkt". Der „cultural filter" (kultureller Filter) spielt für versteckte Übersetzungen eine entscheidende Rolle, da aufgrund dessen die Text- und Funktionsveränderungen überhaupt erst vorzunehmen sind, sodass der Zieltext als rezipientengerecht empfunden wird (vgl. Stolze, 2011, 59).

Hierzu ein einfaches <u>Beispiel</u> aus dem alltäglichen Schriftverkehr. Mir ist aufgefallen, dass in der deutschen Sprache „Lieber Herr …" oder „Liebe Frau …" in der Anrede sowohl in einer E-Mail als auch im Brief oft verwendet werden, zum Beispiel zwischen Studenten und Professoren oder zwischen guten Geschäftspartnern. Eine „overt translation" des Adjektivs „lieber/liebe" in der Anrede ins Chinesische würde „亲爱的 – (qinai de)" lauten, was in der chinesischen Sprache jedoch eine intensivere emotionale Bindung ausdrückt und fast ausschließlich nur zwischen Familienmitgliedern und verliebten Paaren verwendet wird. Übersetzt man tatsächlich „wortgetreu", wirkt das Übersetzungsergebnis für Chinesen nicht angemessen, da diese „offene Übersetzung" eine andere Emotion und Bindung des ursprünglichen „Gemeinten" übermittelt.

In einem Brief eines Studenten an einen Professor kann „lieber/liebe" in der Anrede mit „敬爱的 (jingai de)" übersetzt werden. Diese Übersetzung enthält

---

16 Nord verwendet in diesem Zusammenhang die Begriffe „dokumentarische" und „instrumentelle" Übersetzung, die den Begrifflichkeiten von House entsprechen. Dokumentarische Übersetzung, zum Beispiel wörtliche Übersetzung, kann eine „Dokumentation" der Ausgangssituation sein, in der Merkmale des Ausgangstextes im Vordergrund stehen. Das heißt, die dokumentarische Übersetzung „dokumentiert" nur die Kommunikationshandlung in der Ausgangskultur und der zielkulturelle Empfänger und deren Kommunikationssituation werden somit nicht in die Kommunikation einbezogen (vgl. Nord, 2010, 51). Instrumentelle Übersetzung wird als Instrument in einer neuen zielkulturellen Kommunikationshandlung zur Erreichung eines kommunikativen Ziels betrachtet (vgl. Nord, 1991, 83). Darunter ist zu verstehen, die instrumentelle Übersetzung ist auf die in der Zielkultur für die Zielempfänger intendierten kommunikativen Funktionen ausgerichtet.

zwei emotionale Faktoren „geehrte und liebe ...", welche die Beziehung zwischen Studierenden und Professoren passend darstellen. Bezogen auf Geschäftspartner soll „lieber/liebe" stattdessen als „尊敬的 (zunjing de)" ins Chinesische übersetzt werden, wobei hier nur der Faktor „geehrte" zum Ausdruck gebracht wird. Diese zwei Übersetzungen werden nach dem Prinzip der „covert translation" vorgenommen, um die Funktion des Originals beizubehalten. Beim Übersetzen insbesondere von Anrede- und Schlussformeln, z. B. „Lieber Herr xxx", „Werter Herr xxx", „Mit freundlichen Grüßen" oder „Hochachtungsvoll", muss der Übersetzer zusätzlich auch die diachronischen gesellschaftlichen Entwicklungen in Betracht ziehen, da manche Formeln dem „Zeitgeschmack" unterworfen sind und daher eventuell einer „zeitgemäßen" Abänderung der Übersetzung bedürfen (vgl. Schmitt, 2006, 185).

Zusammenfassend gilt für den Übersetzer, dass Übersetzungskriterien keine Gesetze darstellen. Sie sollen als Hilfsmittel für jegliche Übersetzungsarbeit betrachtet werden, die dem Übersetzer eine Grundorientierung für seine übersetzerische Arbeit, vor allem in der Anfangsphase, bieten. Nach welchem Prinzip der Übersetzer übersetzt und welche Perspektive den Schwerpunkt der gesamten Übersetzung bestimmt, ist unmittelbar von dem Übersetzungszweck sowie von den Erfahrungen und Techniken des Übersetzers abhängig. Im Folgenden werden Übersetzungszwecke und -prozesse dargestellt.

1.4 Übersetzungszwecke und Übersetzungsprozesse

Zu wissen, wofür der Übersetzer übersetzt und welches Ziel der übersetzte Text zu erreichen versucht, ist nicht nur entscheidend für das Endergebnis des Übersetzens, dies steht vielmehr am Beginn des gesamten Übersetzungsprozesses. Aus dieser Sicht stehen Übersetzungszwecke und Übersetzungsprozesse in engem Zusammenhang.

1.4.1 Übersetzungszwecke

„Ein Auftrag ist eine Zielsetzung zu bestimmten Zweck" (Vermeer, 1986, 39). Somit ist der Übersetzungsauftrag mit einem Zweck und Ziel verbunden, den der Übersetzer in erster Linie klar definieren muss. In der Mehrheit der Übersetzungsfälle wird der Übersetzungszweck vom Auftraggeber jedoch nicht explizit benannt, folglich trägt der Übersetzer die Verantwortung dafür, herausfinden, „welchen Stellenwert der Text für den Auftraggeber hat (...) und welche Wissensvoraussetzungen die Leser haben" (Kußmaul, 2010, 163). Gui unterscheidet vier unterschiedliche Übersetzungszwecke (vgl. Gui, 2001, 69):

- *Teilweise oder auszugsweise Übersetzung*: Es wird übersetzt, was den Übersetzer interessiert oder für ein bestimmtes Ziel geeignet ist;
- *Übersetzung als Nachschlagematerial*: Es wird für bestimmte Personen und Fachkreise übersetzt, um erwünschte Informationen zu vermitteln;
- *Gemischte Übersetzung*: Der Übersetzer muss nicht unbedingt „treu" übersetzen, darf aber den Originalinhalt nicht verfälschen. Zusätzlich darf er gewisse Wörter oder Sätze hinzufügen, um dem Übersetzungszweck entgegenzukommen;
- *Normale oder vollständige Übersetzung*: Das ist die häufigste Übersetzung, der sich die gesamte Arbeit widmet und die daher hier nicht näher definiert wird.

Bei den ersten zwei Übersetzungszwecken liegt der größere Wert auf „Rezeption" des Originaltexts, während die gemischte Übersetzung zusätzlich den „Produktion" des Ausgangstextes berücksichtigen und diese im Zieltext wiedergeben muss. Bei der normalen und vollständigen Übersetzung muss der Ausgangstext gemäß unterschiedlichen Übersetzungsprinzipien bzw. hinsichtlich des „treuen", „sinngemäßen" oder „funktionalen" Aspektes sowie mit bestimmter „Freiheit" übersetzt werden. Bezogen auf den Anwendungszweck der Übersetzung ist festzustellen, dass die normale und vollständige Übersetzung gegenüber den anderen drei Übersetzungsarten am schwierigsten anzufertigen ist, da in solchen Übersetzungsfällen die Absicht des Übersetzens nicht direkt oder nicht leicht zu erkennen ist. Um den richtigen Zweck des Originaltextes herauszufinden, sind mehrere relevanten Bedingungen und Voraussetzungen sowohl innerhalb als auch außerhalb des Textes zu berücksichtigen.

Heutzutage werden Übersetzungen zum größten Teil für Wissenschafts- und Wirtschaftszwecke benötigt, da sie unmittelbar mit Wissenschafts- und Wirtschaftsinteressen der Gesellschaft zusammenhängen. Im Wissenschaftsbereich handelt es sich in erster Linie um Veröffentlichungen wissenschaftlicher Ergebnisse und den Informationsaustausch zwischen verschiedenen Sprachen. Betrachtet man die kompletten Übersetzungen im Bereich der Wirtschaft, ist deutlich zu erkennen, dass fast alle Übersetzungen einem allgemeingültigen Zweck dienen – zum Erzielen wirtschaftlichen Gewinns beizutragen. Konkrete Übersetzungszwecke können aus diesen allgemeinen Erkenntnissen jedoch nicht abgeleitet werden. Die Übersetzungszwecke sind in der Regel immer mit konkreten Übersetzungsaufträge und -situationen verbunden und können am besten im Einzelfall explizit beschrieben und erläutert werden. Klar ist, dass die Übersetzungszwecke den Übersetzungsprozess in einem gewissen Maß beeinflussen und auch determinieren.

1.4.2 Übersetzungsprozesse

Dieser Abschnitt verfolgt das Ziel, die Übersetzungsprozesse nach verschiedenen übersetzerischen Ansätzen darzustellen. In der Auflage von 2002 des Buches „Fertigkeit Übersetzen" stellte Nord bereits fünf verschiedene Modelle des Übersetzungsprozesses vor (vgl. Nord, 2002, 14–20). Der Ausgangspunkt der Modelleinteilung besteht darin, dass Nord jeden Übersetzungsprozess je nach theoretischer Grundlage der jeweiligen einzelnen Ansätze entsprechend modelliert und konkretisiert. Bei den von Nord definierten fünf Übersetzungsmodellen handelt es sich um ein linguistisches, kommunikationstheoretisches, funktionales, handlungstheoretisches und psycholinguistisches Modell (vgl. Nord, 2010, 29–35). In Bezug auf die in dieser Arbeit dargestellten grundsätzlichen Betrachtungsweisen der Übersetzungswissenschaft – linguistische sowie funktional und kulturell – möchte ich daher nur drei Modelle genauer betrachten: das linguistische, kommunikationstheoretische und funktionale Modell.

1.4.2.1 Übersetzungsprozess gemäß linguistischem Modell

Aus rein linguistischer Perspektive wird der Übersetzungsprozess als ein zweiphasiger „Code-Switching-Prozess" beschrieben. Die erste Phase kann als „Analyse-, Dekodier-, Rezeptions- oder Verstehensphase" bezeichnet werden, in welcher der Ausgangstext „rezipiert und in möglichst all seinen Aspekten erfasst, analysiert und in die Zielsprache umkodiert" (Nord, 2010, 29–30) wird. In der zweiten Phase der „Synthesephase, Rekodierungsphase, Reproduktionsphase", wird der Zieltext „zusammengesetzt" (Nord, 2010, 30). Dieses Zwei-Schritt-Schema des Übersetzungsprozesses beinhaltet im Grunde genommen zwei wesentliche translatorische Vorgänge: den Rezeptionsvorgang und (Re-)Produktionsvorgang, wobei die fremd- und muttersprachlichen Kenntnisse für das richtige Textverstehen und Text(re-)produzieren zwingend erforderlich sind.

Hönig beschreibt diesen Übersetzungsprozess als „sprachwissenschaftliche Modelle", die sich durch „ihre Symmetrie" (Hönig, 1976, 20) auszeichnen. Das bedeutet, auf der einen Seite steht der Ausgangstext, auf der anderen Seite der Zieltext, und der Übersetzer steht als „Symmetrieachse" in der Mitte zwischen Ausgangstext und Zieltext. Die Übersetzung kann in diesem Sinne als eine „Transformation" verstanden werden. Transformation bezeichnet „eine Überführung einer Zeichenfolge einer Quellensprache (QS) in eine Zeichenfolge einer Zielsprache (ZS)" (Kade, 1971, 7). Kade stellt die Beziehung zwischen Übersetzung und Transformation so dar, dass sie entweder gleichgesetzt werden können oder das eine einen Sonderfall des anderen darstellen kann (vgl. Kade, 1971, 7).

Um das Verhältnis der „Symmetrie" zwischen Ausgangstext und Zieltext zu konkretisieren und zu veranschaulichen, definiert Koller den Übersetzungsprozess sprachlich und linguistisch betrachtet im engeren Sinne als „Herstellung von Bedeutungsgleichheit". Dabei sind „lexikalische Bedeutung" und „grammatische Bedeutung" (Koller, 2011, 133) zu berücksichtigen. Unter lexikalischer Bedeutung versteht man den „Bezug des sprachlichen Zeichens auf einen außersprachlichen Sachverhalt oder einen Bewusstseinsinhalt", während die grammatischen Bedeutungen „Wortklassenbedeutungen" sind, wie „Substantiv, Adverb, Verb, Bedeutungen der flexivischen Merkmale (Numerus, Person, Modus), Bedeutungen wie transitiv/intransitiv, Aktiv/Passiv, und schließlich Bedeutungen, die sich aus den Unter-, Über- und Nebenordnungsverhältnissen im Satz ergeben" (Koller, 2011, 133). Gemeinsam bilden lexikalische und grammatische Bedeutung die sprachliche Bedeutung eines Satzes oder Satzteils.

In einem Übersetzungsprozess gemäß linguistischem Modell wird versucht, sowohl die lexikalische als auch die grammatische Bedeutung im Ausgangstext richtig zu identifizieren und diese im Zieltext wiederzugeben. Der Faktor „Mehrdeutigkeit" sowohl auf der lexikalischen als auch auf der grammatischen Ebene kann jedoch das richtige „Erkennen" des Wort- oder Textinhaltes behindern, sodass in der Zielsprache keine passende sprachliche Bedeutung aus den möglichen Übersetzungsalternativen gewählt werden kann. Da die lexikalische Mehrdeutigkeit eines Wortes prinzipiell nur im „Kontext"[17] konkretisiert und erkannt wird, muss das Einzelwort je nach kontextuellen Bedingungen und Umständen übersetzt werden. Das folgende Beispiel zeigt, wie man das Wort „hart", das verschiedene Bedeutungen in sich trägt, in verschiedenen kontextuellen Situationen unterschiedlich übersetzen kann.

Hartes Bett – 坚硬的床 (jianying de chuang)

Harter Kampf (im Krieg) – 难打的一场战 (nan da de yichang zhang)

Hartes Herz – 铁石心肠 (tieshi xinchang)

Hartes Leben – 艰难的一生 (jiannan de yisheng)

Harte Worte – 严厉的话语 (yanli de huayu)

Hartes Wasser (PH Wert) – 碱性大的水 (jianxing da de shui)

Nachdem die kontextuelle lexikalische Angemessenheit erreicht ist, müssen „grammatisch akzeptable Ausdrücke" (Doherty, 1991, 9) erzeugt werden. Es ist

---

17 „Kontext ist dabei im weitesten Sinn des Wortes zu fassen, mit allen seinen sprachlichen (insbesondere auch texttyp-/textsortenabhängigen) und außersprachlichen, situativen und enzyklopädischen Faktoren, die bei der Interpretation eines bestimmten sprachlichen Ausdrucks zum Tragen kommen können" (Doherty, 1991, 9).

nicht Absicht der vorliegenden Arbeit, sich näher mit dem Thema Grammatik zu befassen, deshalb werden hier nur drei Fälle der grammatischen Mehrdeutigkeiten namentlich erwähnt: „morphologische Mehrdeutigkeit innerhalb eines Paradigmas", „Wortarten-Mehrdeutigkeit" und „syntaktische Mehrdeutigkeit" (Koller, 2011, 137–138).[18] In Bezug auf die lexikalischen und grammatischen Mehrdeutigkeiten gilt folgende Zusammenfassung: Linguistisch betrachtet ist in der ersten Phase des Übersetzungsprozesses entscheidend, den Satz- und Textinhalt richtig zu erkennen und zu „rezipieren", um die angemessene sprachliche Bedeutung des Originaltextes in der zweiten Reproduktionsphase zu gewährleisten bzw. den richtigen Inhalt des Ausgangstextes in der Zielsprache wiederzugeben.

1.4.2.2 Übersetzungsprozesse gemäß kommunikationstheoretischem Modell

Die kommunikationstheoretischen Modelle des Übersetzungsprozesses basieren zwar ebenfalls auf der Linguistik, jedoch stehen der kommunikative Faktor sowie die kommunikative Funktion der Sprache eindeutig im Mittelpunkt. In solchen Übersetzungsfällen liegt also der Zweck des Übersetzens auf der kommunikativen Ebene. Es gibt kaum Texte, die nur einen einzigen Zweck aufweisen. Stellt man den kommunikativen Zweck als Hauptzweck des Textes fest, wird dabei auch die Übersetzungsmethode bestimmt. Da die sprachlichen Zeichen gleichzeitig semantische, syntaktische und pragmatische Bedeutungen aufweisen, müssen all diese Faktoren in den kommunikationstheoretischen Modellen des Übersetzungsprozesses berücksichtigt werden. Vor allem deshalb, weil die pragmatischen Bedeutungen schließlich „mit den Beziehungen zwischen Zeichen und menschlichem Verhalten" zu tun haben, ist es für die kommunikationstheoretische Übersetzung grundlegend, dass die Bedeutung eines Ausdrucks „nie losgelöst von der Kommunikationssituation betrachtet werden" darf (Koller, 2011, 153).

Bereits im Jahr 1968 gliederte Kade den Übersetzungsprozess bzw. den „zweisprachigen Kommunikationsakt, in den die Translation eingebettet ist" (Kade, 1968, 55), in zwei Phasen:

---

18 Die „lexikalische und grammatische Mehrdeutigkeit" hat Koller in der „Einführung in die Übersetzungswissenschaft" im Kapitel 9 „Linguistische Grundprobleme, übersetzungslinguistischer und linguistisch-kommunikativer Ansatz" sehr ausführlich beschrieben (vgl. Koller, 2011, 132–147). Bei weiterführendem Interesse und hinsichtlich genauer Erläuterungen verweise ich auf dieses Buch.

Abb. 1: Vorgang der zweisprachigen Kommunikation (Kade, 1968, 55).

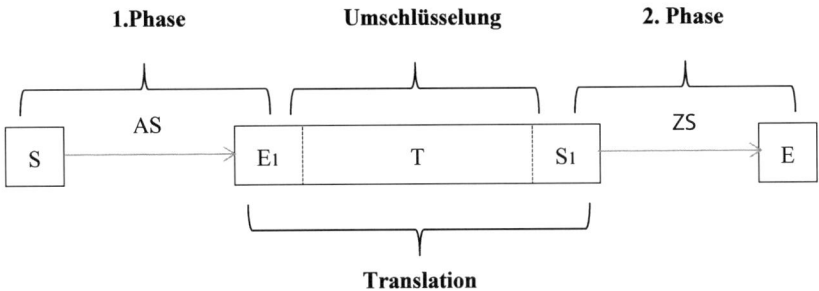

In der ersten Phase der Kommunikation zwischen „S" [Sender] und „T" [Translator] dient der Kode der „Ausgangssprache" als identischer Kode bzw. als Ausgangspunkt. In der zweiten Kommunikationsphase zwischen „T" [Translator] und „E" [Empfänger] dient „Zielsprache" als identischer Kode. Die „Umschlüsselung" aus dem „Kode-System AS [Ausgangsprache] in das Kode-System ZS [Zielsprache]" gilt als Voraussetzung für das Vollenden der zweiten Kommunikationsphase (vgl. Kade, 1968, 54–55).[19] Wie in der Abbildung dargestellt fungiert der Übersetzer einerseits als „Empfänger 1" des Ausgangstextes und andererseits als „Sender 1" des Zieltextes. Um seine zwei Funktionen richtig miteinander zu verbinden, muss sich der Übersetzer grundsätzlich an einem Kriterium orientieren – an dem kommunikativen Effekt des Ausgangstextes. In der Phase der „Umschlüsselung" sind der kommunikative Effekt und der Wert des Ausgangstextes zentral, deren optimale Annäherung in der Zielsprache gefordert wird. Dies deutet drauf hin, dass neben der optimalen Kommunikation zwischen Sender und Translator und zwischen Translator und Empfänger die Kommunikationswerte des Ausgangstextes und die „sprachlich realisierten intellektuellen und emotionalen Komponenten" (Kade, 1968, 63) in der Zielsprache gewährleistet sein müssen.

Darüber hinaus fasst Kade drei „Größen" zusammen, die an diesem Kommunikationsvorgang beteiligt sind: Kommunikationspartner, Sprache und objektive Wirklichkeit (vgl. Kade, 1968, 32). Kommunikationspartner sind der Verfasser

---

19 Noch konkreter beschrieben verläuft das Zweiphasenmodell von Kade im Prinzip nach folgendem Schema: „AS = Aufnahme des Textes in der Ausgangssprache; I = Intellektuelle Bearbeitung des AS-Texts auf semantisch-funktioneller Basis; EZ = Zuordnung von ZS-Einheiten nach empirischen Werten auf Grund von Sprach- und Sachkenntnis (Kodierungswechsel); A = Aufbau des ZS-Textes auf Grund der Kenntnis der Normen der Zielsprache; ZS = Wiedergabe des Textes in der Zielsprache" (Kade, 1968, 39).

des Ausgangstextes, der Übersetzer und der Rezipient der Übersetzung. Die objektive Wirklichkeit dient als Grundlage von Texten und Textinhalten und kann nur unter Einbeziehen der textuellen Situationen und kontextuellen Bedingungen produziert werden. Vereinfacht ausgedrückt wird die Wirklichkeit in Form von Texten und in den Texten selbst produziert (vgl. Koller, 2011, 102).

Dieses zweiphasige Schema, in dem die „Zwischenphase" und der eigentliche „Transfer" keine Berücksichtigung fanden (vgl. Nord, 1991, 35), wird später von Koller zu einem „Drei-Schritt-Schema" erweitert. In der ersten Phase Kollers findet die Kommunikation zwischen dem Sender und dem Übersetzer statt. In der zweiten Phase definiert er den Übersetzer als „Umkodierer" (Koller, 2011, 103), der den Ausgangstext in den Zieltext „überträgt" und „transferiert". Die letzte Phase beinhaltet die Kommunikation zwischen dem Übersetzer und dem Empfänger. Um die kommunikative Funktion zu erfüllen, müssen verschiedene objektive und subjektive Faktoren sowie Bedingungen berücksichtigt werden, da die menschliche Kommunikation einschließlich der Übersetzungskommunikation einen komplizierten und breiteren Vorgang darstellt.

Ein wichtiger Faktor sind die Gegebenheiten in der Ausgangskultur und Zielkultur. „Was in der Ausgangskultur nicht gegeben ist, kann nicht transkulturell kommuniziert werden; was in der Zielkultur nicht möglich ist, kann dort nicht realisiert werden" (Vermeer, 1992, 108). Da der Übersetzer einerseits Empfänger der Ausgangssprache und -kultur und gleichzeitig Sender der Zielsprache und -kultur ist, muss er sich in diesem Kommunikationsprozess ständig innerhalb zweier Kulturen bewegen und sich mit diesen auseinandersetzen. Zusätzlich spielen die situativen Bedingtheiten, die sozialen Zusammenhänge und Rollen der Kommunikatoren sowie die individuellen Beziehungen zwischen den Kommunikationspartners beim Übersetzen eine wichtige Rolle, denn die Kommunikation findet immer in einem sozialen Zusammenhang statt und der Ausgangstext ist immer in einer bestimmten Situation eingebettet.

Ein Beispiel soll den oben dargestellten Sachverhalt verdeutlichen. Auf meiner Hochzeitsfeier in China schenkte uns eine meiner sehr guten Freundin 500 Yuan. Mein Mann bedankte sich auf Deutsch: „Vielen Dank für Ihr Geschenk.", da er sie damals noch nicht gut kannte. Ich dolmetschte, ohne zu überlegen, wortwörtlich: 非常感谢您送给我们的礼物 (feichang ganxie nin song gei women de liwu). Sekunden später bemerkte ich, dass ich nicht angemessen gedolmetscht hatte, obwohl der Satz die einfachsten Wörter beinhaltete und einen sehr einfachen Sachverhalt darstellte. Das Wort „Ihr" wurde aus der Sicht meines Mannes zum Ausdruck gebracht, jedoch nicht aus meiner. Auf Chinesisch sagt man in diesem Fall zwischen guten Freunden nur „谢谢" (xiexie – Danke) oder „多谢"

(duoxie – vielen Dank). Das Wort „Geschenk" wird hier auch als überflüssig betrachtet. So ist meine Übersetzung meiner Freundin sicherlich „befremdend" vorgekommen. In diesem Zusammenhang möchte ich betonen, dass sowohl beim Übersetzen als auch beim Dolmetschen viele Feinheiten in jeglicher Hinsicht zu berücksichtigen sind. Die Übersetzung im vorliegenden Fall vom Deutschen ins Chinesische wird etwas „verkürzt", indem „Ihr Geschenk" weggelassen wurde. Eine Übersetzung umgekehrt vom Chinesischen ins Deutsche könnte aber „verlängert und verfeinert" werden. Es wird lediglich das Ziel angestrebt, zwischen verschiedenen Kommunikationspartnern immer den optimalen kommunikativen Effekt zu erzielen.

1.4.2.3 Übersetzungsprozess gemäß funktionalem Modell

Aus der unten stehenden Abbildung erschließt sich der Übersetzungsprozess unter funktionalen Perspektiven:

Abb. 2: Funktionales Modell des Übersetzungsprozesses (Nord, 2010, 33).

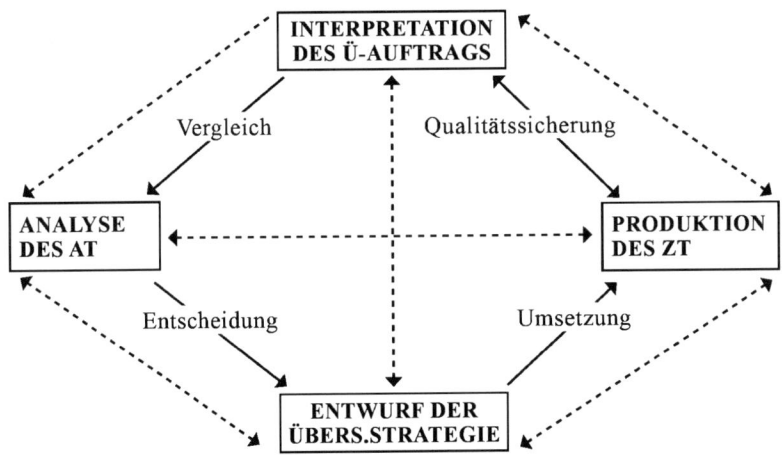

Im Vergleich zu den bisherigen dargestellten „linear hintereinander durchzuführenden Schritten" gemäß den linguistischen und kommunikationstheoretischen Übersetzungsmodellen wird das funktionale Modell als „Zirkel" dargestellt, der mit „Interpretation des Übersetzungsauftrags" beginnt. Der Übersetzungsauftrag beinhaltet in der Regel „ökonomisch-praktische Rahmenbedingungen" einerseits und „zieltextbezogene Auftragsinformationen" andererseits (Kadri´c/ Kaindl/Kaiser-Cooke, 2010, 116–117). Rahmenbedingungen wie beispielsweise

Lieferfristen, die Form der Textübermittlung, die Textlänge und eventuell Zahlungsbedingungen sind direkt zwischen dem Übersetzer und Auftraggeber zu vereinbaren, sie entscheiden schließlich darüber, ob der Übersetzer den Auftrag annimmt oder nicht. Die zieltextbezogenen Auftragsinformationen werden zum Teil vom Auftraggeber direkt übermittelt, zum Beispiel für wen und welchen Zweck der Text übersetzt werden soll. Sind dem Übersetzer diese Angaben unbekannt, muss er versuchen, selbst die entsprechenden Informationen entweder aus dem zu übersetzenden Text oder durch weiteres Recherchieren zu ermitteln. Nord nennt diese zieltextbezogenen Informationen „textexterne Faktoren", die Gegenstand des Kapitels 1.5.1.1 sind.

Die Ergebnisse der Interpretation des Übersetzungsauftrags liefern einen „Filter" bzw. einen wesentlichen Ausgangspunkt für die weitere Analyse des Ausgangstextes, insbesondere für die Analyse der „textinternen Faktoren", die den eigentlichen „Inhalt" des Textes betreffen (siehe 1.5.1.2). Somit kann der Übersetzer anhand dem „Soll" des Übersetzungsauftrages und dem „Ist" des Ausgangstexts abwägen, welche Übersetzungsstrategien im nächsten Schritt für die konkrete Durchführung des übersetzerischen Vorgangs entworfen und verwendet werden können (vgl. Nord, 2010, 33). Nachdem der Zieltext gemäß dem Übersetzungsauftrag und unter Einbeziehen der Analyse des Ausgangstexts produziert wird, soll die angefertigte Übersetzung aus Gründen der Qualitätssicherung mit den Anforderungen des Übersetzungsauftrags verglichen werden. „Vergleich", „Entscheidung", „Umsetzung" und „Qualitätssicherung" sind vier Anhaltspunkte dieses Übersetzungsprozesses, die immer wieder ineinander übergehen oder übersprungen werden können.

Im praktischen Teil dieser Arbeit werden die zu übersetzenden Beispieltexte anhand einzelner Schritte des funktionalen Prozessmodells abgearbeitet. Daher wird hier kein weiteres Übersetzungsbeispiel gegeben. Es ist jedoch zu betonen, dass sich der funktionale Übersetzungsprozess wie bei den linguistischen und kommunikationstheoretischen Prozessmodellen nicht eindeutig in einzelne Übersetzungsphasen abgrenzen lässt. Da das Übersetzen eine „kognitive, dynamisch ablaufende Tätigkeit" ist, können verschiedene Übersetzungsphasen „parallel ablaufen und ineinander greifen" (Loogus, 2008, 103).

Fazit: Der Übersetzungsprozess erscheint aus rein linguistischer Perspektive als „Code-Switching-Prozess", unter dem kommunikativen Gesichtspunkt unterschieden in ein „Zwei-Schritt-Schema" und „Drei-Schritt-Schema" und wird unter funktionalem Aspekt als „Zirkelschema" bezeichnet. Es handelt sich bei all diesen Prozessen schließlich um zwei wesentliche Schritte: Zunächst muss der Ausgangstext vom Übersetzer verstanden und interpretiert werden. Der zweite

Schritt ist durch das Formulieren und Produzieren des Zieltextes gekennzeichnet, der dem Originalsinn und -zweck des Ausgangstextes entsprechen soll. Diese zwei Übersetzungsphasen lassen sich nicht voneinander trennen und stehen während des gesamten Übersetzungsprozesses ständig in Wechselwirkung mit gegenseitigen Einflüssen und Konsequenzen.

Zwischen dem „Code-Switching" und dem „Zwei-Schritt-Schema" besteht zwar Ähnlichkeit, da sie beide auf einem „Rezeption-Produktion-Prinzip" beruhen, ohne zwischengeschaltete Transferphase. Der Unterschied liegt jedoch vor allem darin, dass in einem reinen „Code-Switching-Prozess" der kommunikative Faktor nicht immer berücksichtigt werden kann, weil es sich dabei in der Regel überwiegend um „normativ festgelegte formelhafte Wendungen" wie „Zutritt verboten" oder „stark konventionalisierte Textsorten" wie einen Wetterbericht handelt (vgl. Nord, 1991, 35). Im Prozess des „Code-Switching" werden lexikalische und grammatische Bedeutungen hervorgehoben, während im kommunikationstheoretischen Modell die pragmatische Funktion größere Rolle spielt. Das „Drei-Schritt-Schema" schließt zwar eine weitere „Transferphase des Übersetzers" mit ein, berücksichtigt jedoch wenig die Intention des Auftragsgebers, wodurch die gesamte Funktion des Textes vernachlässigt wird. Dagegen stellt das „Zirkelschema" einen Übersetzungsprozess dar, in dem viele kleine Analyseschritte enthalten sind. Dieser zirkelförmige Übersetzungsprozess beruht auf der „Interpretation des Auftraggebers" und somit auf dem Skopos des Ausgangstextes. Meines Erachtens ist dieses Modell im Vergleich zum linguistischen und kommunikativen Modell umfassender, bzw. deckt sie alle übersetzungsrelevanten Aspekte anderer Prozessmodellen ab. Demzufolge ist dieses Modell für komplexere Übersetzungen besonders geeignet.

1.5 Übersetzungsstrategien

Das vorausgegangene Kapitel beschäftigte sich vorwiegend mit der Frage, welche Übersetzungsprozesse, die auf unterschiedliche Zwecke und Ziele des Übersetzens ausgerichtet sind, dem Übersetzer zur Verfügung stehen. Nunmehr soll geklärt werden, auf welche Strategien der Übersetzer in verschiedenen Übersetzungsphasen zurückgreifen kann. Der Strategiebegriff beruht auf Denkvorgängen und beinhaltet die Planung und Durchführung eines Gesamtkonzeptes oder einer Prozessphase (vgl. Edelmann, 1994, 337). Daher dienen die Übersetzungsstrategien, auch als „Übersetzungstechniken" und „Übersetzungsgeschicklichkeiten" bezeichnet, vor allem einer grundlegenden Planung, sodass alle Übersetzungsschritte des Übersetzers sowie der gesamte Übersetzungsprozess „rational gesteuert" (Hönig, 1988, 79) werden und der Übersetzer im übersetzerischen Handeln „gezielt" und „planmäßig" vorgehen kann. Als allgemeine übersetzerische Erfolgsstrategien fasst Kußmaul beispielsweise zusammen:

- Arbeitet mit globalen Strategien und führt eine Makroanalyse des Textes durch!
- Beachtet die grundsätzlichen kommunikativen Bedingungen!
- Konzentriert euch auf den Sinn und nicht nur auf die Wörter!
- Untersucht größere Texteinheiten und blickt im Text nach vorn und zurück!
- Macht Gebrauch von eurem Text- und Weltwissen und begnügt euch nicht mit den Informationen aus Wörterbüchern!
- Überlegt, wo Paraphrasen das Gemeinte klarer machen! (vgl. Kußmaul, 2010, 99)

Diese allgemeinen Strategien können dem Übersetzer zwar eine grundlegende, aber dennoch nur grobe und oberflächliche Orientierung bei den Übersetzungsarbeiten bieten, da sie zu „universal" formuliert sind. Meines Erachtens muss sich jede Strategie auf konkrete übersetzerische Schritte und Probleme beziehen, um bestimmte Übersetzungsschwierigkeiten zielgerichtet, strategisch und systematisch überwinden zu können. Der Strategiebegriff soll deshalb etwas „Reflektiertes und Zielgerichtetes" beinhalten und gleichzeitig an das „Kriterium der Überwindung und Lösung von Übersetzungsschwierigkeiten" (Kengne, 2009, 58) gebunden sein. Der folgende Textabschnitt behandelt Strategien zur Textanalyse und zum Textverstehen in der Rezeptionsphase[20] sowie Strategien zur Erstellung eines Zieltextes in der Produktionsphase. Anzumerken ist, dass die übersetzerischen Strategien für die Produktionsphase zu einem großen Teil von der individuellen übersetzerischen Kompetenz des Übersetzers abhängen, etwa

---

20 Textverstehen und Textanalyse des Ausgangstextes werden besonders in den linguistischen und äquivalenzorientierten Übersetzungsansätzen als selbstverständliche Forderung betrachtet. Da sich die Vertreter der funktionalen übersetzungstheoretischen Ansätze nicht oder nicht intensiv mit dem Ausgangstext selbst auseinandersetzen und nur den Zweck des Originals hervorheben, scheint die Analyse des Originals nicht zwingend erforderlich oder sogar überflüssig zu sein. Jedoch werden in den funktionsorientierten Ansätzen, wenn nicht alle analytischen Aspekte des Originaltextes, dann zumindest einige übersetzungs- und zweckrelevante Aspekte in Betracht gezogen, die schließlich für das Verstehen des Originals und für die Ermittlung des Zwecks von Bedeutung sind. Daher ist festzustellen, dass Textverstehen und Textanalyse für jeden übersetzerischen Vorgang und jeden übersetzerischen theoretischen Ansatz erforderlich sind.

von seinen Fremdsprachen- oder Kulturkenntnissen. Dieser Sachverhalt wird in Kapitel 1.6 näher ausgeführt.

1.5.1 Strategien für die Analyse des Ausgangstextes

Grundlage des Übersetzens in der Rezeptionsphase bildet hauptsächlich das Verstehen und Analysieren des Originaltextes. Die Beziehung zwischen diesen zwei Begrifflichkeiten ist dadurch gekennzeichnet, dass die Analyse des Originaltexts den Kern des Übersetzungsverstehens bildet und somit letztlich über das ganze Übersetzungsverstehen entscheidet (vgl. Gui, 2001, 91). Das heißt, um den Ausgangstext richtig zu verstehen, ist eine Textanalyse zwingend erforderlich.

Im Allgemeinen kann Textanalyse als „Operationalisierung all der Erkenntnisse" verstanden werden, „die bei der Problematisierung des Textverstehens durch die Erweiterung der Textsortenkompetenz und durch die Diskussion relevanter Fragen der Übersetzungstheorie vermittelt wurde" (Hönig, 1988, 71). Die Analyse des Originals ist in erster Linie ein textlinguistisch orientiertes Verfahren, das eine unabdingbare Voraussetzung für die Übersetzungsarbeit darstellt. Demzufolge soll die Analyse des Ausgangstextes sprachenpaarspezifisch sein sowie die sprachlich übersetzungsrelevanten Bedingungen berücksichtigen und behandeln. Die funktionalen und kulturellen Ansätzen der Übersetzungswissenschaft stellen den pragmatischen Aspekt des interkulturellen Kommunikationsaktes bei der Textanalyse in den Vordergrund, wobei die Textanalyse vor allem dem Kommunikationszweck dient (vgl. Nord, 2006, 61).

Ungeachtet dessen, ob es sich bei der Textanalyse um die inhaltliche, formale, pragmatische und stilistische Analyse oder um die Textanalyse in Bezug auf Hermeneutik handelt, orientieren sich die meisten Modelle der Analyse an den „W-Fragen", die sich je nach konkretem Bezug auf den Ausgangstext in textexterne und textinterne Faktoren unterscheiden lassen. Das richtige Verstehen des Originaltextes setzt die Analyse solcher Faktoren voraus. Wenn sich der Übersetzer mit all diesen textexternen und textinternen Faktoren vertraut gemacht hat, kann er die konkrete Übersetzungssituation richtig einschätzen, die geeigneten Übersetzungsstrategien entwerfen und die Produktion der Übersetzung dementsprechend durchführen. Sowohl bei den textexternen als auch den textinternen Faktoren handelt es sich immer um Faktoren in einer konkreten Übersetzungssituation. Da die textexternen Faktoren vor der Analyse des eigentlichen Ausgangstextes bereits vorgegeben sind und die textinternen Faktoren in verschiedenem Ausmaß beeinflussen, sind sie hier als erstes abzuhandeln.

1.5.1.1 Analyse der textexternen Faktoren

Textexterne Faktoren werden durch die Fragen **wer** (Textproduzent / Sender), **wozu** (Senderintention), **wem** (Empfänger), **über welches Medium** (Medium / Kanal), **wo** (Ort), **wann** (Zeit), **warum** (Kommunikationsanlass) erfasst. Wenn diese Fragen beantwortet sind, ergibt sich daraus auch die Antwort auf die Frage **mit welcher Funktion** (Textfunktion) (Nord, 1991, 41).

Einige der textexternen Faktoren kann der Übersetzer bereits beim Annehmen des Übersetzungsauftrages feststellen. „Sender" eines Textes ist im Allgemeinen die Person oder Institution, die den Text zu einem bestimmten Zweck verwenden will und dafür eine Übersetzung des Textes benötigt. Der „Textproduzent" hingegen hat die Aufgabe, genau den Angaben des Senders sowie den sprachlichen und kulturellen Regeln und Konventionen entsprechend einen Text herzustellen. Häufig ist der Sender auch Verfasser des Textes bzw. Textproduzent. Handelt es sich hier nicht um die gleiche Person, muss grundsätzlich zwischen beiden unterschieden werden, da der Textproduzent im Vergleich zum Sender eine untergeordnete Rolle spielt. Der individuelle Anteil des Textproduzenten an der Gestaltung des Textes ist somit für das Übersetzen des Originaltextes nicht von Bedeutung. Demzufolge sollen die „senderabhängigen" Merkmale wie zum Beispiel Herkunft, soziale Schicht, Bildungsniveau und Weltkenntnis im Übersetzungsprozess berücksichtigt werden. Die „Senderintention", welche der Autor in einem konkreten Text dem Empfänger zu verdeutlichen versucht, spielt eine noch wichtigere Rolle als der „Sender" selbst. Sie ist in der Regel ausschlaggebend für eine gelungene Ausgangstextanalyse und somit für gelungenes Übersetzen.

Bei dem „Empfänger" handelt es sich an dieser Stelle vor allem um Zieltextempfänger sowie deren Bedürfnisse und Erwartungen. Da sie die Inhalte und die Intention des Originaltexts nicht „direkt" aufnehmen können, benötigen sie einen „empfängergerechten" Zieltext, der vom Übersetzer angefertigt wird. Als „erster Empfänger" des Originals muss sich der Übersetzer in die Rolle des „richtigen" Rezipienten versetzen und auf die Erwartungen des Rezipierten einstellen. Zu berücksichtigen sind dabei Wissensvoraussetzungen und individuelle Eigenschaften des Empfängers. Da sich die Erwartung des Zieltextempfängers nicht von der Intention des Textsenders direkt bestimmen lässt und sich aus eigener Intention entwickelt, ist sie dementsprechend davon abhängig, inwiefern die Senderintention vom Übersetzer aufgenommen und übermittelt wird.

„Ort", „Zeit" und „Medium" gehören zu den situativen Bedingungen oder Voraussetzungen einer Textanalyse. Die zeitlichen und räumlichen Bedingungen beziehen sich nicht nur auf Zeitpunkt und Umgebung der Übersetzung, sondern jeweils auch der Ausgangstextproduktion und der Zieltextrezeption. Ziel ist es, zu vermeiden, dass die Übersetzung aufgrund der räumlichen und zeitlichen Differenzierungen in der Zielkultur unverständlich und „befremdend" wirkt. Der Faktor Medium gibt Aufschluss über die Größe und Abgrenzung des Leserkreises. Dies unterstützt den Übersetzer dabei, zielgerichtet sowohl auf die medienspezifischen Merkmale der Inhaltsdarstellung des Textes als auch auf die formale Gestaltung im Text selbst zu achten (vgl. Nord, 1991, 67).

Als weiterer Situationsfaktor lässt sich aus der Frage „Aus welchem Grund?" der Kommunikationsanlass ableiten, der infolgedessen vor allem mit der Senderintention verknüpft ist. Aus der Analyse aller textexternen Merkmale und besonders aus der Kenntnis von Kommunikationsanlass und Senderintention ergeben sich Hinweise auf die Funktion des gesamten Textes, die sich als zentraler Faktor erweist. Ob einem Text in erster Linie eine informative, expressive oder appellative Funktion zukommt, wird zum Teil durch die Textsortenbezeichnung bestimmt. Textsorten werden in Kapitel 3 detailliert erläutert. Bei der Analyse der textexternen Faktoren ist zu beachten, die Analyse nicht in einer linearen Reihfolge durchzuführen, sondern diese als Prozess aufzufassen, der ständig erweitert, korrigiert und modifiziert wird.

1.5.1.2 *Analyse der textinternen Faktoren*

Den textinternen Faktoren ordnet Nord folgende expliziten „W-Fragen" zu:

> (…) **worüber** (Thematik), **was** (Textinhalt), **was nicht** (Präsuppositionen) und die Fragen nach der **Reihenfolge** (Textaufbau), den **nonverbalen Elementen**, den verwendeten **Worten** (Lexik) und **Sätzen** (Syntax) und nach dem **Ton** (suprasegmentale Merkmale) (Nord, 1991, 41).

Nord hat die textinternen Faktoren im Einzelnen sehr ausführlich erläutert, weshalb ich hier nur verkürzt auf die wesentlichen Fragenstellungen „Was" und „Wie" eingehen möchte. Zu „Was" bzw. zu dem „Inhaltlichen" zählen Thematik, Textinhalt und Präsuppositionen. Die Feststellung des Textthemas und des Textinhaltes ist vor allem dann wichtig, wenn dadurch eventuell eine Eingrenzung auf ein bestimmtes Fachgebiet möglich wird, welche wiederum die Übersetzungsarbeit erleichtert. Präsuppositionen sind aus pragmatischer Sicht als Informationen zu verstehen, die beim Empfänger als „bekannt" vorausgesetzt und daher vom Sender im Text nicht verbalisiert und direkt übermittelt werden (vgl. Nord, 1991, 91).

Nachdem die inhaltlichen Faktoren festgestellt sind, werden diese „Informationen" einer bestimmten Reihenfolge nach gegliedert und verknüpft. Das „Wie" bzw. die Textstruktur konkretisiert sich einerseits durch die Makrostruktur des Gesamttextes in Kapitel und Abschnitte etc. sowie andererseits durch die

Mikrostruktur innerhalb von Sätzen. Der Textaufbau hängt in gewisser Weise mit der Textthematik sowie der Textsorte zusammen. Da der Aufbau bei bestimmten Textsorten konventionell geregelt und festgeschrieben ist, wird die übersetzerische Arbeit dementsprechend erleichtert. Die Textstruktur, genau gesagt die Makrostruktur einer „Packungsbeilage" eines Medikamentes umfasst zum Beispiel immer folgende Inhalte: Hersteller, Wirkstoffe der Medikamente, Anwendungsgebiete, Patientenhinweise, Nebenwirkungen, Art und Weise der Anwendung, etc.

Lexik, Syntax und suprasegmentale Merkmale gelten als verbale und sprachliche Elemente, die nicht nur informative, sondern auch stilistische Funktion tragen. Daher sind sowohl auf der Wortebene als auch auf der Satzebene formale, funktionale und stilistische Aspekte zu untersuchen. Grundsätzlich hängen die lexikalischen und syntaktischen Merkmale von Textthematik, Textinhalt und Aufbau des Textes ab. Bei der Analyse textinterner Faktoren können aufgrund komplexer Textstrukturen oder eines abstrakten Themas Schwierigkeiten auftreten. Komplizierte Lexik und Syntax können die Verständlichkeit erschweren. Diese ausgangstextbezogenen Schwierigkeiten können jedoch durch die gesammelten Kenntnisse der textexternen Faktoren gemindert werden, d. h. durch Kenntnis der Situation, in welcher der Ausgangstext entsteht und wozu er verwendet wird. Bei der Analyse der textuellen Faktoren ist darüber hinaus zu beachten, die textinternen und textexternen Faktoren schließlich miteinander zu verbinden. Als Basiswissen hebt Wilss vor allem das „Was" als Faktenwissen, das „Wie" als Handlungswissen und das „Wozu" als situativ-pragmatisches Wissen hervor, die als Basisinformationen für die gesamte Analyse der Übersetzungsarbeit dienen (vgl. Wilss, 2008, 64). Schließlich soll eine Textanalyse wiederum dem Textverstehen dienen.

1.5.2 Strategien zum Verstehen des Ausgangstextes

„Translatorische Arbeit vollzieht sich im Dienste der Verständigung" (Kadri´c/ Kaindl/Kaiser-Cooke, 2010, 127). Die Voraussetzung der Verständigung zwischen Ausgangstextproduzent und dem Zieltextempfänger besteht drin, dass der Übersetzer den zu übersetzenden Text als erstes verstehen muss. Es besteht ein grundsätzlicher Unterschied zwischen dem Verstehen mit einem Übersetzungsauftrag im Hintergrund und dem gewöhnlichen Leseverstehen beispielsweise eines interessanten Artikels. Beim Übersetzungslesen muss man nicht nur die sprachlichen Kriterien wie Wortbedeutungen und sprachliche Ausdrucksformen, sondern auch alle außersprachlichen Faktoren wie kommunikative Situationen, funktionelle Bedingtheiten und kulturelle Konventionen äußerst gewissenhaft berücksichtigen und verstehen, während dies für das Vergnügungslesen nicht zwingend erforderlich ist. Vermeer betont, der Übersetzer soll den Originaltext bzw. den Textinhalt „richtig" aufnehmen und interpretieren und zwar unter der strengen Bedingung, die Autorintention und die eigene übersetzungsrelevante Situation miteinander zu vergleichen und in einer analysierenden Weise in Verbindung zu setzen (vgl. Vermeer, 1986, 41).

Was konkret beinhaltet nun das Verstehen des Originaltextes und was genau ist zu verstehen, damit der Übersetzer behaupten kann, er habe das Original verstanden und den Sinn des Originals richtig aufgenommen? „Kontext" ist der Schlüsselbegriff zu diesen Fragen und hier ausdrücklich zu erörtern. Bereits in Kapitel 1.4.2.1 wurde unter dem Gesichtspunkt „Übersetzungsprozess gemäß linguistischem Modell" der Kontextbegriff kurz dargestellt, der nicht nur die sprachlichen, sondern auch die außersprachlichen Faktoren und Perspektive beinhaltet, die während des übersetzerischen Vorganges die Bedeutungen von Wörtern und Sätzen mitbestimmen können. Bezogen auf das Verstehen des Originaltexts kann Kontext genauer differenziert werden in Sprach-Kontext, Situations-Kontext, Zeit-Kontext und Sozialkultur-Kontext (vgl. Gui, 2001, 94–96). Indem der Übersetzer versucht, das Original in Bezug auf diese Kontextarten zu verstehen, kann er eventuelle Verstehensprobleme überwinden und schwierige Textstellen richtig interpretieren.

Konkret bezeichnet der Sprach-Kontext die sprachliche Umgebung, die aus dem Sinn oder der Bedeutung eines Wortes oder Ausdrucks deutlich wird. Rein sprachliche Verstehensprobleme können entstehen, wenn beispielsweise der Satz zu lang und komplex oder der Sachverhalt zu schwierig nachzuvollziehen ist. In solchen Fällen kann das Verständnis verbessert werden, indem der Übersetzer den langen Satz in mehrere kurze Sätze aufteilt oder den schwierigen Sachverhalt in einfachen Sätzen umschreibt. Jedoch erfolgt das Verstehen nicht allein auf die „sichtbaren Zeichen" des Textes, sondern in einer konkreten Situation (vgl. Kadri´c/Kaindl/Kaiser-Cooke, 2010, 128). Der Situations-Kontext bezieht sich darauf, dass der Textinhalt immer in bestimmte Situationen eingebettet ist. Da ein oder derselbe Satz in verschiedenen Situationen unterschiedliche Bedeutungen tragen kann, muss man den Text unter Berücksichtigung situationeller Bedingungen richtig verstehen und auch übersetzen. Hierbei wichtig sind Faktoren wie beispielsweise Verwendungszweck und Verwendungsbereich des Originaltextes. Zeit-Kontext und Sozialkultur-Kontext setzen zeitliche und sozialkulturelle Kriterien für das Textverstehen voraus. Die Bedingungen und Besonderheiten, die von den Lebenssituationen des Autors geprägt und für das richtige Erkennen und Verstehen der Bedeutungen des Originaltextes bedeutend sind, können von den Lebensbedingungen und -situationen des Übersetzers sowie der Textempfänger anderer Kultur abweichen. Daher muss der Übersetzer diese Differenzierungen in sozialkultureller Hinsicht im Übersetzungsprozess berücksichtigen, um ein Missverstehen des Textes sowie der Kultur zu vermeiden.

Im Grunde kann der Übersetzer zu Beginn des Übersetzungsprozesses nur versuchen, alle übersetzungsrelevanten Kriterien sowie relevanten Übersetzungskontexte möglichst zu verstehen, da absolutes Verstehen in der Regel nicht möglich ist. Hilfreiche Voraussetzung für besseres Verstehen ist es jedoch, wenn der Übersetzer verstehen möchte und ein gewisses Interesse für das Verstehen vorhanden ist. In diesem Zusammenhang möchte ich kurz auf eine Untersuchung von Hönig eingehen, die er mit fünf Studenten durchgeführt hat.

Zuerst sollten die Studenten zehn Texte nach dem Kriterium „Sympathie" benoten. Bei der Einstufung von Sympathie oder Antipathie gegenüber Texten spielte die Verständlichkeit der Texte an sich, d. h. beispielweise, ob der Inhalt interessant oder aus dem Alltag gegriffen und daher leichter nachzuvollziehen ist, eine ausschlaggebende Rolle (vgl. Hönig, 1988, 78). Nach der Sympathieeinstufung musste jeder Student jeweils einen selbst ausgewählten Text, zuvor als „am sympathischsten" und als „am unsympathischsten" eingestuft, übersetzen. Die gesamte Untersuchung führte zu dem Ergebnis, dass „,irrationale' Faktoren sowohl auf das Verstehen des Textes (A) [Ausgangstext] als auch auf die Verbalisierung des Textes (Z) [Zieltext] Einfluss nehmen und dass Sympathie bzw. Antipathie zu Textinhalten die übersetzerische Strategie in charakteristischer Weise zu beeinflussen scheinen" (Hönig, 1988, 77). Anders ausgedrückt nehmen die individuellen Verstehensinteressen des Übersetzers, unabhängig von seinen anderen übersetzerischen Kompetenzen, auf den Verstehenserfolg und somit auf den Übersetzungserfolg großen Einfluss.

1.5.3 Strategien für die Produktion des Zieltextes

Den Zieltext zu produzieren, bedeutet, „dass man Texte makro- und mikrostrukturell textsortengerecht, zweck- und adressatengerecht (…) formulieren und an der zielkulturellen Situation ausrichten kann" (Hansen, 2006, 342). Den Ausgangstext zu verstehen und zu rezipieren, scheint für die meisten Übersetzer nicht so schwierig zu sein, wie den Zieltext anzufertigen, da in der Produktionsphase des Zieltextes mehrere unbewusste Übersetzungsschwierigkeiten auftreten können, welche in der Rezeptionsphase nicht absehbar oder bewusst waren. Solche Hindernisse sind beispielsweise Wissensdefizite in Bezug auf Ausgangs- und Zielsprache, mangelnde Kenntnis der Fremdkultur, ungenügende übersetzerische Erfahrung und Geschicklichkeit etc. Sie erschweren den Aufbau des Zieltextes und somit das Gelingen einer angemessenen Übersetzung. Somit ist festzustellen, dass die übersetzerische Kompetenz des Übersetzers die Produktionsphase des Zieltextes in großem Maße steuert und bestimmt.

Obwohl die Produktion des Zieltextes als schwierig und komplex bezeichnet werden kann, wurden die dafür zu verwendenden übersetzerischen Strategien im Vergleich zu denjenigen des Textverstehens oder der Textanalyse meiner Meinung nach nicht systematisch genug untersucht. Deshalb werden die Strategien für die Entstehung und Bearbeitung der Rohübersetzung in der Produktionsphase des Übersetzungsprozesses an dieser Stelle näher erläutert.

Nach erfolgreichem Abschluss der Verstehens- und Analysephase des Übersetzungsprozesses ist in der Regel davon auszugehen, dass der Übersetzer die meisten sprachlichen Probleme und kontextuellen Schwierigkeiten überwunden hat. Da er in der Rezeptionsphase auch herauszufinden versucht, welchen Zweck der Zieltext erfüllen soll, wird die darauffolgende Produktionsphase des Zieltextes vom festgestellten Zweck in großem Maße bestimmt. Je nach Zweck und Funktion sowohl des Ausgangstextes als auch des Zieltextes entsteht zunächst eine Rohübersetzung, die sprachlich, stilistisch und funktionell noch nicht vollkommen ist und den Erwartungen des Ziellesers noch nicht exakt entspricht. Eine Rohübersetzung kann durch folgende Techniken angefertigt werden: lange Sätze des Originals mit mehreren kurzen Sätzen wiedergeben; mehrere kurze Sätze des Originals durch einen langen Satz ersetzen; notwendige Wörter im Zieltext hinzufügen oder unnötige Wörter im Zieltext weglassen (vgl. Gui, 2001, 123). Der Übersetzer kann auch die Wortart des Originals verändern, um die Wirkung des Zieltextes zu stärken. Für welche Technik sich der Übersetzer entscheidet, ist unmittelbar abhängig von der konkreten Übersetzungssituation sowie von der translatorischen Kompetenz und Erfahrung des Übersetzers.

Sowohl in der Rezeptions- als auch in der Produktionsphase empfehlen verschiedene Übersetzungstheoretiker die „Verwendung von Hilfsmitteln" als eine weitere hilfreiche Strategie. Einsprachige oder zweisprachige Wörterbücher, Internetrecherche und Paralleltexte in der Ausgangssprache und Zielsprache können dazu beitragen, das Original richtig zu interpretieren und somit die Übersetzung zielgerichtet anzufertigen. Dieser Strategie stimme ich uneingeschränkt zu, weshalb ich darauf nicht mehr näher eingehe. Erwähnen möchte ich hingegen die „Vermeidungsstrategie" (Hönig 1988, 82), in deren Rahmen auf die Nutzung von Hilfsmitteln verzichtet wird. Damit Übersetzungsprobleme nicht den Denkvorgang und Arbeitsrhythmus des Übersetzers stören, verzichtet er auf Wörterbücher, Internetrecherche und auf Paralleltexte in der Ausgangs- und

Zielsprache. Meines Erachtens ist diese Strategie zwar in manchen übersetzerischen Fällen nützlich, überwiegend jedoch nicht. Die Verwendung dieser Strategie setzt voraus, dass der Übersetzer bereits über umfangreiche übersetzerische Kompetenz und Erfahrung verfügt. In solchen Fällen ist eine intensive Prüfung nach der Rohübersetzung, entweder durchgeführt durch den Übersetzer selbst oder durch Fremden, zwingend erforderlich.

Eine Rohübersetzung zu bearbeiten und zu perfektionieren stellt die Geschicklichkeit des Übersetzers auf die Probe. Um eine gelungene und perfekte Endübersetzung zu erhalten, steht dem Übersetzer eine sehr wichtige Strategie zur Verfügung, indem er die Rohübersetzung ohne Bezug zum Original grammatikalisch, stilistisch und pragmatisch prüft. Dadurch werden sprachliche Fehler und „befremdende" Ausdrücke, beispielsweise durch wortwörtliche Übersetzung verursacht, entdeckt und korrigiert. Während dieses Vorgangs muss der Übersetzer jedoch unbedingt darauf achten, den Inhalt sowie den Sinn des Originals nicht zu verändern oder zu verfälschen. Anschließend sind Funktion und Wirkung von Originaltext und Zieltext zu vergleichen, um festzustellen, ob die Übersetzung gelungen oder missglückt ist.

Ein in der Praxis häufig zu beobachtendes Phänomen besteht darin, dass unerfahrene Übersetzer die Rezeptionsphase des Originaltextes „abkürzen" oder sogar „überspringen", weil sie mit ihren Übersetzungsaufträgen unter enormem Zeitdruck stehen. So wird beispielsweise ein Satz gelesen und gleich übersetzt, ohne zu wissen, wovon der gesamte Text handelt und wofür der Zieltext angefertigt wird. Übersetzungsrelevante Bedingungen sowie die textinternen und textexternen Faktoren sind dem Übersetzer zum Zeitpunkt des Übersetzens zum großen Teil noch nicht bewusst. Auf diese Weise kann die Übersetzung eines einzigen Wortes oder Satzes vom Sinn des gesamten Textes abweichen und somit die Wahrscheinlichkeit erhöhen, dass die angefertigte Übersetzung den „Sinn des Originals" nicht wiedergibt.

Fazit: Übersetzungsstrategien entstehen grundsätzlich aus den praktischen Erfahrungen vieler Übersetzer, die von Übersetzungswissenschaftlern zusammengefast und systematisch theoretisiert werden. Um eigene Erfahrungen zu sammeln, benötigt der Übersetzer viel Zeit und umfangreiche praktische Übung, weshalb Übersetzungsstrategien für den Übersetzer, vor allem für Anfänger, sehr wichtig sind. Schließlich ermöglichen es die bereits bestehenden und anerkannten Übersetzungstechniken und -theorien, schneller und effektiver zu arbeiten. Dennoch sind diese darzustellenden Strategien für verschiedene Übersetzungsphasen keineswegs bindend und gelten auch nicht für alle Übersetzungsfälle oder alle Übersetzer.

Ob sich die Übersetzungsstrategien auf Textverstehen, Textanalyse oder auf die Perfektionierung der Rohübersetzung beziehen, sie richten sich grundsätzlich immer auf eine Phase des Übersetzungsvorgangs und auf ein bestimmtes Übersetzungsproblem. In der übersetzerischen Praxis unterscheiden sich Übersetzungen von Fall zu Fall, deshalb ist es notwendig, dass sich der Übersetzer anhand konkreter Übersetzungssituation die geeigneten Übersetzungsstrategien anwendet und zum Teil auch selbstständig entwirft. Um den Originaltext richtig zu verstehen und schließlich einen perfekten Zieltext zu produzieren, spielt die übersetzerische Kompetenz des Übersetzers eine wesentliche Rolle. Das folgende Kapitel erläutert die Funktion des Übersetzers und dessen erforderliche Fähigkeiten, mit dem Ziel, nicht nur Kenntnisse diesbezüglich zu gewinnen, sondern die übersetzerische Kompetenz des Übersetzers auch bewusst zu verbessern.

1.6 Rolle des Übersetzers

Dem Übersetzer wurde schon immer ein Status zugesprochen, der zwei gegensätzliche Merkmale in sich trägt: Einerseits kann man keineswegs auf die Leistung des Übersetzers verzichten, anderseits werden der Übersetzer und seine gesellschaftliche Positionierung im Vergleich zum Original, sowohl im Sinne des Originaltextes als auch im Sinne des ursprünglichen Autors, als zweitrangig eingestuft. In dieser Arbeit wurde bereits mehrmals darauf hingewiesen, dass ab den 70er-Jahren linguistische zu funktionalisierten Übersetzungsansätzen übergingen und sich die Übersetzungswissenschaft als neue Disziplin herausbildete. Untersuchungen der Allgemeinen Psychologie ergaben, dass dieser Theoriewechsel vor allem deshalb zustande kam, weil der Übersetzer selbst und seine Leistung immer mehr Anerkennung fanden. Die Berufsausbildung und der gesellschaftliche Status des Übersetzers stehen im Rahmen dieser Arbeit nicht zur Diskussion. Es ist jedoch festzustellen, dass sich viele Übersetzungswissenschaftler wie Kußmaul (2007), Holz-Mänttäri (1984) und Reiß/Vermeer (1984) durch ihre Publikationen ständig bemüht haben, das Berufsbild des Übersetzers in den Mittelpunkt der Gesellschaft und in das Bewusstsein der Menschen zu rücken sowie die übersetzerische Tätigkeit richtig zu positionieren.

1.6.1 Definition und Funktion des Übersetzers

Im Allgemeinen wird „Übersetzer" als Berufsbezeichnung einer Person definiert, die auf der Basis eines ihr vorliegenden Ausgangstextes „auftrags-/zweck-, zeit- und situationsgebunden" (Brockhaus, 2006, Band 28, 195) einen Zieltext für Adressaten einer anderen Kultur bzw. Sprache produziert. Dadurch kommen dem

Übersetzer hauptsächlich zwei Aufgaben zu: die Rezeption des Ausgangstextes und die Produktion des Zieltextes. Reiß und Vermeer konkretisieren diese zwei Funktionen des Übersetzers:

> Im Fall einer Translation (…) gehört der Translator zunächst zu den Rezipienten als Element der Ausgangstextrezipientenmenge (…). Anschließend informiert der Translator als Produzent eines Zieltextes (Translats) eine (reale oder fiktive) Zieltextrezipientenmenge über das erstgenannte Angebot (Reiß/Vermeer, 1984, 122–123).

Obwohl der Übersetzer Rezipient des Ausgangstextes ist, gilt er dennoch nicht als „normaler Kommunikationspartner" und gehört im Sinne des Autors des Ausgangstextes nicht zu den eigentlich gemeinten und angesprochenen Rezipienten (vgl. Nord, 1991, 11). In der Regel rezipiert der Übersetzer den Ausgangstext nicht für sich selbst, sondern anstelle der vom Autor bestimmten Zieltext-Rezipienten, die einer anderen Kultur angehören.

Die zweite Funktion des Übersetzers ist dadurch gekennzeichnet, dass er Textproduzent in der Zielsprache und Zielkultur ist. Die zielsprachlichen Leser, die den Originaltext nicht verstehen und die Übersetzung nicht mit dem Original vergleichen können, müssen sich komplett auf den Übersetzer und seine Übersetzung verlassen. Als Verfasser des Zieltextes hat der Übersetzer daher „eine klare definierte moralische Verantwortung" (Wendt, 2002, 208) gegenüber dem Rezipienten sowie dem Zieltextempfänger. Nachdem der Übersetzer also die Intention des Originalautors verinnerlicht hat, soll er gemäß der Autorintention und den sprachlichen und konventionellen Regeln einen Zieltext herstellen. Bei dessen Produktion verfügt der Übersetzer zwar über einen gewissen Spielraum, zum Beispiel bezüglich einer individuellen Gestaltung des Textes. Inwiefern der Übersetzer seine Kompetenz und Fähigkeiten beim Produzieren des Zieltextes jedoch individuell entfalten kann und wie diese Leistungen zu bewerten sind, kann nicht allgemeingültig definiert werden. Grundsätzlich soll der Übersetzer in der Lage sein, auf „Kultur-, Adressaten- und Situationsspezifik" (Dizdar, 2006, 106) einzugehen und sich den Erwartungen der Zielleser und Zielkultur gemäß zu verhalten.

Durch die Globalisierung nehmen die Funktionen des Übersetzers an Bedeutung und die Tätigkeitsfelder an Umfang zu. Diese Tendenz zeigte sich in den letzten Jahren besonders stark in der Computerbranche, Medizintechnik, Autoindustrie sowie der Wissenschaft. Aus diesem Grund sind nicht nur die Anforderungen bezüglich Arbeitsmenge und -leistungen gestiegen, zudem sieht sich der Übersetzer zwei größeren Herausforderungen gegenüber: der Spezialisierung und der Professionalität. Das bedeutet, der Übersetzer muss sich einerseits nach der immer stärker werdenden Spezialisierung in Sprachen und Fachgebiete richten und sich dafür qualifizieren, andererseits muss er noch professioneller arbeiten, um seine Aufgabe zufriedenstellend zu erledigen. Dazu sind einige grundlegende übersetzerische Kompetenzen erforderlich.

1.6.2 Übersetzerische Kompetenzen

„In der Übersetzungsdidaktik spielt der Begriff der übersetzerischen Kompetenz oder der Translationskompetenz eine zentrale Rolle" (Kußmaul, 2009, 48). Übersetzerische Kompetenz kann als Kombination aus Fähigkeiten und Wissen verstanden werden, die den Hauptunterschied zwischen Übersetzern und Übersetzungen ausmacht. Demzufolge wird die unterschiedliche „qualitative" Leistung der Übersetzung dadurch bestimmt, ob der Übersetzer mit wenig oder aber mit vollkommener Kompetenz und Fähigkeit für seine übersetzerische Tätigkeit ausgerüstet ist.

Was die translatorische Kompetenz im Allgemeinen umfassen sollte, ist äußerst schwierig zu definieren und einzugrenzen. Dies liegt zum einen daran, dass für eine bestimmte translatorische Kompetenz kein klarer und allgemeingültiger Mess- und Kontrollgrad aufgestellt werden kann. Für eine eher leichtere Übersetzungsaufgabe können geringe fremdsprachliche Kenntnisse ausreichend erscheinen. Handelt es sich jedoch um einen komplexeren übersetzerischen Sachverhalt, ist ein erfahrener Übersetzer mit umfassenden Fähigkeiten gefragt. Zum anderen erweitert sich die translatorische Kompetenz des Übersetzers stetig, da die zielsprachlichen Leser zunehmend anspruchsvollere Anforderungen an die übersetzerischen Arbeiten stellen. Ungeachtet dieser zwei Einschränkungen werden im Folgenden die grundlegenden übersetzerischen Kompetenzen dargestellt, welche die allgemeine Wissenskompetenz, fachliche Kompetenz, interkulturelle Kompetenz und Kreativität umfassen.

1.6.2.1 Allgemeine Wissenskompetenz

Vermeer unterteilt translatorische Kompetenz grundsätzlich in zwei Kategorien: „Übersetzungskompetenz als Fähigkeit, Wissen einzusetzen" und „Übersetzungskompetenz als interkulturelle Kompetenz" (Vermeer, 1992, 111–112). Die erste Kategorie bezieht sich auf eine „Wissensebene", wobei zwischen „intern" und „extern" gespeichertem Wissen differenziert wird. Internes Wissen erwirbt der Übersetzer durch Lernen und Erfahrung und speichert es in seinem Kopf, während das externe Wissen dem Übersetzer in Datenbanken sowie Wörterbüchern oder im Internet zur Verfügung steht. Im Rahmen des intern gespeicherten Wissens bilden Muttersprachkenntnisse, Fremdsprachenkenntnisse, grundlegende Sachkenntnisse auf vielen Wissensgebieten und ausreichend

Übersetzungstechniken die wichtigsten Kriterien, mit denen sich der Übersetzer vertraut machen muss. Gui legt diese zusammen mit einem weiteren Faktor, „richtiges Verhalten der Übersetzungsarbeit gegenüber", als Hauptinhalt der allgemeinen übersetzerischen Kompetenz fest (vgl. Gui, 2001, 77).

Muttersprachliche und fremdsprachliche Kenntnisse stehen in diesem Zusammenhang zweifelsfrei im Vordergrund und sind Vorbedingungen dafür, überhaupt übersetzen zu können. Ausreichender Wortschatz, grundlegende Grammatikkenntnisse und stilistische Sprachfähigkeiten sind meines Erachtens die wesentlichen sprachlichen Voraussetzungen und Grundkenntnisse, über die ein Übersetzer verfügen muss. Dies gilt sowohl für die Fremdsprache als auch für die Muttersprache. Wie und inwiefern man die fremdsprachliche und muttersprachliche Kompetenz jedoch erwerben und bewerten kann, bleibt eine offene Frage, da für beide Sprachen keine uneingeschränkte und absolute sprachliche Kompetenz feststeht (vgl. Hönig, 1986, 31).

Im Vergleich zur fremdsprachlichen Kompetenz wird muttersprachliche Kompetenz meist als selbstverständlich angesehen und gilt deshalb als zweitrangig. Tatsache ist jedoch, dass es die oberste Voraussetzung für eine angemessene Übersetzungsarbeit darstellt, die Muttersprachkenntnisse gut zu beherrschen und richtig zu interpretieren. Basierend auf den muttersprachlichen Kenntnissen können beispielsweise lexikalische und syntaktische Eigenschaften sowie Kenntnis der Textsorten und Textsortenkonventionen der Fremdsprache zum großen Teil erworben und erweitert werden. Eine linguistische Wissensbasis ermöglicht ein professionelles, systematisches und ganzheitliches Herangehen an Texte, welches die Übersetzungsarbeit erleichtert (vgl. Stolze, 2009, 35). Dennoch steht fest, dass verschiedene Übersetzer ein unterschiedliches Niveau an Muttersprachkenntnissen aufweisen, was die fremdsprachlichen und andere Fähigkeiten des Übersetzers beeinflusst und zum Teil auch bestimmt.

In der Übersetzungspraxis, besonders eines mittleren oder großen Unternehmens, kommt es häufig vor, dass der Übersetzer zugleich für mehrere Bereiche und Abteilungen übersetzen muss. Vom Übersetzer wird verlangt, die grundlegenden Sachkenntnisse auf allen Wissensgebieten und -ebenen möglichst umfangreich zu erwerben und zu beherrschen. Der Übersetzer stellt in diesem Sinne nicht einen Experten für einen bestimmten Bereich dar, stattdessen muss er in vielen Fachgebieten als „Experte" arbeiten und überall die Rolle des „Spezialisten" übernehmen. Folglich ist die übersetzerische Leistung auch abhängig davon, wie viel allgemeine Sach- und Fachkenntnisse der Übersetzer besitzt und wie er diese Kenntnisse bei seiner praktischen Übersetzungsarbeit anwendet.

Unter allgemeiner Wissenskompetenz ist im engeren Sinne, wie bereits dargestellt, das sprachliche und sachliche Wissen zu verstehen. Stolze definiert das sachliche Wissen auch als „Weltwissen", das die Kenntnisse von „typischen Sachverhalten, Situationen und geltenden Werten in einer Kultur" (Stolze, 2009, 329) umfasst. Im weiteren Sinne muss sich der Übersetzer zum Beispiel über den Übersetzungsauftrag, über die Übersetzungssituation und über die Funktion des Ausgangs- und Zieltextes informieren. Wie man solches übersetzungsrelevante und -theoretische Wissen erwirbt und welche Rolle diese Kenntnisse für die gesamte Übersetzungsarbeit spielen, wurde bereits in den vergangenen Kapiteln ausführlich erörtert und wird daher hier nicht weiter behandelt. Nach der Erläuterung des „allgemeinen Wissens" für die übersetzerische Tätigkeit füge ich im Folgenden eine weitere „spezifische" Wissensebene – fachliches Wissen – hinzu, die zwar nicht für alle Übersetzungen benötigt wird, jedoch in der Praxis immer mehr an Bedeutung gewinnt und für die vorliegende Arbeit auch von sehr großem Interesse ist.

1.6.2.2 Fachliche Kompetenz

Fachwissen und fachliche Kompetenz werden besonders für Fachübersetzung benötigt, eine weitere Übersetzungskategorie neben der literarischen und der Alltagsübersetzung. Fachübersetzungsrelevante Begriffe wie Fachsprachen und Fachtextsorten werden in Kapitel 3 im Zusammenhang mit konkreten Übersetzungsbeispielen näher erläutert. In diesem Teil der Arbeit geht es vor allem darum, eine spezifische, aber unverzichtbare Wissenskompetenz des Fachwissens zusätzlich zum allgemeinen Wissen darzustellen, um die notwendigen Wissensvoraussetzungen des Übersetzers in gewisser Hinsicht zu vervollständigen.

Fachliche Kompetenz besteht zum einen darin, Fachbegriffe und Sachverhalte richtig zu beherrschen, und zum anderen, „den zu übertragenden Inhalt in seiner Spezifik einordnen zu können" (Strohbach, 2010, 139). Im Sinne des Übersetzens bezeichnet fachliche Kompetenz hier konkret, dass der Übersetzer das Fachwissen und die fachlichen Sachverhalte einerseits richtig verstehen muss und diesen fachlichen Inhalt andererseits in der Zielsprache adäquat wiedergeben soll. Nach Strohbach steht das Fachwissen hinsichtlich einer gelungenen Fachübersetzung im Vergleich zu anderen translatorischen Kompetenzen an erster und wichtigster Stelle (vgl. Strohbach, 2010, 137). Der Erwerb von Fachwissen kann jedoch nicht ohne grundlegendes Allgemeinwissen realisiert werden. Allgemeines Wissen, inklusive Sprachwissen, Sachwissen und übersetzungstheoretischem Wissen, ist demzufolge die grundlegende Voraussetzung für den Aufbau von Fachwissen und das Erweitern der Fachkompetenz.

Ein aktuelles globales Phänomen im internationalen Handeln lässt deutlich spüren, dass Fachwissen, Fachkommunikation und Fachübersetzung in jedem Arbeitsbereich benötigt werden: Übersetzer verwenden, gleich ob und inwieweit sie Fachwissen besitzen, nicht genügend fachliche Ausdrücke und Begriffe der Zielsprache, besonders wenn die Anwendung der Fachausdrücke in der Überset-zung nicht für unbedingt notwendig gehalten wird. Der Übersetzer bewegt sich teilweise nur noch auf einer „alltäglichen" Ausdrucksebene. Diese Arbeitsweise des Übersetzers führt dazu, dass fachliche Informationen nicht präzise vermittelt werden können. Um eine intensive fachliche Auseinandersetzung und Diskussi-on zwischen den Experten zu unterstützen und zu ermöglichen, muss sich der Übersetzer in zweierlei Hinsicht bemühen. Zum einen muss er das Fachgebiet verstehen, zum anderen muss er gleichzeitig bewusst und professionell an das Fachwissen „herangehen" und die entsprechenden Fachausdrücke in der Ziel-sprache verwenden.

1.6.2.3 Interkulturelle Kompetenz

Es wurde bereits darauf hingewiesen, dass traditionelle übersetzungstheoretische Ansätze die Problematik der „Sprachbarriere" und „Sprachverschiedenheit" an die erste Stelle rücken und als Hauptursache von Übersetzungsschwierigkeiten und -hindernissen betrachten. Überwindet der Übersetzer die Sprachbarriere und besitzt er hervorragende Sprachkenntnisse der Muttersprache und der Ziel-sprache, kann es ihm dennoch nicht stets gelingen, eine gute und angemessene Übersetzung anzufertigen. Der Grund liegt darin, dass die interkulturelle Kom-petenz für eine gelungene Übersetzungsarbeit eine unerlässliche Rolle spielt und das Ergebnis der Übersetzung meist nicht als zufriedenstellend bewertet werden kann, wenn diese fehlt. In Kapitel 1.2.3.3 sind wir kurz auf den Zusammenhang zwischen Kultur und Übersetzen eingegangen. In diesem Teil der Arbeit wird die kulturelle und interkulturelle Kompetenz des Übersetzers näher erläutert, die in den handlungs- und funktionsorientierten Übersetzungsansätzen als wichtigste Voraussetzung gilt.

Kulturkompetenz kann im Allgemeinen als „Wissen über politische, kulturel-le und wirtschaftliche Verhältnisse in dem betreffenden Land bzw. den Ländern" (Wendt, 2002, 214) definiert werden. Erst seit den 80er-Jahren hatte das Stichwort „Kultur" in der übersetzerischen Darstellung Konjunktur und seit den 90er wur-de interkulturelle Kompetenz von den Übersetzungstheoretikern einstimmig zu den translatorischen Grundfertigkeiten gezählt (vgl. Reinart, 2009, 67. u. 494). Sie bezieht sich auf bestehendes „Wissen über Eigen- und Fremdkultur" und die Fähigkeit, diese „in Relation zueinander zu setzen" (Reinart, 2009, 77). Konkret kann man die interkulturelle Kompetenz in zwei Kategorien einteilen. Einerseits besteht sie aus einem „impliziten sozialen und kulturbedingten Verständnis und Verhalten" und andererseits aus „explizitem Wissen über gesellschafts- oder kulturbedingte Regeln und Unterschiede (z. B. über Lebensumstände, Werte, Normen, Gewohnheiten, Haltungen, Gefühle, Vorurteile, Intentionen, Handlungsmotive [...])" (Hansen, 2006, 342). Interkulturelle Kompetenz bezeichnet demnach die Fähigkeit, mit anderen Kulturen angemessen umzugehen, sich in anderen Kulturen erfolgreich zu integrieren und mit Menschen aus anderen Kulturen erfolgreich zu kommunizieren.

Aufgrund der zunehmenden Internationalisierung gewinnen der interkulturelle Ansatz und die interkulturelle Kompetenz in der Übersetzungswissenschaft immer mehr an Bedeutung. Das Übersetzen von Texten setzt interkulturelle Kompetenz voraus. Texte sind „keine isolierten sprachlichen Gebilde", sondern sie sind „immer in eine bestimmte Situation eingebettet, die wiederum Teil einer Kultur" (Kadri´c/Kaindl/Kaiser-Cooke, 2010, 80) ist. In einem Ausgangstext werden demnach immer gesellschaftliche Regeln und kulturelle Prägungen des Ausgangslandes integriert und repräsentiert, die im gesamten Übersetzungsprozess zu berücksichtigen sind und im Zieltext funktionsgerecht widergespiegelt werden sollen. Daher bildet die interkulturelle Kompetenz „eine unverzichtbare Voraussetzung" (Wendt, 2002, 210) für das Übersetzen. Die folgende Abbildung macht deutlich, in welchem Zusammenhang „Text", „Situation" und „Kultur" zueinander stehen:

Abb. 3: Beziehung zwischen Textstelle, Text, Situation und Kultur (vgl. Kußmaul, 2009, 50).

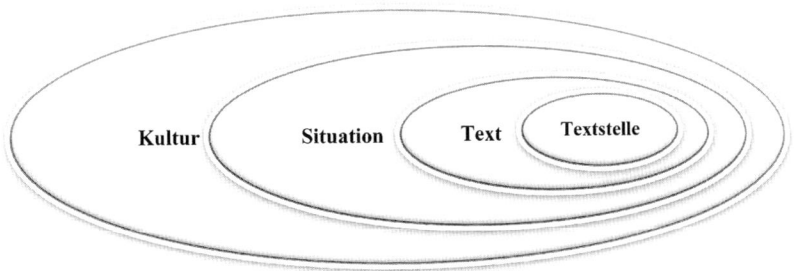

Um einen Text, insbesondere in kultureller und interkultureller Hinsicht, gut übersetzen zu können, muss der Übersetzer Kriterien wie zum Beispiel Konventionen, Normen und Lebensbedingungen der Ausgangs- und Zielkultur sowie Einstellungen und Wertorientierungen der Menschen in der Ausgangs- und Zielkultur beachten. Dabei werden die Denkweisen, Verhaltensweisen und

Ausdrucksformen der zwischenmenschlichen Kommunikation der jeweiligen Kultur von den grundlegenden kulturellen „Regeln" gesteuert und geprägt. Es hat sich herausgestellt, je größer die kulturelle Unterscheidung, desto schwieriger gestaltet sich das Verstehen und Übersetzen zwischen diesen Kulturen. Deshalb soll der Übersetzer, einerseits als Rezipient des Ausgangstextes und andererseits als Produzent des Zieltextes, nicht nur über Kompetenz bezüglich der Ausgangs- und Zielsprache, sondern auch über Kompetenz bezüglich der Ausgangs- und Zielkultur verfügen, um schließlich die Grundcharakterzüge der übersetzungsrelevanten Kulturen zu verstehen und diese korrekt in den Übersetzungsprozess einzubeziehen und einzusetzen. „Plurilingual" und „plurikulturell" zu sein gilt als höchster Kompetenzzustand des Übersetzers, wobei dieser in der Realität jedoch kaum erreichbar ist (vgl. Vermeer, 1986, 43).

1.6.2.4 Kreativität und Übersetzen

Außer Wissens-, fachlicher und interkultureller Kompetenz benötigt der Übersetzer geschickte Kreativität, um die Übersetzungsarbeiten angemessen anzufertigen. Sowohl bezüglich Kreativität als auch Kreativitätsforschung existieren vielfältige und unterschiedliche Begriffsbestimmungen und Ansätze. „Kreative Persönlichkeit", „kreativer Prozess", „kreatives Produkt" und „Umweltbedingungen für kreative Leistungen" repräsentieren beispielsweise vier unterschiedliche Ansätze der amerikanischen Kreativitätsforschung (vgl. Preiser, 1976, 25). Aus dieser Sicht ist Kreativität ein „mehrdimensionales Konstrukt" (Bayer-Hohenwarter, 2012, 77) und muss mehrdimensional analysiert und behandelt werden. Versucht man „Kreativität" in diesem Sinne zu definieren, ist gleichzeitig die Personen-, Prozess-, Produkt- und Bedingungsperspektive zu berücksichtigen. In der aktuellen Fachliteratur ist eine solche allgemeingültige und umfassende Definition von Kreativität jedoch nicht zu finden. Da der Schwerpunkt der Kreativitätsdefinition vor allem auf ihrem Ergebnis bzw. ihrem „kreativen Produkt" liegt, wird im Folgenden versucht, die Kreativität im Rahmen dieses Aspektes darzustellen bzw. den Kreativitätsbegriff auf die „Produktebene" einzuschränken. Darauf bezieht sich auch die unten stehende Definition.

> Kreativität ist schöpferisches Vermögen, das sich im menschlichen Handeln oder Denken realisiert und einerseits durch Neuartigkeit oder Originalität gekennzeichnet ist, andererseits aber auch einen sinnvollen und erkennbaren Bezug zur Lösung technischer, menschlicher oder sozialpolitischer Probleme aufweist (Brockhaus, 2006, Band 15, 684).

Wie aus dieser Definition hervorgeht, weist ein kreatives Produkt vor allem zwei grundlegende Kriterien auf: Neuigkeit oder Neuheit und Angemessenheit oder Sinnhaftigkeit. Neuigkeit setzt voraus, dass das kreative Produkt vom bisherigen und üblichen Produkt abweicht und die Eigenschaft der Originalität besitzt. Preiser betont, dass sich die Neuigkeit einer Idee oder eines Produktes in einer bestimmten Situation erkennen und bewerten lässt (vgl. Preiser, 1976, 6). Demzufolge kann ein bekanntes Produkt auch dann als neuartig und kreativ bezeichnet werden, wenn es sich in einer neuen Situation vom bisherigen Produkt unterscheidet. Außerdem muss ein kreatives Produkt effektiv etwas beitragen, zum Beispiel um bestimmte Probleme zu bewältigen oder um gewisse Bedürfnisse zu befriedigen. Eine kreative Handlung dient ausdrücklich irgendeinem lohnenden und sinnvollen Vorhaben und das Ergebnis soll letztlich nützlich sein. Demnach sind Nützlichkeit, Brauchbarkeit oder Realitätsangemessenheit weitere Kennzeichen eines kreativen Produktes (vgl. Brander/Kompa/Peltzer, 1989, 63).

Bezogen auf das Übersetzen muss ein übersetzerisches kreatives Produkt bzw. eine kreative Übersetzung einerseits „etwas Neues" gegenüber dem Ausgangstext enthalten und andererseits muss dieses „Neue" dem Zweck und der Funktion des Ausgangstextes angemessen sein. Kußmaul fügt aus übersetzerischer Sicht ein drittes Merkmal der Kreativität hinzu: Akzeptanz. Das bedeutet, um den Zieltext als „kreativ" bezeichnen zu können, muss demzufolge die Akzeptanz des Zieltextes sowie die Übereinstimmung von „bestimmten Erwartungen, Werten und Einstellungen" (Kußmaul, 2007, 17) zwischen Ausgangs- und Zieltextempfänger auch erreicht werden. Da man die Kreativität und Übersetzungskreativität „weder begrifflich richtig packen noch exakt messen, gewichten oder beschreiben" (Wilss, 1988, 111) kann, ist es dennoch schwierig zu beurteilen, ob das „Neue" im Zieltext dem Original angemessen ist und inwiefern die „Übereinstimmung" zwischen zwei Empfängerkreisen erreicht wurde. Einigkeit besteht nun drüber, was als „kreative Übersetzung" bezeichnet werden kann.

Eine kreative Übersetzung entsteht aufgrund einer obligatorischen Veränderung des Ausgangstexts, und sie stellt etwas mehr oder weniger Neues dar, das zu einer bestimmten Zeit und in einer (Sub-)Kultur von Experten (= von Vertretern eines Paradigmas) im Hinblick auf einen bestimmten Verwendungszweck als mehr oder weniger angemessen akzeptiert wird (Kußmaul, 2007, 31).

Beim übersetzerischen Handeln treten oft Schwierigkeiten auf, beispielsweise hinsichtlich der Festlegung und der Ermittlung des Übersetzungszwecks, der Übertragung des Originalsinns oder einfach hinsichtlich der Übersetzungsauswahl eines wichtigen Wortes im Text. In solchen Problemsituationen ist in der Regel immer mehr oder weniger translatorische Kreativität vonnöten. Man kann zwar feststellen, dass jedes Übersetzungsproblem Potenzial für kreative translatorische Leistung besitzt, jedoch müssen jeder kreativen translatorischen Leistung nicht immer Übersetzungsprobleme oder -schwierigkeiten zugrunde liegen (vgl. Bayer-Hohenwarter, 2012, 77). Um die konkreten übersetzerischen Probleme zu lösen, kommt der „kreative Prozess" in Gang, ein weiterer Aspekt der Kreativitätsforschung. Mithilfe des kreativen Prozesses werden nicht nur übersetzerische, sondern verschiedenartige Probleme entdeckt, analysiert und beseitigt. Da kreatives Denken, Handeln und kreativer Prozess oftmals mit Problemlösen in den Zusammenhang gebracht werden, erläutert das Kapitel 2.4 Kreativität auf der „Prozessebene" aus Perspektive des Problemlösens.

Die bisherigen Erläuterungen zu den übersetzungstheoretischen Grundlagen erfolgten anhand der bereits bestehenden und in der Praxis ausgeübten und anerkannten Theorien. Dennoch ist es nicht immer so gewesen, dass die Theorien und die Praxis der Übersetzungswissenschaft Hand in Hand miteinander einhergingen. Bis in die 60er-Jahre spielten etwa die Bedingungen und die Anwendbarkeit in der Praxis für die Theoriebildung der Übersetzungswissenschaft noch kaum eine Rolle. Die Umwandlung sowie Weiterentwicklung der Übersetzungswissenschaft brachte diese grundlegende Problemstellung ans Licht und forderte, dass die Übersetzungstheorien und die praktische translatorische Tätigkeit als zwei Wirklichkeitsbereiche „den Anspruch erheben (müssen, zumindest sollten), für den jeweils anderen Wirklichkeitsbereich verwertbare und wertvolle Ergebnisse zu liefern" (Kaindl, 2004, 11). Die zwei Kriterien – das Theoretische und das Praktische – sollen das gemeinsame Ziel verfolgen, sich gegenseitig zu unterstützen, zu bereichern und auch zu überprüfen. Im nächsten Kapitel wird die praktische Übersetzungswissenschaft kurz beleuchtet, um ihre Eigenschaften und Nützlichkeit herauszustellen.

1.7 Praktische Übersetzungswissenschaft

In der vorliegenden Arbeit wird die Übersetzungswissenschaft nicht nur theoretisiert, sondern auch anhand von konkreten Übersetzungsbeispielen „praktiziert". Die Beziehung zwischen Übersetzungspraxis, Übersetzungstheorie und Übersetzungswissenschaft illustriert die unten stehende Abbildung:

Abb. 4: Beziehung zwischen Übersetzungspraxis, Übersetzungstheorie und Übersetzungswissenschaft (vgl. Gui, 2001, 16).

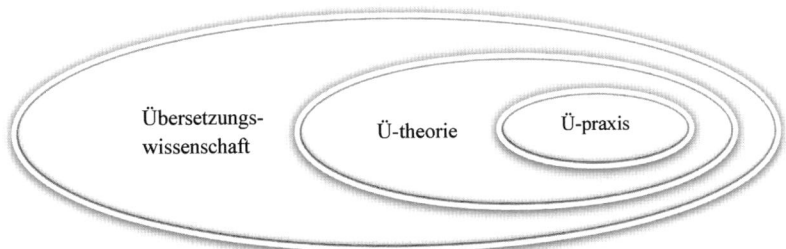

Wie oben dargestellt bildet die übersetzerische Praxis die Grundlage oder den „Kern" der Übersetzungstheorie und Übersetzungswissenschaft, die schließlich wiederum durch die Übersetzungspraxis geprüft, gesteuert und geregelt werden sollen. Da seit Beginn der Entwicklung der Übersetzungswissenschaft der Schwerpunkt einheitlich auf dem Theoretischen lag, scheint es seit den 80er-Jahren ein langwieriger Prozess zu sein, die übersetzerische Theorie und Praxis miteinander zu verbinden (vgl. Snell-Hornby, 1986, 28; vgl. Bernardo, 2010, 15). Das Streben nach Integration führt dazu, dass sich die Übersetzungstheoretiker nicht mehr nur im theoretischen Rahmen bewegen, vielmehr müssen sie der Sache auf den Grund gehen und die Ergebnisse und Qualität einer Übersetzung sowie die Erfahrungen des Übersetzers genau untersuchen. Die höchste Zufriedenheit des Auftraggebers, des Zieltextempfängers und auch des Übersetzers selbst soll möglichst erreicht werden, somit hat das Übersetzen sein praktisches „Ziel" erreicht. Dies stellt meines Erachtens den wesentlichen Grundsatz der praktischen Übersetzungswissenschaft dar.

Die wichtigen Eigenschaften der praktischen Übersetzungswissenschaft sind vor allem durch die Allgemeingültigkeit einerseits und durch die breitere Zielgruppe andererseits gekennzeichnet. Sie ist deshalb allgemeingültig, da sich die praktische Übersetzungswissenschaft grundsätzlich an Theorien orientiert, die den Übersetzern und den Übersetzungen am nächsten stehen und besonders dem Übersetzer hilfreiche und praxisnahe Möglichkeiten anbieten und aufzeigen. Darüber hinaus werden in der praktischen Übersetzungswissenschaft die in der übersetzerischen Tätigkeit am häufigsten auftauchenden Probleme und Fragen behandelt und analysiert, somit bestehen dessen Untersuchungsinhalte nicht aus Sonderfällen, sondern sie besitzen die Eigenschaft der Allgemeingültigkeit und sind an einer bereiteren Zielgruppe sowie an einem allgemeingültigen Interesse gerichtet. Diese Übersetzungsbeispiele stammen von Übersetzern und stehen diesen nach einer „Zusammenfassung" und Theoretisierung wieder zur Verfügung, teilweise unabhängig von Sprachenpaaren und Kulturspezifika.

Die praktische Übersetzungswissenschaft basiert zwar auf den übersetzerischen Erfahrungen und Beispielen, kann aber nicht alle Übersetzungsfragen beantworten. Es scheint auf den ersten Blick zu funktionieren, das Übersetzen sogar ohne Übersetzungstheorien durchzuführen, da nicht wenige professionelle und leidenschaftliche Übersetzer dies bereits versucht und bewiesen haben. Eine einzige Bedingung scheint für dieses Verfahren notwendig und ausreichend – die Zweisprachigkeit. Um die Übersetzungsaufgabe jedoch mit einer „hohen" Qualität und mit bester Leistung zu erledigen, sind theoretische Grundlagen erforderlich.

„Ohne Theorie ist eine Praxis blind; die Theorie, die von der Praxis völlig losgelöst ist, ist eine leere und sinnlose Theorie" (Gui, 2001, 23). Gui macht deutlich, dass der Übersetzer durch die praktische Übersetzungswissenschaft einerseits Unterstützung erhalten kann, die sich „mehr oder weniger je nach dem einzelnen Zustand und Verhältnis des einzelnen Übersetzers und Übersetzens" (Gui, 2001, 23) richtet, andererseits kann der Übersetzer mehrere Übersetzungsalternativen und -erkenntnisse kennenlernen, die dazu dienen, sowohl seine sprachliche Kompetenz als auch sein analytisches Denkvermögen zu vervollständigen.

Übersetzungstheorien und die praktische Übersetzungswissenschaft sollen dabei helfen, schließlich unterschiedliche Übersetzungsprobleme gemeinsam zu beheben und zufriedenstellende Übersetzungen anzufertigen. Sprachverschiedenheiten, kulturelle Bedingungen oder gesellschaftliche Besonderheiten sind jedoch Hindernisse, die Übersetzungsschwierigkeiten und -probleme herbeiführen. Folglich muss die Thematik des Problems und des Problemlösens auseinandergesetzt werden, um dem Phänomen des Übersetzens in seiner ganzen Bandbreite auf den Grund gehen zu können. Die Darlegung des Problemlösens soll schließlich dazu dienen, die Annahme, Übersetzen sei ein Problemlöseprozess, zu bestätigen oder ihr zu widersprechen.

2. Theoretische Grundlagen des Problemlösens

Traditionsgemäß sind Problemlösen und Problemlöseprozess Untersuchungsgegenstände verschiedener Wissenschaftsdisziplinen wie Philosophie, Soziologie, Geschichtswissenschaft, Mathematik, Informatik und vor allem der Psychologie (vgl. Schönpflug/Schönpflug, 1987, 14). Psychologie ist eine Wissenschaft, die sich mit dem Erleben und Verhalten von Individuen und Gruppen befasst. Eine Vorrangstellung nimmt die Allgemeine Psychologie ein, die als wichtigster Forschungsbereich gilt. Sie beschäftigt sich mit „allgemein gültigen Gesetzmäßigkeiten des Verhaltens" sowie mit „Grundtatsachen des Seelenlebens" der Menschen, die differenziert sind in Wahrnehmung, Denken, Lernen, Gedächtnis, Aufmerksamkeit, Interaktion, Kommunikation und Entstehen von Gefühlen (vgl. Becker-Carus, 2011, 32–33; vgl. Kittner, 1994, 14).

In Bezug auf das Problemlösen liegt der Allgemeinen Psychologie die Fragestellung zugrunde, wie Menschen Lösungswege finden und welche Methoden sie dabei anwenden (vgl. Brander/Kompa/Peltzer, 1989, 109). Um diese Leitfragen zu beantworten, wurden zahlreiche Untersuchungen unter unterschiedlichen theoretischen Ansätzen eingeleitet und in Hinblick auf verschiedene Schwerpunkte bzw. Forschungsgegenstände durchgeführt. Die daraus resultierenden Ergebnisse zeigen deutlich, dass die Inhalte der Problemlöseforschungen in der Allgemeinen Psychologie nicht mehr wie zu Beginn überwiegend auf „künstliche Probleme"[21] fokussiert sind. Die Forschungen beziehen sich stattdessen zunehmend auf unterschiedliche realistische Situationen und umfassen Probleme aus verschiedenen und konkreten gesellschaftlichen Lebensbereichen der Menschen. Diese Tendenz setzt sich bis heute fort, indem das Problemlösen als Forschungsfeld verstärkt und intensiv in Alltags-, Berufs-, Schul- und kulturellen Situationen untersucht sowie charakterisiert wird.

Daher ist festzuhalten, dass sich Problemlösen durch die Weiterentwicklung der Allgemeinen Psychologie und die kontinuierlichen Forschungen zum Untersuchungsgegenstand vieler Teilgebiete der Psychologiewissenschaft entwickelt hat und einen wichtigen Platz, sowohl in der Theorie als auch in der Praxis, zum

---

21 Probleme werden als „künstlich" bezeichnet, wenn kein oder nur wenig Vorwissen für ihre Lösung erforderlich ist, so kann das Wissen als kognitive Voraussetzung vernachlässigt werden. Das Gegenteil zu künstlichen Problemen sind realitätsnahe Probleme, deren Lösungserfolg stark vom richtigen und kompatiblen Vorwissen abhängt (vgl. Süß, 1996, 201–201).

Beispiel in der Sozialpsychologie, Kulturpsychologie, Pädagogischen Psychologie, Vergleichenden Psychologie, Denkpsychologie und Kognitiven Psychologie einnimmt. In Kapitel 2 wird das Problemlösen vor allem aus denkpsychologischer, kognitionspsychologischer und kultureller Perspektive erläutert. Um das Problemlösen systematisch zu theoretisieren, gehe ich einleitend auf die relevanten Begrifflichkeiten ein.

2.1 Problem und Problemlösen

Täglich werden wir in unterschiedlichen Lebensbereichen mit Problemen konfrontiert. Dazu ein einfaches Beispiel: Die 16-jährige Schülerin Anna ist statt um 6:30 Uhr erst um 8 Uhr aufgewacht. Der einzige Schulbus am Morgen ist längst weggefahren. Wie kommt sie nun von ihrem abgelegenen Dorf in die Schule? Nachdem Anna eine Lösung gefunden hat und verspätet das Klassenzimmer betritt, erhält sie die Mathematikklausur der letzten Woche mit der Note 5 zurück. Anna muss aufgrund der schlechten Note nachmittags in der Schule bleiben, da sie Nachhilfe von ihrer Mathematiklehrerin erhält, die mit ihr alle Fehler aus der Klausur durchgehen wird. Im Anschluss daran soll Anna die Klausur wiederholen. Worin besteht der Unterschied zwischen „verpasstem Schulbus" und „Wiederholung der Klausur"? Diese Fragen sollen nach der Definition des Problembegriffs beantwortet werden.

2.1.1 Definition von Problemen

Was ist ein Problem? Wann entsteht ein Problem?

> Ein „Problem" entsteht z. B. dann, wenn ein Lebewesen ein Ziel hat und nicht „weiß", wie es dieses Ziel erreichen soll. Wo immer der gegebene Zustand sich nicht durch bloßes Handeln (Ausführen selbstverständlicher Operationen) in den erstrebten Zustand überführen lässt, wird das Denken auf den Plan gerufen (Duncker, 1963, 1).

Diese Definition geht von einem gegebenen Ausgangszustand aus und fokussiert hauptsächlich auf die für die Verwirklichung des erstrebten Zielzustandes erforderlichen Operationen sowie auf das „Handeln". Das gesamte Problemlösen ist somit auf die Lösungsfindung und auf das Finden von „unbekannten" Operatoren ausgerichtet. Nach Neber ist eine derartige Definition für komplexe Problemsituationen jedoch zu einseitig und zu eingeschränkt. Die Analyse von Ausgangszuständen und die Ermittlung oder Konkretisierung von Zielen sollen weitere notwendige Kriterien darstellen, die beim Definieren von Problemen berücksichtigt und unter der Gesamtthematik des Problemlösens erfasst werden sollen (vgl. Neber, 1987, 8). Eine häufig zitierte Definition verfasste Dörner:

Ein Individuum steht einem Problem gegenüber, wenn es sich in einem inneren oder äußeren Zustand befindet, den es aus irgendwelchen Gründen nicht für wünschenswert hält, aber im Moment nicht über die Mittel verfügt, um den unerwünschten Zustand in den wünschenswerten Zielzustand zu überführen (Dörner, 1987, 10).

Dörner kennzeichnet seinen Problembegriff durch drei Komponenten: den unerwünschten Anfangszustand, den erwünschten Endzustand und die Barriere, welche die Transformation des Anfangszustands in den Endzustand verhindert (vgl. Dörner, 1987, 10). Diese drei Komponenten werden auch als „Ausgangszustand", „Zielzustand" und „Zwischen- bzw. Transformationszustände" (Neber, 1987, 5) bezeichnet. Ein Problem kann sich auf alle dieser drei „Zustände" beziehen, infolgedessen kann nicht nur das Problem selbst, sondern auch die Problemsituation und die Problemtypenklassifikation in einem größeren und breiteren Spektrum definiert und betrachtet werden. Der Begriff des Problemraums umfasst darüber hinaus noch komplexere Aspekte. Außer dem bereits erwähnten Ausgangszustand, Zielzustand und den möglichen Zwischenzuständen besteht der Problemraum zusätzlich noch aus den für die Zielerreichung erforderlichen Operationen, aus deren Anwendungsbedingungen und aus dem Wissen, auf welches der Problemlöser bei der Problembearbeitung zurückgreifen kann (vgl. Süß, 1996, 7; vgl. Spies/Lüer, 1998, 187).

Die Definition von „Aufgabe" unterscheidet sich grundsätzlich von der des „Problems". Im Vergleich zum „Problem" fehlt bei „Aufgabe" die Komponente „Barriere". Demzufolge ist im Falle des Lösens einer Aufgabe der Lösungsweg bekannt und der Weg muss nur „aus dem Gedächtnis [des Aufgabenlösers] abgerufen und angewendet werden" (Spies/Lüer, 1998, 186). Anders formuliert wird beim Aufgabenlösen lediglich „der Einsatz bekannter Mittel auf bekannte Weise zur Erreichung eines klar definierten Zieles" (Kreuzig, 1983, 303) gefordert. Ob ein Individuum einen vorgegebenen Sachverhalt als Problem oder als Aufgabe empfindet, hängt u. a. von seinen Vorerfahrungen ab (vgl. Dörner, 1987, 10). So ist etwa ein Erwachsener normalerweise in der Lage, einen kleinen IKEA-Schrank nach Anleitung zusammenzubauen. Diese Aufgabe stellt für ein kleines Kind sicher ein schwieriges Problem dar, da es weder die Anleitung verstehen noch handwerklich arbeiten kann. Durch das Zunehmen von Wissen und Erfahrungen vergrößert sich jedoch der mögliche lösbare Aufgabenkreis der Menschen.

An dieser Stelle soll kurz das Verhältnis zwischen „Problemlösen" und „Entscheiden" erläutert werden. Problemlösen ist im Unterschied zu Entscheiden ein umfassender Begriff und enthält, unabhängig von verschiedenen Problemtypen, immer mehrere Teilprozesse. Der Entscheidungsprozess findet jedoch erst statt,

wenn die Entscheidungsalternativen „im Rahmen einer entscheidungsvorbe-
reitenden Problemlösungsoperation" (Wilss, 1988, 95) soweit abgegrenzt und
festgelegt sind und nur eine Wahl unter diesen Alternativen zu treffen ist. Dieser Ansicht folgend ist der Entscheidungsprozess Teil des Problemlösens und
des Problemlöseprozesses. Im Normalfall wird der Problemlöser kurz vor der
endgültigen Entscheidung mit mehreren Entscheidungsvarianten konfrontiert.
Kann das Problem aber nur durch einen einzigen Lösungsweg behoben werden
und muss sich der Problemlöser damit nicht zwischen verschiedenen Entscheidungsalternativen entscheiden, besteht dieser Problemlöseprozess dennoch aus
dem Prozess des „Entscheidens", der bereits vorher beispielsweise bei der Auswahl von benötigten Informationen oder Operatoren stattgefunden hat.

Nach diesem Exkurs greifen wir nun auf die Beispiele zu Beginn dieses Kapitels zurück. Da Anna zu spät aufgestanden ist und den einzigen Schulbus am
Morgen versäumt hat, ist eine „Barriere" zwischen „Zuhause" als Ausgangszustand und „Schule" als Zielzustand entstanden, die sie durch einen Lösungsweg
beseitigen muss. Um dieses Problem zu lösen, kann sie entweder ihre Mutter oder
die nette Nachbarin bitten, sie in die Schule zu fahren. Anna hat sich schließlich
für die Nachbarin entschieden, da sie Ärger und Diskussionen mit ihren Eltern
vermeiden möchte. Hier liegt eine Problemsituation vor, in der Anna zielgerichtet überlegen und mögliche relevante Faktoren bzw. „Nebenwirkungen" berücksichtigen muss, bis sie sich für den besseren Lösungsweg entscheidet. Die
nächste „Überraschung" in der Schule durch die schlechte Mathematiknote stellt
für Anna kein Problem dar, sondern nur eine Aufgabe, die sie durch das Üben
mit ihrer Mathematiklehrerin sehr wahrscheinlich mit einer besseren Note abschließen kann. Für diesen Fall sind „Nachhilfe" und „Üben" als Lösungswege
bekannt, die Anna nun „anwenden" und „einsetzen" muss.

2.1.2 Problemlösen als Handlung

Im abstrakten Sinne besteht eine menschliche Handlung immer aus einem
Ausgangszustand, einem Zielzustand und einem Weg bzw. Mittel, das vom Ausgangszustand in den Zielzustand überführt. Aus dieser Perspektive kann das
Problemlösen, wobei der Lösungsweg noch zu konkretisieren und zu finden ist,
prinzipiell als Handlung aufgefasst werden.

Eine Handlung hat eine innere und eine äußere Form. Während äußere
Handlungen in Form von bestimmten Operationen die Umwelt verändern, beziehen sich innere Handlungen nur auf innerseelisches Geschehen, Motivation
sowie kognitive oder emotionale Reaktionen. Handlungstheoretische Ansätze
betrachten die Innensteuerung der Menschen als Kernpunkt. Eine Handlung

liegt dann vor, „wenn jemand weiß, was er tut, und wenn er sich für die betreffende Handlungsoption entschieden hat" (Brockhaus, 2006, Band 11, 804). Somit ist der Handelnde für sein Tun und Handeln selbst verantwortlich. Er muss eine Handlung planen, ein entsprechendes Handlungskonzept entwickeln und anschließend seine Innensteuerung bewusst und willentlich zur Erreichung von Zielen einsetzen (vgl. Edelmann, 1994, 295). Daher sind die Handlungen immer intentional und vor allem zielgerichtet. Während der Mensch handelt und dadurch die Umwelt in bestimmter Art und Weise verändert, beeinflusst wiederum die Veränderung der Umwelt den Menschen und verändert demnach den Menschen selbst (vgl. Edelmann, 1994, 307). Demzufolge stehen Handelnder und Handlung in einer Wechselwirkung.

In der Allgemeinen Psychologie werden Handlungstheorien grundsätzlich auch vom Subjekt bzw. von Personen aus definiert. Der äußere Vorgang des Problemlösens ist durch die konkreten problemlösenden Aktionen und Handlungen gekennzeichnet, die zur Beseitigung von Problemen führen. Bricht zum Beispiel plötzlich Feuer aus, sucht man automatisch und schnell nach Wasser oder Feuerlöscher, um das Problem zu beseitigen. Die äußere Handlung verläuft in diesem Fall fast routinemäßig, da es sich um ein im Alltag relativ bekanntes Problem und bekannte Lösungswege handelt. Der innere Vorgang des Problemlösens bezieht sich im engeren Sinne auf das reine Denken, beispielsweise das Nachdenken über die Problemstruktur oder Lösungswege. Dieser Vorgang spielt sich nur in den Gedanken des Problemlösers ab und ändert nichts an der Realität. Im Vergleich zu äußeren und praktischen Handlungen verursacht Denken weniger zeitlichen Aufwand und löst keine „Nebenwirkungen" in der Realität aus. Aufgrund dessen eignet sich der innere und gedankliche Problemlösevorgang besonders für komplexe Probleme sowie für unübersichtliche Problemsituationen und gilt als Voraussetzung für die Lösung derartiger Probleme.

Problemlösen kann im Allgemeinen in „Standard-Problemlösen", „kreatives Problemlösen" und „komplexes kreatives Problemlösen"[22] (Rüppell/Hinnersmann/Wiegand, 1987, 173) unterteilt werden, die jeweils verschiedene Eigenschaften gegenüber der Problemsituation besitzen und somit während des Lösungsprozesses unterschiedliche Anforderungen an Wissen sowie operationale Fähigkeiten des Problemlösers stellen. Darauf wird in Kapitel 2.4 und

---

22 In der vorliegenden Arbeit wird statt des komplexen kreativen Problemlösens komplexes Problemlösen erläutert, da meines Erachtens die kreativen Problemlösefähigkeiten für komplexes Problemlösen grundsätzlich vorauszusetzen sind. In dieser Hinsicht kann komplexes kreatives Problemlösen mit komplexem Problemlösen gleichgesetzt werden.

2.5 näher eingegangen. Um über die Problemsituationen und Lösungen von Problemen diskutieren zu können, muss zuerst klargestellt werden, wie sich Probleme voneinander unterscheiden und welche Problemtypen in der Realität vorhanden sind.

2.2 Klassifikation von Problemen

Es gibt unterschiedliche Methoden, Probleme zu charakterisieren und zu klassifizieren. Den jeweiligen Differenzierungen liegen folgende Fragestellungen zugrunde: Auf welchen Lebensbereich bezieht sich der Ausgangszustand? Sind die Operatoren bzw. Mittel zur Beseitigung der Probleme bekannt? Ist der Zielzustand genau oder vage beschrieben? Wie viel Wissen benötigt der Problemlöser für das Problemlösen?

2.2.1 Einige Klassifikationsmethoden

In der Umgangssprache können Probleme nach Lebensbereichen bzw. betroffenen Wirklichkeitsbereichen klassifiziert werden, so z. B. technische, soziale und persönliche Probleme (vgl. Schönpflug/Schönpflug, 1987, 9). Ein technisches Problem entsteht, wenn ein Auto aus unerklärlichen Gründen nicht startet und daher eine fachliche und technische Untersuchung für das Problemlösen notwendig ist. Ein soziales Problem kann beispielsweise dann auftreten, wenn einer von zwei Kollegen unerwartet zum Chef des anderen befördert wird und der „Nicht-Beförderte" damit nicht klarkommt. Sind Menschen mit sich selbst nicht zufrieden, werden sie sich selbst zum Problem. Daraus entstehen persönliche Probleme, die in Bereichen wie Gesundheit, Aussehen, Karriere oder finanzielle Situation auftauchen können.

Das zweite Kriterium, wonach Schönpflug Probleme einteilt, bilden die für die Problemlösungen erforderlichen Operationen und Handlungen. So lassen sich Probleme unterscheiden in mathematische Probleme, die mathematische Operationen erfordern; allgemeine Denkprobleme, die gedankliche und logische Handlungen benötigen; ökonomische Probleme, die wirtschaftlicher Maßnahmen bedürfen; Transportprobleme, die Distanz und Entfernung überwinden, und Konstruktionsprobleme, welche die Herstellung von bestimmten Zuständen und Gegenständen verlangen (vgl. Schönpflug/Schönpflug, 1987, 11).

Je nach für die Problemlösung gefordertem Wissen werden Probleme in einfache und komplexe Probleme eingeteilt (vgl. Spies/Lüer, 1998, 186). Während man bei einfachem Problemlösen bereits mit relativ niedrigem Wissen zum Ziel kommt, erfordert komplexes Problemlösen mehr Vorwissen. Darüber hinaus setzen sich komplexe Probleme aus mehreren Teilproblemen zusammen und lassen sich durch verschiedene Kennzeichen von einfachen Problemen abgrenzen. Nach Dörner zeichnen sich komplexe Probleme durch folgende wesentliche Merkmale aus: „Komplexität, Dynamik, Vernetztheit, Transparenz und Grad des Vorhandenseins freier Komponenten" (Dörner, 1987, 18). Daher können in einer komplexen Problemsituation gleichzeitig verschiedene einzelne Probleme auftreten. In Kapitel 2.4 werde ich näher auf das komplexe Problemlösen eingehen.

Ungeachtet dessen, ob die Probleme nach realistischen Lebensbereichen, erforderlichen Handlungen oder gefordertem Wissen unterschieden werden, sind die oben dargestellten Klassifikationsmethoden zu oberflächlich formuliert und beziehen sich nicht auf konkrete Problemsituationen. Somit können dafür auch keine entsprechenden und detaillierten Problemlösungsstrategien entwickelt und angewendet werden. Im Folgenden werden die Problemtypen nach Dörner ausführlich erläutert. Meines Erachtens basiert diese Klassifizierung auf grundlegenden Problemsituationen, sodass es möglich ist, das Problemlösen systematisch, gründlich und wissenschaftlich zu untersuchen und zu erfassen.

„Klarheit der Zielvorgabe" und „Bekanntheitsgrad der Mittel" stellen die zwei Dimensionen dar, nach denen Dörner drei „Problembarrieren" definiert und somit die Problemtypen unterscheidet. Das Kriterium „Klarheit und Zielvorgabe" wurde bereits von verschiedenen Wissenschaftlern, die sich mit Problemlösen beschäftigen, verwendet. Nach diesem Kriterium werden Probleme in der Regel als „gut und schlecht definierte" oder als „klar und unklar definierte" Probleme bezeichnet. Zusätzlich unterscheidet Stempfle in diesem Zusammenhang zwischen „geschlossenen" und „offenen" Problemen (vgl. Stempfle, 2010). Bei gut und klar definierten Problemen sind Zielzustand und Zielsituation klar vorgegeben im Gegensatz zu schlecht definierten, deren Ziele nur sehr vage beschrieben sind. Dörner fügt ein zweites Kriterium hinzu und konkretisiert auf diese Weise drei Problemtypen bzw. Barrieretypen. Es handelt sich hierbei um die Interpolationsbarriere, die Synthesebarriere und die dialektische Barriere. Der folgende Überblick integriert die einzelnen Komponenten:

Abb. 5: *Klassifikation von Barrieretypen in Problemen nach den Dimensionen. „Bekanntheitsgrad der Mittel" und „Klarheit der Zielsituation" (Dörner, 1987, 14).*

Bekanntheitsgrad der Mittel		Klarheit der Zielkriterien	
	hoch	hoch	Gering
		Interpolationsbarriere	Dialektische Barriere
	gering	Synthesebarriere	Dialektische Barriere und Synthesebarriere

2.2.2 Interpolationsprobleme

„In Problemen, in denen es allein darum geht, die richtige Kombination oder Folge aus einer Reihe bekannter Operationen zu bilden, ist eine Interpolationsbarriere vorhanden" (Dörner, 1987, 12). Interpolation bedeutet lat. „Umgestaltung" und „Veränderung" (Brockhaus, 2006, Band 13. 424). In einer solchen Situation sind Ausgangszustand, Ziel und die zur Erreichung des Ziels verfügbaren Methoden und Mittel bekannt. Das Problem besteht lediglich in der richtigen Auswahl, der richtigen Kombination und Anwendung der Mittel sowie in der Festlegung der richtigen Reihenfolge der Operationen.

Ein Schachspiel stellt beispielsweise ein solches Interpolationsproblem dar. Gegeben sind ein klarer Anfangszustand mit Schachbrett und darauf positionierten Figuren, eine klare Zielvorgabe durch eine Schachmatt-Stellung sowie die bekannte Menge an Mitteln und die zulässigen Züge. Um die „Umwandlung" des Anfangszustands in den Zielzustand erfolgreich durchzuführen, muss der Spieler immer versuchen, den besten Zug für die jeweilige Situation auszuwählen und alle Operationen bzw. Züge so gut wie möglich in zeitlicher Abfolge richtig zu kombinieren. Der Sieg im Anschluss setzt sich aus vielen verschiedenen einzelnen optimalen Zügen zusammen, die miteinander vernetzt sind und mehr oder weniger Auswirkungen auf das Endergebnis haben.

2.2.3 Synthetische Probleme

Eine Synthesebarriere tritt in einer Problemsituation auf, in der eine Person das Ziel kennt, jedoch nicht über ausreichend Mittel verfügt, um das Ziel zu erreichen. Folglich muss der Problemlöser erst die „Operatoren" verbessern, ergänzen oder umstrukturieren, bis die bekannten Mittel für die Problemsituation geeignet und anwendbar sind. Die unten stehende Abbildung zeigt das „Neun-Punkte-Problem" und seine Lösung:

Abb. 6: Neun-Punkte-Problem (Dörner, 1987, 77).

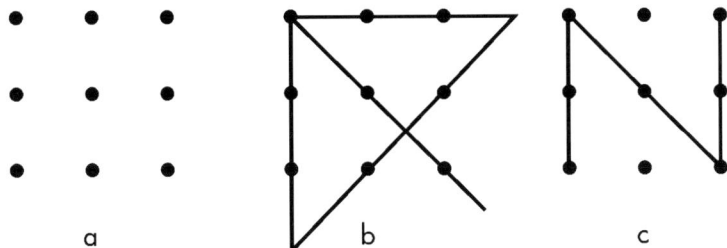

a   b   c

- Bild a stellt das Problem dar: Die neun Punkte sollen durch vier gerade Linien in einem Zuge verbunden werden.
- Bild b präsentiert die Lösung des Problems.
- Bild c zeigt das gescheiterte Ergebnis der meisten Probanden.

An Ergebnis c zeigt sich vor allem das Phänomen, dass sich die Versuchspersonen oft nicht von gewöhnlichen Denkweisen und Einstellungen lösen können. In diesem Beispiel ist der „Problemraum", in dem eine angemessene Lösung gefunden werden soll, nicht mit dem „Suchraum", in dem der Problemlöser in einer „gewöhnlichen" Weise nach der Lösung sucht, identisch. Konkret ist der Problemraum größer als der Suchraum. Da der Problemlöser in einem „beschränkten Raum" nach der Lösung sucht, sind auch die Lösungsalternativen für ein erfolgreiches Problemlösen eingeschränkt, sodass möglicherweise keine Lösung zum Problem gefunden wird wie hier im Fall c.

2.2.4 Dialektische Probleme

Bei Interpolations- und Syntheseproblemen handelt es sich zum größten Teil um gut definierte Probleme, da in den jeweiligen Problemsituationen das zu erreichende Ziel vorgegeben ist. Schlecht definierte Probleme, die Dörner als dialektische Probleme bezeichnet, verfügen hingegen über keine präzise Zielvorgabe. Dialektik ist ein häufig interpretierter Begriff der Philosophie und kann als unterschiedlich aufgefasst werden, etwa als Erörterung von Problemen, als unauflöslicher Widerspruch oder als geschichtliche Entwicklung in Widersprüchen (vgl. Grätzel, 2007, 181–182). Diese Begriffe weisen jedoch die Gemeinsamkeit auf, dass Dialektik durch „Widerspruch" gekennzeichnet ist. Aus psychologischer Sicht kann eine dialektische Problemsituation konkret folgende Situationsmerkmale aufweisen: Einerseits muss der unerwünschte Anfangszustand verändert werden, andererseits ist der Zielzustand nicht genau beschrieben und vorgegeben.

Diese widersprüchliche Anforderung erschwert es in der Wirklichkeit, die konkreten Veränderungskriterien bzw. die zu verändernden „Zustände" zu definieren und die für das Problemlösen anzuwendenden Operatoren festzulegen. Um den Zielzustand zu erreichen, sind in der Regel viele einzelne Operationen erforderlich, deren Wirkungen und Folgen nicht unmittelbar richtig zu erkennen und einzuschätzen sind. Die dialektischen Probleme sind von Fremdeinflüssen und -eingriffen abhängig. Ohne die äußeren Handlungen des Problemlösers sind solche Probleme demnach nicht zu lösen.

In Alltag und Berufsleben ist man sehr häufig mit Problemen mit offenen Zielsituationen konfrontiert. Als Beispiel betrachten wir eine dialektische Problemsituation in einer Designfirma. Ein Autodesigner soll ein Schwestermodell des Vorgängermodells entwerfen. Die Zielvorgabe besteht lediglich darin, dass das neue Design gewisse Ähnlichkeiten mit dem älteren Modell haben soll, aber zudem eindrucksvoller aussehen muss. Die Interpretation von „gewisser Ähnlichkeit" und „eindrucksvoller" unterscheidet sich jedoch von Designer zu Designer. Um dieses dialektische Problem und alle anderen Typen von Problemen lösen zu können, kann der Problemlöser grundsätzlich auf verschiedene problemlösende Strategien zurückgreifen, die im folgenden Kapitel erläutert werden.

2.3 Problemlösende Strategien

Nachdem die Problemtypen und ihre Eigenschaften beschrieben wurden, geht dieser Teil der Arbeit auf das problemlösende Denken im Allgemeinen und auf die Strategien für konkrete Problemsituationen mit unterschiedlichen Problemtypen ein. Hierbei soll verdeutlicht werden, was im „Kopf" des Problemlösers vorgeht, wenn er mit Problemen konfrontiert wird.

2.3.1 Problemlösendes Denken im Allgemeinen

Ohne Denken ist Problemlösen nicht möglich. Denken und Problemlösen gelten als zielgerichtete „geistige Vorgänge", die „nicht alleine auf das Entdecken und Erkennen von Reizen" und „nicht alleine auf das Speichern oder das Abrufen von Fakten im bzw. aus dem Gedächtnis" (Hussy, 1998, 16) beschränkt sind. Konkrete Definitionen sowie „Inhalte" des problemlösenden Denkens bietet uns die Literatur jedoch viele. Edelmann zum Beispiel unterteilt das problemlösende Denken in fünf Formen: Versuch und Irrtum; Umstrukturieren sowie Umwandlung; Anwendung von Strategien; Kreativität und Systemdenken (vgl. Edelmann,

1994, 331). Diese Denkformen wurden meines Erachtens nicht von einem jeweils gleichen Ausgangspunkt definiert und nicht auf einer „Ebene" festgelegt, da „Umstrukturieren" beispielsweise als eine der „problemlösenden Strategien" oder als einen Akt des „Systemdenkens" betrachtet werden kann. Daher wird im Folgenden das „problemlösende Denken" im Allgemeinen und danach aus der Perspektive des deduktiven, induktiven und analogischen Denkens konkretisiert.

Über die Denkpsychologie hinaus beschäftigt sich dieses Kapitel auch mit einigen Annahmen bzw. Standpunkten der Kognitiven Psychologie. Die Untersuchungsgegenstände der Kognitiven Psychologie bilden kognitive Prozesse wie beispielsweise das Wahrnehmen, das Lernen, die Aufmerksamkeit und auch das Denken.

2.3.1.1 Denken und Problemlösen

Die Denkpsychologie befasst sich mit dem „Auffinden unbekannter Wege zu genau bekannten Zielen in bekannten Realitätsbereichen" (Dörner, 1981, 3). Um die „unbekannten Wege" zu finden, sind menschliche Fähigkeiten gefordert. Gemeinsam mit Intelligenz-, Gefühl-, Funktions-, Sinnes-, Wahrnehmungs-, Kognitions- und Sprachpsychologie repräsentiert die Denkpsychologie ein umfassendes Forschungsgebiet, das die menschlichen Fähigkeiten im unmittelbaren Zusammenhang mit Problemlöseleistungen analysiert (vgl. Becker-Carus, 2011, 33). Deutsche Psychologen etwa führen häufig Intelligenztests durch, um das Verhältnis zwischen Intelligenz- und Problemlöseleistung zu ermitteln. Das Interesse an solchen Tests und Untersuchungen richtet sich jedoch nicht auf das Ergebnis, sondern auf die Beobachtung des Problemlöseprozesses, der schließlich zu einem bestimmten Ergebnis führt. Diese prozessorientierte Vorgehensweise entspricht dem grundlegenden theoretischen und methodischen Konzept des problemlösenden Denkens.

Im Allgemeinen kann das Denken als eine interne Handlung und im Sinne des Problemlöseprozesses als ein „elementarer und kognitiver Prozess" (vgl. Kittner, 1994, 31) verstanden werden, wobei die Problemsituation erkannt und somit die Lösung bzw. Strategie des Problems gefunden oder entwickelt werden kann. In diesem Zusammenhang stellt der Denkprozess dem Individuum nicht nur die Umwelt in symbolischen Begriffen dar, sondern ermöglicht ihm eine symbolische Darstellung der verschiedenen Handlungsmöglichkeiten (vgl. Manis, 1974, 106). Durch das Denken werden demnach die Problemsituationen und Problemlösemethoden innerlich „gesehen" und ausprobiert. Zwischen Denken, Erkennen und Problemlösen besteht nicht nur ein enger Zusammenhang, vielmehr ergibt sich ihre besondere Beziehung daraus, dass Denken die Voraussetzung für Erkennen und Erkennen wiederum die Voraussetzung für das Problemlösen darstellt (vgl. Kittner, 1994, 37). Ein Problem kann also ohne richtige Erkenntnis der Problemsituation, die durch einen Denkprozess gewonnen wird, nicht gelöst werden.

Im theoretischen Rahmen der Denkpsychologie und der Kognitiven Psychologie gilt das Denken ausdrücklich als schlussfolgerndes bzw. logisches Denken, wonach aus vorhandenen Erfahrungen und Wissen neue oder weitere Erkenntnisse erzeugt und gewonnen werden können (vgl. Becker-Carus, 2011, 296). Das logische Denken bezieht sich auf die Folgerungsbeziehung zwischen den Prämissen und der Konklusion von Argumenten. Folglich ist beim logischen Denken die Problemsituation dadurch gekennzeichnet, dass einerseits die gesamte Situation in einer expliziten und verbalen Form von Prämissen formuliert ist und andererseits das Ziel als Konklusion unter „Verwendung ausschließlich des logisch-linguistischen Regelapparates" (Fuchs, 1983, 12) bzw. durch logische Regeln ermittelt werden kann.

Grundsätzlich beinhaltet das logische Denken nach allgemeinen Charakteristika sowie Merkmalen „des Prozesses oder Resultates" (Beller/Bender, 2010, 15) verschiedene Bereiche wie deduktives, induktives, problemlösendes und analogisches Denken sowie Wissen, Intelligenz und Kreativität im Denkprozess. Da viele verschiedene Ansätze bzw. Modelle existieren, sich mit Denken und Denkprozess zu befassen, werden im Folgenden vor allem die „Kernmodelle" zu den unterschiedlichen Denkprozessen dargestellt.

2.3.1.2 Deduktives und induktives Denken

„Deduktives Denken" bezeichnet die „Ableitung von Sätzen und Erkenntnissen aus anderen, allgemeineren Sätzen" (Becker-Carus, 2011, 296). Demnach findet ein deduktiver Denkprozess statt, wenn man aus einer Gesamtheit der gegebenen Sachverhalte eine logische Schlussfolgerung ableitet, wie im unten stehenden Beispiel gezeigt:

Prämisse A	Alle Spinnen fressen Insekten.
Prämisse B	Die Laufspinne ist eine Spinne.
Konklusion	Die Laufspinne frisst Insekten.

In diesem Beispiel werden „Spinnen" und „Laufspinne" als Subjekt und „Insekten" als Prädikat bezeichnet, die jedoch nicht gleichbedeutend sind mit Subjekt und Prädikat in grammatischem Sinn. Nachdem der konkrete Sachverhalt in Prämisse A und B analysiert und miteinander kombiniert wurde, folgt die Schlussfolgerung bzw. Konklusion aus der Interpretation der gegebenen Prämissen nach den Regeln der Logik. Das logische Schließen, das aus zwei Prämissen und einer

Konklusion besteht, wird als „Syllogismus" bezeichnet (vgl. Beller/Bender, 2010, 51) und lautet in diesem Fall „Die Laufspinne frisst Insekten". Noch konkreter handelt es sich bei diesem Schließen um ein „unbedingtes" und „kategorisches" Schließen, das Aussagen wie „alle", „keine" und „einige" enthält.

In der Regel wird beim deduktiven Schließen aus wahren Prämissen die Konklusion abgeleitet, die auch entsprechend wahr ist. Im dargestellten Beispiel verfügen sowohl die Prämissen als auch die Konklusion über ein hohes Maß an „Wahrheitswerten". Dennoch sind auch Beispiele und Schlussfolgerungen vorhanden, bei denen mindestens ein Teil der Prämissen oder die Konklusion nicht der Wahrheit entspricht. So kann der Schluss als „deduktiv zwingend" (Kittner, 1994, 41) bezeichnet werden. Im folgenden Beispiel ist Prämisse A „falsch":

Prämisse A	Wenn es regnet, dann blitzt es.
Prämisse B	Es regnet.
Konklusion	Deshalb blitzt es.

Dieses „wenn ..., dann ..." -Beispiel ist durch ein „konditionales" und „bedingtes Schließen" charakterisiert. In Prämisse A handelt es sich um zwei Propositionen „regnet" und „blitzt", die in einer Kausalitätsbeziehung stehen. Prämisse B bestätigt eine der beiden Propositionen aus Prämisse A, so kann in der Konklusion auf die andere Proposition geschlossen werden, indem diese bestätigt oder verneint wird. Zusammenfassend gilt grundsätzlich: Geht man von wahren Prämissen aus, kann das deduktive Denken als wissenschaftliches Beweisverfahren dienen (vgl. Becker-Carus, 2011, 198). Im Gegenteil kann deduktives Denken zu Fehlbeurteilungen führen, wenn sich die Konklusion auf die spezifischen Interpretationen der Aussagen richtet oder wenn sie sogar aus falschen Prämissen abgeleitet wird.

Im Unterschied zum deduktiven Denken schließt „induktives Denken" aus den einzelnen Gegebenheiten auf die Gesetzmäßigkeiten bzw. auf das Allgemeingültige. Die Konklusion wird aus den wahren Prämissen mit einer „bestimmten Wahrscheinlichkeit" (Kittner, 1994, 44) abgeleitet. Demzufolge kann die Konklusion nicht mit Gewissheit aus den Prämissen gezogen werden und kommt daher einer Hypothese nahe. Folgendes Beispiel zeigt, wie man in einem induktiven Denkprozess von einzelnen Teilelementen ausgeht, auf die Gesamtheit schließt und diese als Schlussfolgerung zieht:

Prämisse A	Laufspinne frisst Insekten.
Prämisse B	Kreuzspinne frisst Insekten.
Konklusion	Alle Spinnen fressen Insekten.

Beim Ziehen der Schlussfolgerung „Alle Spinnen fressen Insekten" vollzieht sich der Prozess der „kategoriebasierten Induktion" (Beller/Bender, 2010, 35). Aus biologischer Sicht weisen Laufspinnen und Kreuzspinnen viele ähnliche Eigenschaften auf, welche die gemeinsame „Kategorie" der Spinnen kennzeichnen. Beller/Bender ist der Ansicht, je ähnlicher die Kategorien der Prämissen der Zielkategorie sind, umso leichter kann eine Verallgemeinerung bzw. Konklusion gezogen werden (vgl. Beller/Bender, 2010, 37). Zusätzlich spielt die Anzahl der Prämissen beim induktiven Denken eine wichtige Rolle. Eine weitere Prämisse C, zum Beispiel „Wolfsspinne frisst Insekten", kann die Allgemeingültigkeit der Eigenschaft „Alle Spinnen fressen Insekten" erhöhen.

Wie bei der deduktiven Schlussfolgerung kann die induktive Schlussfolgerung nicht immer der Wahrheit entsprechen, da Menschen nicht über ausreichend Vorwissen verfügen, um alle Eigenschaften und Sachverhalte in den Prämissen und in der Konklusion zu bewerten. Statt von „richtig" oder „falsch" ist hier eher vom „Wahrscheinlichkeitsgrad" die Rede. Ganz gleich, ob es sich um deduktives oder induktives Denken handelt, das logische Denken spielt eine zentrale Rolle in der Bewältigung verschiedener Probleme.

2.3.1.3 Analoges Denken

Eine weitere Form des schlussfolgernden Denkens ist die Analogiebildung. Analogie bedeutet im Allgemeinen „Gleichartigkeit, Ähnlichkeit und Entsprechung" (Brockhaus, 2006, Band 1, 789). Im Vergleich zur Deduktion und Induktion, bei denen es prinzipiell um ein Verhältnis „vom Ganzen zum Teil" oder „vom Teil zum Ganzen" geht, handelt es sich bei Analogie um ein Verhältnis „vom Teil zum Teil" (vgl. Thußbas, 2001, 28). Im Fall des analogen Schlusses wird demnach etwas Allgemeines, was aus einem Einzelfall als Schlussfolgerung gezogen wird, auf ein anderes Einzelereignis übertragen. Die Ähnlichkeiten zwischen zwei Einzelfällen spielen bei der Analogienbildung die zentrale Rolle, worauf ich noch zurückkommen werde. Im Allgemeinen ist analoges Denken durch die „unmittelbare Übertragung von Wissen zwischen zwei Bereichen" (Thußbas, 2001, 23) gekennzeichnet. Genau gesagt, beinhaltet das Denken in Analogien „einen Prozess, der das Wissen von einer bereits erfahrenen Episode (das Quellwissen) auf eine neue Episode (das Zielwissen) abbildet" (Burns, 1999, 77). Das übertragene Wissen bzw. die Wissenselemente können sich in einfachster Weise auf einzelne Wörter, aber auch auf sehr komplexe Sachverhalte beziehen. Hierzu ein einfaches Beispiel: Winter: kalt — Sommer: [warm].

Analoges Problemlösen wird als Unterbereich des analogen Denkens betrachtet, wobei es darum geht, bei der Lösung eines neuen Problems ein ähnliches und bereits gelöstes Problem heranzuziehen. Daher gehört zum analogen Problemlösen immer ein aktuell ungelöstes „Zielproblem" und ein gelöstes „Quellproblem", auf das der Problemlöser im Gedächtnis Bezug nimmt (vgl. Hesse, 1991, 19). Die Verbindung zwischen Zielproblem und Quellproblem wird über einen „Analogieprozess" hergestellt, der wiederum in drei Prozesse eingeteilt ist: Suchprozess, Nutzungsprozess und Lernprozess (vgl. Hesse, 1991, 20; vgl. Thußbas, 2001, 31).

Im Rahmen des Suchprozesses wird das Quellproblem im Gedächtnis des Problemlösers aktiviert. Um das „Suchen" zu vereinfachen, wird zuerst eine „Abstraktion von bestimmten Merkmalen" (Dörner, 1987, 82) des zu lösenden Problems ausgeführt. Anschließend wird nach einem Modell oder Sachverhalt gesucht, welches die gleichen abstrakten Merkmale besitzt. Demzufolge bildet der Rückgriff auf das „Altwissen" die erste Voraussetzung für analoges Problemlösen (vgl. Hesse, 1991, 78). Während des „Suchens" und des „Aktivierens" stößt der Problemlöser auf mehrere potenzielle Quellprobleme, die danach infolge einer „Akzeptanzphase" auf eine kleine Anzahl reduziert werden können. Nachdem das richtige Quellproblem im Gedächtnis ausgewählt wurde, kann der Problemlöser im nächsten Schritt versuchen, die Lösungsprinzipien bzw. Lösungsregeln des Quellproblems auf das Zielproblem entweder vollständig oder teilweise zu übertragen. Der Problemlöser versucht also, die „Korrespondenzen" zwischen dem bekannten und dem neuen Problem zu prüfen und die Aspekte der Quellsituation durch die korrespondierenden Aspekte der Zielsituation zu ersetzen. Die Aktivierung des Quellproblems und die Nutzung bzw. Übertragung der Lösungsprinzipien bilden gemeinsam einen Lernprozess. Durch diesen Lernprozess werden nicht nur die Erkenntnisse über Quell- und Zielprobleme besser verarbeitet und gespeichert, manchmal ergibt sich aus der Quell- und Zielsituation auch „ein allgemeines Schema" (Beller/Bender, 2010, 131), das sich induktiv generalisieren lässt, was für weitere Analogiebildungen nützlich sein kann. Zusammenfassend ist der Analogieschluss „ein wichtiges Mittel zur Erzeugung fehlender Informationen" (Dörner/Reither/Stäudel, 1983, 77), die für das Lösen der Probleme benötigt werden.

Nach Beller/Bender besteht das analoge Problemlösen außer den oben bereits dargestellten drei Schritten des Gedächtnisabrufs, der Abbildung und des Lernens noch aus einem weiteren Prozess, der Bewertung (vgl. Beller/Bender, 2010, 130). Hierbei soll vor allem geprüft werden, ob die Analogiequelle und die Abbildung der Quelle auf das Zielproblem angemessen ist. Das folgende Beispiel, welches sich aus einem „Zielproblem" und zwei alternativen „Quellproblemen" zusammensetzt, soll diesen Sachverhalt veranschaulichen. Die Problembeispiele wurden aus den Untersuchungsmaterialien von Hesse ausgewählt, die er verwendete, um die Bedeutung der Ähnlichkeit von Quell- und Zielproblem für analoges Problemlösen zu ermitteln (vgl. Hesse, 1991, 148–149).

Zielproblem: Anja ist eine begeisterte Hobbyastronomin und beobachtet die Sterne mit einem modernen Teleskop, mit dem sie das von einem Stern ausgesandte Licht in seine Spektralfarben zerlegen kann. Anja beschäftigt sich jedoch seit Langem mit einem Problem: Wie ist es möglich, festzustellen, in welche Richtung sich ein Stern dreht?

Quellproblem I: Rolf ist durch einen Unfall seit vielen Jahren blind. Um nicht im Straßenverkehr von Autos überfahren zu werden, unterscheidet er folgendermaßen deren Tonhöhe: Nähert sich ein Auto, empfängt er mehr Schallwellen und der Ton wird höher. Entfernt sich ein Auto, nimmt er das Gegenteil wahr.

Quellproblem II: Als Hobbyastronom beschäftigt sich Peter mit dem Problem, wie man entscheiden kann, ob die Theorie vom Urknall und der damit verbundenen Expansion des Weltalls richtig oder falsch ist. Peter hat bereits viel Erfahrung gesammelt und verfügt über umfangreiche fachliche Erkenntnisse, sodass er dieses Vorwissen für sein Problemlösen einsetzen kann. Er erinnert sich an die Gemeinsamkeiten der verschiedenen Spektren von Sternen aus fremden Galaxien und an den größeren Rotanteil, den sie im Vergleich zum Spektrum der Sonne aufwiesen. Schließlich kann er seine Fragestellung durch weitere Analysearbeiten bejahen.

Analyse: Quellproblem I ist dem Problemlöser vertrauter, da es sich bei dieser Problemsituation um Erfahrungen aus dem Alltag handelt. Quellproblem II enthält für den Problemlöser neues fachliches Wissen, sodass er sich in der Regel aufgrund entstandener Verständnisschwierigkeiten auf die ihm zur Verfügung gestellten Informationen sowie deren Richtigkeit verlassen muss. Ob ein Quellproblem als Analogon für ein zu lösendes Zielproblem verwendet werden kann, entscheidet die Ähnlichkeit in Hinblick auf die semantische Übereinstimmung und das assoziative Umfeld zwischen zwei Problemsituationen (vgl. Beller/Bender, 2010, 146). Zwischen Zielproblem und Quellproblem II kann eine höhere Ähnlichkeit festgestellt werden, weshalb der Problemlöser von einer engeren Verbindung beider ausgeht und folglich ein analoger Transfer stattfinden kann.

Analoges Denken kann als Ähnlichkeit sowie Übereinstimmung aus zwei wesentlichen Sichtweisen – formalistische und inhaltsorientierte – beschrieben werden. Die formalistischen Ansätze erfassen analogen Transfer als eine rein formale sowie vom Gegenstandsbereich und Inhalt unabhängige kognitive Leistung. Sie gehen von tiefenstrukturellen Übereinstimmungen zwischen Quell- und Zielbereich aus, die allein für die Übertragung von Lösungsprinzipien und für das Gelingen des gesamten Problemlöseprozesses verantwortlich sind. Die

Tiefenstruktur beschreibt abstrakte Beziehungen wie die Kausalstruktur. Hierzu nehme ich ein ähnliches Beispiel Burns (vgl. Burns, 1999, 88): Strom fließt durch Kabel wie Wasser durch Leitungen. Aus der Kenntnis, dass eine Verengerung in einer Wasserleitung den Wasserdruck und die Durchflussrate senkt, bildet man die Analogie, dass ein Widerstand in einem Schaltkreis die elektrische Spannung und die Stromstärke ebenso beeinträchtigt. Im Gegensatz dazu orientierten sich inhaltsorientierte Ansätze an den oberflächenbezogenen Übereinstimmungen, die für den analogen Transfer eine bedeutsame Rolle spielen. Die oberflächliche Struktur betrifft zum Beispiel die Benennung oder das Aussehen von Objekten (vgl. Beller/Bender, 2010, 121).

Hesse ist der Ansicht, dass der Problemlöser in der Anfangsphase vor allem auf die leicht zugänglichen Merkmale aus der Oberflächenstruktur eingeht und in der darauf folgenden Akzeptanzphase Merkmale aus der Tiefenstruktur berücksichtigt (vgl. Hesse, 1991, 115). Demnach ist die Suche nach „Ähnlichkeit" zwischen Quell- und Zielproblem anfänglich auf „Breite" angelegt, die anschließend durch eine „tiefere" Analyse von den potenziellen Quellproblemen abgelöst wird. Es lässt sich feststellen, dass die oberflächenbezogenen und tiefenstrukturellen Merkmale eines Zielproblems gemeinsam bestimmen, welche Quellprobleme im Gedächtnis aktiviert und für den analogen Transfer verwendet werden (vgl. Thußbas, 2001, 88).

Da sich das Augenmerk der Analogien-Methode hauptsächlich auf die System- und Strukturähnlichkeit zwischen den aktuellen Problemen und den Quellproblemen richtet, muss sich der Problemlöser intensiv mit den systematischen und strukturellen Ähnlichkeiten und Verbindungen befassen und auf diese Merkmale zurückgreifen. Im nächsten Abschnitt werden verschiedene Methoden des heuristischen Verfahrens bzw. weitere Formen des problemlösenden Denkens charakterisiert, um die Darstellung des geistigen „Geschehens" im Problemlöseprozess konkret zu veranschaulichen.

2.3.2 Heuristische Problemlösestrategien

Weitere Strategien, eine Problemlösung zu finden, werden im Allgemein als heuristische Problemlösestrategien bezeichnet. Das Wort „Heuristik" stammt von griechisch „heurískein" und bedeutet „finden" oder „entdecken". „Heurismus" bezeichnet ein Verfahren, das kontrolliert und organisiert durchgeführt wird. Grundlegend umfasst das heuristische Verfahren verschiedene Methoden und dient dazu, Lösungen einfacher und auch komplexer Probleme zu finden. Als „geistige Operationen" werden Heurismen problem- und situationsabhängig abgerufen (vgl. Dörner, 1987, 43). In diesem Zusammenhang brachten Stäudel und

Wagner den Begriff der „heuristischen Kompetenz" zum Ausdruck, die sich „aus der Kenntnis allgemeiner, bereichsübergreifender Heurismen ergibt" (Stäudel/ Wagner, 1989, 1). Ihrer Ansicht nach, werden unterschiedliche Heurismen bzw. heuristische Kompetenzen je nach unterschiedlichen Problemtypen benötigt. Welche genaue Methoden bzw. Heurismen in der konkreten Problemsituation angewendet werden sollen und welchen Beitrag sie zur Lösungsfindung leisten, hängt davon ab, über wie viel Mittel, Zeit, Fähigkeit und Wissen der Problemlöser verfügt (vgl. Brander/Kompa/Peltzer, 1989, 125). Da das Problemlösen grundsätzlich auch von den Problemarten bzw. Barrieretypen abhängig ist, werden die Problemlösestrategien im Folgenden auf die konkreten Probleme bezogen dargestellt.

2.3.2.1 Lösen von Interpolationsproblemen

Die einfachste Methode bzw. die primitivste Form des heuristischen Verfahrens, ein Problem zu lösen, ist das „Ausprobieren" und „Herumprobieren", auch als „Versuch-und-Irrtum" (Mietzel, 2007, 300) bezeichnet. Das reine „Ausprobieren" für einfaches Problemlösen verwenden vermehrt Tiere und Kleinkinder, Erwachsene eher selten. Hierbei werden die möglichen Varianten der Operationen einfach ausprobiert, bis letztlich die Bedingung der Lösung erfüllt und das Problem gelöst ist. Beim Puzzlelegen sucht man zum Beispiel grob nach gewissen Farben, Bildmustern oder Formen und probiert aus, ob ein Puzzlestück an einer bestimmten Stelle passt. Durch zunehmendes Wissen und gesammelte Erfahrungen reduziert sich die Menge möglicher Operationen und somit Zeit- und Arbeitsaufwand. Diese Methode ist vor allem für „einfache" Probleme geeignet, deren Ergebnisse kurz nach der Durchführung der Operation aufgezeigt werden können.

Für Interpolationsprobleme können grundsätzlich fünf geistige Operationen angewendet werden. Dörner definiert diese fünf Operationen als: Situations- und Zielanalyse, Operatorsuche, Operatoranwendung und Erfolgsanalyse, Umorientierung bei Misserfolg und Festlegung der Suchrichtung (vgl. Dörner, 1987, 60).[23] Diese fünf Schritte stellen meiner Meinung nach die grundlegenden Überlegungen dar, auf die der Problemlöser in Bezug auf das Lösen verschiedener Probleme fast immer zurückgreifen kann. Sie können entweder gemeinsam

---

23 Diese mentalen Operationen werden in der Literatur auch „Strategien" oder „Wegpläne" (z.B. von Kittner, 1994) genannt. Grundsätzlich besteht in der vorliegenden Arbeit keine Notwendigkeit, Begriffe wie „Strategie", „Verfahren", „Vorgehensweise" oder „Methode" explizit zu erläutern und sie genau voneinander abzugrenzen.

und vollständig oder jeweils als einzelne Operation entsprechend der konkreten Problemsituationen angewendet werden.

Um Interpolationsprobleme zu lösen, beginnt man mit einer Situationsanalyse, die sich sowohl auf die Anfangssituation als auch auf die Endsituation beziehen soll. Für Duncker gilt die Situationsanalyse als eine der wichtigsten Strategien beim Problemlösen (vgl. Duncker, 1963). Die Analyse der Anfangssituation ist besonders zu Beginn des Problemlöseprozesses notwendig. Dadurch kann der Problemlöser herausfinden, welche Aspekte nicht erwünscht und ob und inwiefern sie veränderbar sind. Die überflüssigen Elemente, die für Verwirrung während des Problemlösens verantwortlich sein können, werden durch die ganzheitliche Betrachtung der Situation aussortiert, sodass der Fokus nur auf das Wesentliche gerichtet werden kann. Eine Zielsituationsanalyse orientiert sich an der Frage, welche Aspekte in der Lösung enthalten sein können und welche Elemente für die Konstruktion der Lösung brauchbar sind. Findet die Anfangssituations- und Zielanalyse wechselnd statt, kann der Problemlöser die genauen Eigenschaften der gegebenen und der erwünschten Situation erkennen und somit die wichtigen Unterschiede zwischen dem Ausgangs- und Zielzustand ermitteln. Die Situationsanalyse vermeidet zudem auch das Risiko, sich auf das „falsche Ziel" zu konzentrieren (vgl. Spies/Lüer, 1998, 189).

Der auf die Situationsanalyse folgende Schritt besteht darin, nach den anzuwendenden Operatoren und Mitteln zu suchen und durch deren Verwendung die Unterschiede zwischen Ausgangs- und Zielzustand zu eliminieren. „Ein Operator ist ein allgemeines Handlungsprogramm, die Operation eine konkrete Ausführung derselben" (Dörner, 1987, 15). Bei der Mittelauswahl muss der Problemlöser jedoch berücksichtigen, über welche Eigenschaften der einzelne Operator verfügt und ob die Verwendung des einzelnen Operators unerwünschte Nebenwirkungen auf weitere Operationen und das Gesamtziel auslösen kann. Nach seiner Auswahl wird der Operator nur „innerlich" vom Problemlöser für das Problemlösen eingesetzt, das heißt, der Problemlöser prüft in diesem Sinne die Anwendbarkeit des Operators in „Gedanken". Durch das innerliche Abwägen des eventuell daraus resultierenden Erfolgs oder Misserfolgs entscheidet sich der Problemlöser, ob er die Operation tatsächlich durchführt. Die ersten beiden Schritte „Situations- und Zielanalyse" und „Operatorsuche" können schließlich als „Mittel-Ziel-Analyse" zusammengefasst werden – die am häufigsten erwähnte Problemlösestrategie.

Nach der Operatoranwendung folgt die Feststellung, ob die durchgeführte Operation erfolgreich ist. Scheitert die Operation entweder aufgrund der

Nichtanwendbarkeit oder Unzulässigkeit des Operators oder aufgrund von Erfolglosigkeit, muss sich der Problemlöser neu orientieren, indem er zum Beispiel Zwischenziele bildet, nach neuen Operatoren sucht oder einen Absichtswechsel vornimmt.

Bereitet der Lösungsweg vom Ausgangszustand zum Zielzustand größere Schwierigkeiten, besteht die Möglichkeit, dass der Problemlöser statt einer „Vorwärtsstrategie" eine „Rückwärtsstrategie" verwendet. In diesem Fall geht der Problemlöser vom Zielzustand aus und prüft den Lösungsweg rückwärts. Die wichtigste Voraussetzung für eine Anwendung der Rückwärtssuche ist ein klar definierter Zielzustand. Im Schachspiel ist das Ziel des Schachmatt bekannt, so kann der Spieler sowohl eine vorwärtsgerichtete als auch eine vom Zielzustand her rückwärts gedachte Vorgehensweise anwenden und diese zwei Verfahren je nach Bedarf auch miteinander kombinieren.

2.3.2.2 Lösen von synthetischen Problemen

Beim Lösen von Syntheseproblemen finden hauptsächlich drei Methoden Anwendung: die Methode der „Umstrukturierung", der „Variation des Auflösungsgrades" und der „Analogien". Im Folgenden werden hauptsächlich die ersten beiden Strategien beleuchtet.

Das Umstrukturieren ist ein typischer und häufig verwendeter Begriff in der Gestalttheorie und bezieht sich auf das richtige Erkennen des Problems und das „Erfassen der Beziehung zwischen den Elementen der Problemsituation" (Edelmann, 1994, 333). Die Gestaltpsychologie bildete sich zu Beginn des 20. Jahrhunderts als neue Richtung innerhalb der Psychologie heraus und befasste sich vor allem mit „Strukturen" und „Ordnungen". Aus gestaltpsychologischer Sicht wird ein Problem als „schlechte oder defekte" Gestalt beschrieben, das durch „produktives Denken"[24] (Kittner, 1994, 24) in eine gute Gestalt umstrukturiert wird (vgl. Spies/Lüer, 1998, 192). Produktives Denken bedeutet im Sinne des Problemlösens, dass der Problemlöser seine vorhandenen Erfahrungen und sein Wissen neuartig miteinander verknüpft, indem er in diesem Denkprozess nach „Beziehungen" zwischen einzelnen Aspekten der Problemsituation sucht. Nachdem der Problemlöser schließlich die Problemsituation neu ordnet, gewinnt er ein neues Strukturverständnis aus der Problemsituation. Zusammenfassend

---

24 Reproduktives Denken ist der Gegensatz zum produktiven Denken und bedeutet im Zusammenhang eines Problemlöseprozesses, dass der Problemlöser nur auf sein Gedächtnis zurückgreift, um nach den bereits gesammelten vorhandenen Erfahrungen und Wissen zu suchen (vgl. Kittner, 1994, 24).

ist festzustellen, dass die Umstrukturierungsmethode neue oder neu geordnete Materialien für den Problemlöseprozess liefern kann, die dem Problemlöser eigentlich bekannt sind, die er aber aus verschiedenen Gründen nicht mit dem Problemlösen in Verbindung bringt (vgl. Dörner, 1987, 80).

Die neue Umstrukturierung erfordert kein komplettes „Umkehren des Sachverhalts", sondern oft gelingt diese Strategie bereits, wenn die Wichtigkeit oder die Funktion von einzelnen Aspekten in der Problemsituation geändert wird. Die Umstrukturierung ermöglicht dem Problemlöser, sich „plötzliche Einsichten" in die Problemstruktur zu verschaffen und die richtigen Operatoren für das Problemlösen zu finden (vgl. Spies/Lüer, 1998, 192). „Einsicht" ist die Folge einer Umstrukturierung der Elemente in einer Problemsituation, die zu einer Lösung führt. Konkret bedeutet Einsicht einen Moment, in dem eine Person nach erfolglosem Problemlöseversuch plötzlich und unerwartet die Lösung des Problems findet. So bezeichnet Einsicht den Übergang von einem Zustand der Unklarheit in einen Zustand des Verstehens (vgl. Beller/Bender, 2010, 142).

Duncker führt ein Beispiel dafür an, wie man durch diese Umstrukturierungsmethode plötzlich eine „Einsicht" aus einem unklaren Zustand gewinnt: Ein Bergwanderer soll von einem Berggipfel auf demselben Weg absteigen, den er am vorherigen Tag für den Aufstieg genutzt hat. Abstieg und Aufstieg sollen ungefähr zur selben Tageszeit stattfinden, zwischen 5 und 12 Uhr. Die Frage lautet, ob es einen Ort gibt, an dem sich der Bergwanderer beim Aufstieg und beim Abstieg zu genau der gleichen Tageszeit befindet. Bei dieser Formulierung der Frage kann Duncker keine schlüssige Antwort finden. Die Frage kann jedoch umformuliert bzw. die Problemsituation umstrukturiert werden: Man verteilt Aufstieg und Abstieg auf zwei Personen am gleichen Tag. Demzufolge müssen sich die zwei Bergwanderer irgendwo begegnen. Auf diesem einfachen Weg konnte dann die Lösung des Problems gefunden werden (vgl. Duncker, 1963, 67).

Eine weitere wichtige Methode des heuristischen Verfahrens für das synthetische Problemlösen stellt die „Variation des Auflösungsgrades" dar (Brander/Kompa/Peltzer, 1989, 129). Der Auflösungsgrad kann zwischen Überblick und Detailbetrachtung je nach Problemsituation festgelegt werden. Besonders beim komplexen und unübersichtlichen Problemlösen kann sich der Problemlöser zuerst einen groben Überblick über die Situation verschaffen und danach versuchen, sich mit einzelnen Aspekten des Problems zu befassen. Die ergänzende Sichtweise zwischen Überblick und Detailbetrachtung kann dem Problemlöser dabei helfen, die Problemsituation aus verschiedenen Blickwinkeln zu betrachten, um schließlich mehrere Lösungsalternativen zu gewinnen. Anzumerken ist jedoch, dass diese heuristische Methode schwierig anzuwenden ist, da es sich in der Praxis nicht einfach gestaltet, den Auflösungsgrad optimal und angemessen festzulegen.

2.3.2.3 Lösen von dialektischen Problemen

Da in der dialektischen Problemsituation der Zielzustand sehr vage beschrieben ist, ist es notwendig, zuerst das konkrete Ziel zu präzisieren und festzulegen, was man eigentlich will (vgl. Dörner, 1983, 23). Die Präzisierung des Ausgangs- und besonders des Zielzustandes bedarf eines mehrstufigen und dialektischen Lösungsprozesses (vgl. Brander/Kompa/Peltzer, 1989, 128). Bei der Darstellung der Problemklassifikation wurde das Beispiel „Autodesigner" erwähnt. Hier muss der Designer eventuell unterschiedliche Modellentwürfe anfertigen. Während dieses Problemlöseprozesses können die unterschiedlichen Lösungsvorschläge Widersprüche hervorrufen und somit Unschlüssigkeit und Unsicherheit beim Problemlöser erzeugen. Durch den Vergleich zwischen den unterschiedlichen Lösungsalternativen und den Vergleich zwischen Forderungen und Realität bzw. zwischen Ausgangs- und Zielzustand werden die Lösungsalternativen bzw. „Modellentwürfe" überarbeitet, bis das Ergebnis der Entwürfe stimmig ist.

Eine weitere Methode ist meines Erachtens für das Lösen dialektischer Probleme ausschlaggebend: das Gesamtziel in einzelne konkrete Teilziele zu zerlegen. Dies kann dazu beitragen, dass der Problemlöser die Anforderungen besser überblicken und das Endziel aus unterschiedlichen Aspekten präziser herausarbeiten kann. Es kommt zu einer schrittweisen Lösung des Gesamtproblems. Das Endergebnis des Gesamtproblems resultiert somit aus den einzelnen Erfolgen oder Misserfolgen bei der Bewältigung kleiner Teilprobleme.

Nicht alle Teilprobleme und Teilziele sind jedoch für die endgültige Lösung von gleicher Bedeutung. Die Teilprobleme, deren Lösung für die Bewältigung von weiteren Teilproblemen entscheidende Inhalte und Impulse enthält, zeichnen sich durch ein hohes Maß an „Wichtigkeit" (Stempfle, 2010, 87) aus. Die aufgestellten Teilziele sollen in diesem Sinne „in Form einer Hierarchie" (Spies/Lüer, 1998, 194) angeordnet werden. Der jeweilige Grad der „Wichtigkeit", der „Dringlichkeit" und der „Schwierigkeit" entscheidet gemeinsam, in welcher Reihenfolge die verschiedenen Teilprobleme behandelt werden und wie in einer komplexen Problemsituation grundsätzlich mit ihnen umzugehen ist (vgl. Stempfle, 2010, 144). Das Bemessungsinstrument der Wichtigkeit ist die Kausalität, das der Dringlichkeit die Abweichung von Ausgangszustand und Zielzustand. Konkret wird Dringlichkeit dadurch bestimmt, wie weit der unerwünschte Ausgangszustand vom Zielzustand entfernt ist und wie viel Zeit für die Ausführung der Absicht benötigt wird (vgl. Spies/Lüer, 1998, 195).

Zusammenfassend ist festzuhalten, dass der Vorteil des heuristischen Verfahrens hauptsächlich darin besteht, dass die Problemsituationen in gewisser Weise vereinfacht und veranschaulicht werden kann. Meines Erachtens handelt es sich sowohl beim deduktiven, induktiven und analogischen Denken als auch bei den weiteren heuristischen problemlösenden Strategien nicht um „Faustregeln", sondern um „Wahrscheinlichkeitsverfahren", die zu den Problemlösungen führen, jedoch mit Einschränkungen.

Bisher wurden verschiedene Problemtypen mit ihren Eigenschaften und Lösungsfindungen beschrieben. Im Alltags- und Berufsleben werden wir jedoch oft mit Problemsituationen konfrontiert, in denen nicht nur gängige, sondern „neuartige" Lösungswege zu erwarten und somit neben der allgemeinen auch kreative Problemlösefähigkeiten erforderlich sind. In solchen Fällen sprechen wir vom kreativen Problemlösen. Der folgende Abschnitt geht explizit auf das kreative Problemlösen ein.

2.4 Kreatives Problemlösen

Wie in Kapitel 2.1.2 kurz erwähnt, kann Problemlösen in Standard-Problemlösen, kreatives Problemlösen und komplexes (kreatives) Problemlösen unterteilt werden. Während sich das Standardproblemlösen in der Regel auf eng begrenzte Probleme innerhalb eines Wissensbereiches bezieht und ausschließlich Expertenwissen erfordert, benötigt das kreative Problemlösen für bestimmte Veränderungen in einem relativ überschaubaren System neben dem Expertenwissen den Einsatz generalisierter Denkoperationen. Zusätzlich unterscheidet sich komplexes (kreatives) Problemlösen von kreativem Problemlösen vor allem durch den Umfang der Wissensstrukturen, die für das Problemlösen aktiviert werden müssen (vgl. Rüppell/Hinnersmann/Wiegand, 1987, 174). Da es sich in realen Problemsituationen selten um reine „Standardprobleme" handelt und deshalb eher das kreative und komplexe Problemlösen den Regelfall darstellt, konzentrieren sich dieses und folgendes Kapitel explizit auf diesen zwei Aspekten.

Kreativität wurde bereits auf „Produktebene" sowohl in Bezug auf Eigenschaften des Produktes im Allgemeinen als auch aus übersetzerischer Perspektive beschrieben (siehe 1.6.2.4). Dieser Teil der Arbeit beleuchtet einen weiteren Aspekt der Kreativitätsforschung, und zwar einen komplexen kognitiven Prozess, der auf „kreativem Denken" und „kreativer Handlung" beruht. Zunächst ist hierzu das kreative vom allgemeinen Problemlösen eindeutig abzugrenzen.

2.4.1 Kreatives versus allgemeines Problemlösen

Sowohl kreatives als auch allgemeines Problemlösen sind eine menschliche Handlung, die einerseits aus einem „intentionalen, zielgerichteten, rationalen und logischen" (Hussy, 1998, 131) innerlichen Vorgang sowie andererseits aus einem operationalen äußerlichen Vorgang besteht. Preiser fasst in „Kreativitätsforschung" verschiedene Schritte des kreativen Prozesses zusammen, die grundsätzlich auf dem allgemeinen Problemlöseprozess basieren.[25] Es ist zwar nachvollziehbar, dass zwischen kreativem und allgemeinem Problemlösen strukturelle und operationale Ähnlichkeiten bestehen, dennoch ist der Unterschied nicht zu übersehen: Er liegt vorwiegend in der „Qualität, wie die Anwendungen der Lösungsoperationen, die zu kreativen Problemlöseprozessen führen, verknüpft werden" (Wiegand, 1995, 54). Demzufolge werden in den Problemsituationen, in denen normale und übliche Denk- und Vorgehensweisen nicht mehr zum Ziel führen, neue Lösungswege, die durch neue Verknüpfungen von Informationen und Operationen zu schaffen sind, unabdingbar. Dieser Unterschied führt dazu, dass das kreative Problemlösen, das durch „Neuverknüpfung" gekennzeichnet ist, als Spezialfall des allgemeinen Problemlösens betrachtet werden kann (vgl. Hussy, 1998, 131).

Genauer betrachtet impliziert das kreative Problemlösen an sich, dass die Art und Weise, wie man die problemrelevanten Informationen anwendet und die problemlösenden Handlungen und Operationen durchführt, „neuartig" und „selten" sind. Dies führt dazu, dass nur sehr wenige Personen aufgrund der Seltenheit zu dieser Verknüpfung der problemlösenden Informationen und Operationen gelangen können. Somit unterscheidet sich kreatives Problemlösen vom allgemeinen Problemlösen, für das nur gewöhnliche Lösungswege erforderlich sind, die deshalb mehrere Personen finden können. Des Weiteren setzt kreatives Problemlösen voraus, dass der Problemlöser über ein umfangreiches bereichsspezifisches Faktenwissen verfügt, denn nur auf dieser Basis kann überhaupt ein

---

25 Vollständigkeitshalber werden hier die acht einzelnen Schritte des kreativen Problemlöseprozesses nach Preiser kurz dargestellt: 1) Person-Umwelt-Interaktion; 2) Problemwahrnehmung und -analyse; 3) Vorbereitung und Informationssammlung; 4) Inkubation und Hypothesenbildung; 5) Illumination und Synthese; 6) Überprüfung und Ausarbeitung; 7) Kommunikation und 8) Realisierung (vgl. Preiser, 1976, 42–47). „Person-Umwelt-Interaktion" wird von Preiser als „vor-kreative" Phase sowie „Kommunikation" und „Realisierung" als „nach-kreative" Phasen beschrieben. Die anderen Phasen unterscheiden sich prinzipiell nicht von denen des allgemeinen Problemlöseprozesses.

neuer Lösungsweg für ein gelungenes Problemlösen entstehen (vgl. Hussy, 1998, 118–119).

2.4.2 Grundstrategien des kreativen Problemlösens

Um einen kreativen Lösungsweg zu finden, kann der Übersetzer auf verschiedene Strategien zurückgreifen. Aus der Analyse diverser Kreativitätsverfahren fasst Wiegand sechs Grundprinzipien bzw. grundlegende Strategien des kreativen Problemlösens zusammen: Inspiration, Systematik, Übertragung, Vertiefung, Vereinfachung und Irritation (vgl. Wiegand, 1995, 48–50). Im Rahmen dieser Arbeit möchte ich lediglich auf den Faktor „Inspiration" näher eingehen, da sich diese Strategie des kreativen Problemlösens grundsätzlich von den bereits dargestellten allgemeinen Problemlösestrategien unterscheidet und im praktischen Teil dieser Arbeit häufig zur Anwendung kommt.

Wesentlicher Aspekt ist dabei, dass sich „Inspiration" statt auf den Problemlöser selbst auf „fremde Ideen" fokussiert und darauf basiert. Konkret umfasst die Strategie der „Inspiration" den offenen und assoziativen Umgang mit fremden Anregungen und fremden Problemlösungsansätzen. Das heißt, der Problemlöser soll sich nicht nur mit eigenen Gedanken und Überlegungen beschäftigen, sondern auch mit „von außen kommenden" Inspirationen, die den Lösungsprozess beeinflussen und mit steuern. Er soll sein Suchfeld nach Lösungen erweitern und dementsprechend mehr Lösungsalternativen finden. „Ziel der Inspiration ist es, den oberflächlichen Auffälligkeiten, Gliederungen und Zentrierungen des Problemsachverhalts zu entkommen" (Wiegand, 1995, 48) und sich auf fremde „Einflüsse" als Ausgangspunkt für die Findung neuartiger Problemlösung einzulassen. Die genaue Anwendung dieser Strategie wird in Kapitel 3.3.1 dargestellt.

An dieser Stelle möchte ich eine weitere Strategie „Inkubation" noch hinzufügen, die meines Erachtens vom Problemlöser für das kreative Problemlösen oft unbewusst angewendet wird und hier einer theoretischen Erläuterung bedarf. Bei der Beschreibung des kreativen Problemlöseprozesses nannte Frentz[26] „Inkubation" als zweiten Schritt des Prozesses. Inkubation bezeichnet eine Strategie, derzufolge sich der Problemlöser statt mit dem eigentlichen Problem mit anderen Dingen beschäftigt, in der Erwartung, dass ihm irgendwann unbewusst eine entscheidende Idee für das Problemlösen einfällt. In diesem Sinne vereint das kreative Problemlösen „intuitiv-unbewusstes und strukturiert-bewusstes

---

26 Frentz fasst den kreativen Problemlöseprozess in fünf wesentliche Phasen zusammen: 1) Phase der Vorbereitung; 2) Phase der Inkubation; 3) Phase der Einsicht; 4) Phase der Produktion und 5) Phase der Bewertung (vgl. Frentz, 2011, 139).

Handeln" (Frentz, 2011, 140), das auf umfangreichem und flexibel nutzbarem Wissen basiert. Ähnlich der Inkubation definiert Edelmann dieses Phänomen als „Ideenfülle" und „ungewöhnliche Einfälle", die seiner Meinung nach kreatives Problemlösen grundsätzlich kennzeichnen (vgl. Edelmann, 1994, 338).

Hier ist zu erwähnen, dass die Psychologie bereits vor zwei Jahrzenten zwei Widerstände beim kreativen Problemlösen feststellte, die bis heute auf das Problemlösen noch großen Einfluss nehmen: Konvention und emotionale Abwehr (vgl. Schönpflug/Schönpflug, 1987, 30). Die Konvention bezieht sich vor allem auf das Gewöhnliche und bereits gesammelte Erfahrungen. Obwohl das bereits erworbene Wissen und die gesammelten Erfahrungen beim Lösen von Problemen eine wichtige Rolle spielen, wirken sie unter Umständen jedoch als negative Faktoren. Gewohnheit und die traditionellen Lösungswege können die Phantasie des Problemlösers einschränken sowie die Entfaltung der Kreativität und die Entstehung von kreativer und origineller Lösung behindern, denn „gerade die wertvollen kreativen und originellen Lösungen übertreffen die vorhandene Erfahrung" (Schönpflug/Schönpflug, 1987, 33). Konvention gilt auch als „funktionale Gebundenheit" (Kittner, 1994, 84). Da die Dinge immer mit bestimmten typischen Funktionen in Verbindung gebracht werden können, kann „funktionale Gebundenheit" nach Kittner ein großes Verhängnis für kreatives Problemlösen bedeuten, wenn der Problemlöser zu sehr auf die typische Funktion des Objektes fokussiert und sich davon nicht mehr lösen kann.

Hierzu ein einfaches Beispiel: Ein Schüler muss einen kurzen Aufsatz verfassen. Er bekommt für diese Aufgabe einen Stift, ein Blatt Papier und einen Stuhl zur Verfügung gestellt. Ein kreativer Lösungsweg besteht in diesem Fall darin, dass sich der Schüler nicht auf den Stuhl setzt und den Aufsatz mühsam auf einer unstabilen und unebenen Unterlage schreibt, sondern stattdessen den Stuhl als Tisch verwendet und beispielsweise auf dem Boden sitzt. Somit befreit sich der Schüler von der „funktionalen Gebundenheit" des Stuhls als „Sitzmöglichkeit", um den Aufsatz schreiben zu können. Der Zusammenhang zwischen Emotion als zweiter Widerstand und Problemlösen wird in Kapitel 2.6.2 erläutert.

Der kreative Ansatz kommt jedoch nicht nur im Rahmen des kreativen Problemlösens zum Einsatz, sondern zudem beim komplexen Problemlösen, dem sich das nächste Kapitel widmet.

2.5 Komplexes Problemlösen[27]

Gemäß Dörner zählen die schlecht definierten dialektischen Probleme grundsätzlich zu den komplexen Problemen. Wiegand unterteilt komplexe Probleme wiederum in „leichte" und „schwere" Probleme (vgl. Wiegand, 1995, 62). Meines Erachtens können komplexe Probleme konkret in folgende zwei Gruppen gegliedert werden: Bei der ersten Gruppe der „weniger" komplexen Probleme handelt es sich um relativ überschaubare Probleme, deren Zielzustand zwar offen ist, die sich aber in einem relativ weniger komplizierten System befinden. Solche Probleme weisen verhältnismäßig wenig Aspekte und Variablen auf. Ein einfaches Beispiel hierfür ist die Frage „Wie kann ich mein Arbeitszimmer verschönern?" In der zweiten Gruppe der komplexeren Probleme beinhaltet die Problemsituation mehrere vernetzte Variablen und Systeme, die in einem komplexeren Zusammenhang stehen. Diese Variablen sind nicht nur für das Erreichen des Endziels mehr oder weniger relevant, sie müssen zudem anhand von Wichtigkeit und Dringlichkeit in richtiger Reihenfolge hierarchisch behandelt und unter Berücksichtigung des Zusammenwirkens und der auszulösenden Nebenwirkungen angemessen abgearbeitet werden. Das komplexe Problemlösen in diesem Sinne ist gleichzeitig Lösen von unübersichtlichen Systemen. Ein Beispiel hierfür ist die Lohhausen-Studie, die nach der Erläuterung der Merkmale komplexer Probleme vorgestellt wird (siehe 2.5.2).

Zusätzlich folgt in diesem Kapitel eine Beschreibung der Prozessmodelle zum komplexen Problemlösen. Die Problemlöseprozesse werden deshalb nur in Bezug auf komplexe Probleme erläutert, da das komplexe Problemlösen die „schwierigste" Stufe des Problemlösens darstellt und somit kann eine

---

27 In diesem und dem folgenden Kapitel wurde ältere Literatur zu Rate gezogen und zitiert, da vor allem zwischen den 80er- und 90er-Jahren das komplexe Problemlösen aus verschiedenen Perspektiven intensiv diskutiert wurde und die Forschung rasant vorangeschritten ist. Konkret wurde das komplexe Problemlösen, die dafür benötigten notwendigen Kompetenzen des Problemlösers wie Wissen und Intelligenz und die für das Problemlösen wichtigen individuellen Faktoren wie Emotionen grundlegend und ausführlich behandelt. Außerdem dient diese Literaturauswahl auch als fundamentaler theoretischer Ausgangspunkt und Anhaltspunkt für neuere Veröffentlichungen zu diesem Forschungsbereich. Bei weiterführendem Interesse an dem aktuellen Forschungsstand zum komplexen Problemlösen, zu den problemlösenden Fähigkeiten sowie problemlöserelevanten Faktoren verweise ich auf: Betsch/Funke/Plessner (2011); Rollett (2008); Becker-Carus (2011); Stempfle (2010); Greiff (2012); Mack/Raski (2011); Starker (2012).

ausführliche Darstellung der komplexen Problemlöseprozesse daher auch die Aspekte „einfacherer" und „übergeordneter" Problemlöseprozesse abdecken.

2.5.1 Merkmale komplexer Probleme

Wie in Kapitel 2.2.1 kurz erwähnt, sind komplexe Probleme durch Komplexität, Dynamik, Vernetztheit, Transparenz und einen bestimmten Grad des Vorhandenseins freier Komponenten gekennzeichnet. Die folgende detaillierte Erläuterung der einzelnen Merkmale soll darüber Aufschluss geben, woran sich eine komplexe Problemsituation erkennen lässt und welche „Problembereiche" in einer derartigen Situation „vorprogrammiert" sind. Sich der Eigenschaften komplexer Probleme und Problemsituationen zu vergewissern, soll dem Problemlöser dabei helfen, sein bereits erworbenes Wissen in den Problemsituationen richtig anzuwenden und schließlich die komplexen Problemsituationen zu bewältigen.

Die Komplexität oder der Komplexitätsgrad ist grundsätzlich durch die Anzahl der gestellten Anforderungen und der vernetzten Variablen in der gesamten Problemsituation bestimmt. In einer komplexen Situation ist das Problem meistens selbst sehr komplex und verfügt über eine nur schwer zu durchschauende „Entwicklungs-Dynamik" (Brander/Kompa/Peltzer, 1989, 203). Funke untersucht Komplexität konkret aus einer „dynamischen" und einer „statischen" Perspektive. Eine Komplexitätssituation wird als „dynamisch" oder „eigendynamisch" (Dörner, 1983, 20) bezeichnet, wenn sich die Problemsituation ohne Eingriffe und Handlungen durch Problemlöser dennoch verändert. Da „Dynamik" mit langfristigen Veränderungen und Folgewirkungen zusammenhängt, verlangt das Problemlösen in einer dynamischen Problemsituation vom Problemlöser insbesondere, dass er nicht nur gegenwärtige Bedingungen berücksichtigt und gegenwärtige Probleme behandelt, sondern auch weitere Entwicklungen und Entwicklungstrends abschätzen kann (vgl. Dörner, 1987, 20; vgl. Schönpflug/Schönpflug, 1987, 6). Politische, wirtschaftliche, ökonomische und soziale Systeme wie Probleme sind prinzipiell durch Eigendynamik charakterisiert.

Statische Komplexität umfasst Eigenschaften wie „die hierarchische Struktur des Systems, die Verbindungsmuster der Variablen, die Verschiedenheit der Komponenten sowie die Stärke der Interaktionen" (Funke, 1986, 28). Daher bezieht sich die statische Komplexität eher auf Aspekte des Informationsaustausches, vielfältiger und unterschiedlicher Variablen sowie von Verknüpfungen zwischen den verschiedenen Systemkomponenten in der Problemsituation. Das Schachspiel kann in dieser Hinsicht als statisches Beispiel gelten.

Hängen die einzelnen Variablen in einer Problemsituation oder in einem System zusammen und können sie nicht ohne „Nebenwirkungen" isoliert behandelt und verändert werden, so verfügen sie über ein hohes Maß an Vernetztheit. Wird in einem solchen vernetzten System ein Faktor verändert, so kann sich diese Veränderung auf die Lösung von anderen Teilproblemen auswirken und somit auch auf die Erreichung vom Endziel. Daher wird hier eine angemessene Analyse der „Abhängigkeiten" zwischen den Elementen des Problemsachverhaltes erfordert, die „nur mit systematischen Einzelschritten und der Kontrolle einzelner Variablen etc. möglich ist" (Wiegand, 1995, 62).

Transparenz bezieht sich auf die für die Problemlösung relevanten Informationen, Komponenten und deren Zusammenhänge. Da in der Regel hinter der Unklarheit des Endzielzustandes oder der Endzielzustände viele Teilziele verborgen liegen, ist die Problemsituation zumeist intransparent. Sind viele unbekannte Variablen sowie freie Komponenten in der Problemsituation vorhanden, werden deren Zusammenhänge noch schwerer zu erkennen und zu überblicken sein. In solchen Fällen muss der Problemlöser von bekannten Komponenten ausgehen und die „unsichtbaren" und „unbekannten" Komponenten sowie Verknüpfungen in der Situation aufdecken, bis möglichst alle Variablen für ihn erkennbar und analysierbar sind (vgl. Dörner, 1987, 21). Sich der Unklarheit sowohl des einzelnen Faktors in der komplexen Problemsituation als auch der Verknüpfung zwischen allen Faktoren zu vergewissern, hilft dem Problemlöser, einen Einblick in die Gesamtheit der Problemsituation zu erlangen und somit eine geeignete problemlösende Strategie zu entwickeln.

2.5.2 Untersuchungen zum komplexen Problemlösen

Um herauszufinden, wie Menschen mit Problemen und Problemsituationen, vor allem mit komplexen Problemsituationen, umgehen, bemühen sich die Denkpsychologie und die Kognitive Psychologie, durch die Untersuchungen das Verhalten der Versuchspersonen zu dokumentieren und zu analysieren. Für Untersuchungen zum komplexen Problemlösen kommen sehr häufig Computersimulationen zum Einsatz, bei denen die Versuchspersonen „kontextuell reichhaltige, realitätsnahe und komplexe Sachverhalte unter realistischen Bedingungen" (Strohschneider, 2007, 90) bearbeiten. In der Regel werden Versuchspersonen mit unbekannten Problemszenarien konfrontiert, in denen sie die Verantwortung tragen, einige simulierte Situationen zu steuern und entsprechende Entscheidungen zu treffen. Dabei geht es weniger um das Untersuchungsergebnis, vielmehr stehen der Problemlöseprozess und das Verhalten des Problemlösers im Vordergrund.

Computersimulationen werden vor allem seit Beginn der 70er-Jahre als Forschungsinstrumente in der Kognitiven Psychologie eingesetzt. Die Lohhausen-Studie, durchgeführt von dem Psychologieprofessor Dietrich Dörner und seinen Mitarbeitern, gilt bis heute als bekanntestes und prominentestes Simulationssystem für komplexes Problemlösen und markiert den Höhepunkt der Denkpsychologieforschung. Für dieses Experiment wurde ein fiktiver Ort „Lohhausen" im Computer inszeniert und die Entwicklung dieser Stadt über 10 Jahre hinweg simuliert. 48 Studenten verschiedener Fachrichtungen wurden nacheinander als Versuchspersonen ausgewählt und sollten sich in 8 Doppelstunden in die Rolle des Bürgermeisters versetzen, mit dem Ziel, die wirtschaftliche und politische Lage der Stadt zu optimieren. Die Studenten mussten Entscheidungen hinsichtlich unterschiedlicher Teilbereiche des Gesellschaftssystems wie Steuern, Arbeitsplätze, Wohnungsbau usw. treffen. Das Denken und Handeln der Versuchspersonen wurde beobachtet und schließlich ausgewertet. Als Ergebnis stellte sich heraus, dass nur wenige Versuchspersonen zumindest zufriedenstellend mit den komplexen Systemen umgehen konnten. Der Grund dafür liegt hauptsächlich in der starken Vernetzung und großen Komplexität der unterschiedlichen gesellschaftlichen Systeme, sodass die „Kapazität der menschlichen Informationsaufnahme und -verarbeitung den Anforderungen nicht mehr gewachsen ist" (Brander/Kompa/Peltzer, 1989, 207).

Im Anschluss an die Lohhausen-Studie wurden zahlreiche Folgeuntersuchungen mit unterschiedlichen Problemlöseszenarien durchgeführt, um vor allem den Zusammenhang zwischen Problemlöseverhalten und Problemlöseerfolg zu analysieren. Einige der Untersuchungen, der Zusammenfassung von Stempfle und Funke entnommen, führe ich im Folgenden auf. Reither (1981) führte einen „Experten-Laien-Vergleich" mit dem Namen „MORO" durch. Diese Untersuchung verfolgte das Ziel, das Problemlösehandeln der Experten mit dem Handeln von Entwicklungshelfern für einen kleinen afrikanischen Nomadenstamm zu vergleichen. Schaub und Strohschneider (1991 und 1992) führten ähnliche Studien im Rahmen eines „Experten-Laien-Vergleichs" durch, in denen der Vergleichsschwerpunkt auf das Verhalten zwischen Studenten und Managern festgelegt wurde. Reichert und Dörner (1988) sowie Heineken (1993) beschäftigten sich mit den Forschungen des „KÜHLHAUS"-Systems, um die Unterschiede des Steuerungsverhaltens zwischen erfolgreichen und erfolglosen Problemlösern festzustellen. Schmuck (1992) untersuchte Flexibilität und kognitive Kontrolle der einzelnen Person, um den Zusammenhang zwischen Problemlöseverhalten und Problemlöseerfolg näher zu bestimmen (vgl. Stempfle, 2010, 23–31; vgl. Funke, 1986, 10–14).

Obwohl alle oben dargestellten Untersuchungen in Bezug auf den Zusammenhang zwischen Verhaltensweisen und Problemlöseerfolg durchgeführt wurden, war kein allgemeingültiger Befund festzustellen. Dies liegt in den unterschiedlichen Problemlöseszenarien der einzelnen Untersuchungen begründet, deren Anforderungen unterschiedlich und somit nicht immer vergleichbar sind. Zudem ist es kaum möglich, allgemeingültige Variablen und Kriterien für all diese komplexen Problemsituationen in den Untersuchungen festzulegen, welche sich immer für die Beurteilung von Verhalten und Leistungen beim Umgang mit komplexen Systemen eignen, denn für viele Problemsituationen gibt es keinen vorhersehbaren optimalen Lösungsweg (vgl. Süß, 1996, 10).

Im Allgemeinen kann jedoch festgehalten werden, dass sich die erfolgreichen Problemlöser im Vergleich zu erfolglosen Problemlösern gegenüber komplexen Problemen vor allem wie folgt verhalten: Sie verwenden mehr Zeit auf das anfängliche Erkennen des Problems und fragen mehr nach problemrelevanten Informationen; sie untersuchen und analysieren die Sachverhalte und bearbeiten die Probleme gründlicher und systematischer; sie berücksichtigen und verknüpfen mehr Variablen des Systems; sie können Veränderungsprozesse realistischer einschätzen und verwenden häufiger Analogieschlüsse (vgl. Brander/Kompa/Peltzer, 1989, 209; vgl. Stempfle, 2010, 33–34). Misserfolge werden stattdessen hauptsächlich verursacht durch eine zu starke Orientierung am momentanen Zustand des Systems und eine zu geringe Berücksichtigung von Entwicklungstendenzen. Eine Unterschätzung des Wachstums exponentieller Funktionen und die Nichtberücksichtigung von Nebeneffekten und Wechselwirkungen wirken sich ebenso negativ auf den Erfolg aus (vgl. Roth, 1986, 12).

Die oben aufgeführten „prozessorientierten" Untersuchungen haben zwei wesentliche Aufgaben. Zum einen sollen sie die Ursachen des Erfolgs und Misserfolgs beim komplexen Problemlösen ermitteln, zum anderen aus den Ursachen sowie Untersuchungsbefunden hilfreiche und notwendige Vorgehensweise sowie Schritte im Problemlöseprozess feststellen und zusammenfassen, so dass die bereits aufgestellten Prozessmodelle geprüft und weiterentwickelt werden können. Das nächste Kapitel umfasst die Beschreibung verschiedener Prozessmodelle für das komplexe Problemlösen.

2.5.3 Prozessmodelle des komplexen Problemlösens

Ein Problemlöseprozess vollzieht sich auf mehreren Stufen, da die Lösung eines Problems nicht „in einem einzigen Schritt von der ursprünglichen Problemstellung her" (Duncker, 1963, 9) gefunden werden kann, sondern „erst nach und nach in die spezielleren Gegebenheiten und Möglichkeiten der vorhandenen Situation eindringt" (Duncker, 1963, 10).

Bereits im Jahr 1910 hat der amerikanische Philosoph und Pädagoge **John Dewey** (1859–1952) ein „Fünfschrittschema" des Problemlöseprozesses veröffentlicht: 1) Problemerkennung; 2) Problemdefinition; 3) Problemlösungsvorschläge; 4) Vermeidung von unerwünschten Konsequenzen einer Problemlösungsstrategie und 5) Ergebnisbeurteilung" (vgl. Wilss, 1988, 61). Die Absicht dieses Stufenmodells des Problemlöseprozesses besteht darin, die Probleme durch Verwendung von Techniken, die bereits als lineare Abfolge festgelegt wurden, Schritt für Schritt zu lösen. Dabei soll das selbstständige problemlösende Denken entwickelt und die Technik des Umgangs mit Problemen verbessert werden (vgl. Neber, 1987, 10–11).

Seit den 50er-Jahren wurde Problemlösen vor allem im Rahmen der „Informationsverarbeitungsmodelle" untersucht. Die kognitiv orientierten Psychologen führten Forschungen gemäß diesen Modellen ab den 60er-Jahren in verstärktem Maße fort. Die grundlegende Annahme der Informationsverarbeitungstheorie besteht darin, den Mensch als „Informationsverarbeitendes System" (Kittner, 1994, 28) zu betrachten. Die Vertreter dieser theoretischen Ansätze streben danach, die Denkprozesse der Menschen beim Problemlösen genau zu beobachten und zu dokumentieren. Konkret zielen die Informationsverarbeitungsmodelle vor allem darauf ab, das Aufnehmen, Speichern, Verändern und Interpretieren von Informationen aus der Umwelt und aus dem Gedächtnis der Menschen genau zu beschreiben und diese Informationen durch Verarbeitungsprogramme im Computer zu erfassen und zu analysieren. Besonders durch die Entwicklung im Bereich der Computerwissenschaften und der Computersimulationen nahm die Informationsverarbeitungstheorie nicht nur innerhalb der Denkpsychologie, sondern besonders in der Kognitiven Psychologie noch umfassender Raum ein. Lautes Denken[28] und Computersimulation sind die bekanntesten und am häufigsten verwendeten Methoden für solche Untersuchungen.

---

28 Die Forschungsmethode „Lautes Denken" verlangt von Versuchspersonen, ihre „Gedanken" während des Problemlösens prinzipiell laut auszusprechen. Es geht hierbei nicht darum, ob es relevant ist, was die Versuchspersonen sagen und ob sie in dieser Art und Weise die Probleme lösen können. Ziel dieser Methode ist lediglich, die Gedanken der Versuchspersonen zu „verbalisieren" und zu „dokumentieren", sodass die Forscher „einen Einblick in Kognitionsprozesse" erlangen können (vgl. Mack/Raski, 2011, 125). Schließlich gilt Sprache als das wichtigste Mittel, Gedanken zu kommunizieren und gedankliche Prozesse zu erfassen (vgl. Becker-Carus, 2011, 281).

Der Informationsverarbeitungstheorie zufolge richtet sich der Schwerpunkt des Problemlöseprozesses auf die „mentalen Operationen" und „operationalen Fähigkeiten" des Problemlösers. Demzufolge stützen sich die „Universalitätsannahmen" dieser Theorien „zunehmend auf generelle heuristische Verfahren" (Neber, 1987, 14), indem die Ausrichtung statt auf mikroskopische auf makroskopische Komponenten bzw. Aspekte erfolgt. Das problemlösende Denken und heuristische Verfahren, die besonders die Eigenschaften der „Praxisrelevanz" und „Allgemeingültigkeit" besitzen, wurden im vorhergehenden Kapitel eingegangen.

Aus der intensiven Auseinandersetzung mit dem Informationsverarbeitungsparadigma wurde von Bransford und Stein zu einem späteren Zeitpunkt das Modell „IDEAL-Problem Solver" entwickelt:

I – Identifying Problems (Identifikation eines Problems)
D – Defining Problems (Definition eines Problems)
E – Exploring alternative Approaches (Explorieren möglicher Strategien)
A – Acting on a Plan (Antizipieren von Ergebnissen)
L – Looking at the Effects (Lernen aus der Rückschau)
(vgl. Bransford/Stein, 1984, 11–22; vgl. Mietzel, 2007, 303)

Das „IDEAL"-Modell ähnelt dem ursprünglichen Modell von Dewey. Zudem betont Bransford/Stein, das Problem unter verschiedenen Perspektiven zu betrachten. „Creative problem solvers are especially likely to view a problem from a variety of perspectives; that is, to define a problem in a number of different ways" (Bransford/Stein, 1984, 27).

Abschließend wird ein idealtypisches Modell des Problemlösungsprozesses dargestellt, das sechs Schritte enthält: 1) Problemwahrnehmung; 2) Suche nach Handlungsmöglichkeiten und Wirkungseinschätzung; 3) Bewertung der Alternativen; 4) Entschluss als Auswahl einer Alternative; 5) Durchführung der Handlung und 6) Beobachten der Konsequenzen (vgl. Brander/Kompa/Peltzer, 1989, 164). Im Vergleich zu den früheren Modellen umfasst dieses idealtypische Modell ausführlicher mentale Schritte bzw. Phasen, wodurch man aus verschiedenen Alternativen eine angemessene Lösung auswählt. In diesem Modell sind nicht alle Schritte „linear" durchzuführen, die Teilprozesse können wiederholt abgearbeitet werden. Der Problemlöser kann demzufolge immer zu vorherigen Schritten zurückspringen. Wichtig ist dabei, dass die „Tendenz fortschreitender Problembearbeitung in Richtung auf eine Lösung" (Brander/Kompa/Peltzer, 1989, 165) besteht.

Aus den dargestellten Prozessmodellen ergeben sich zwei wesentliche Phasen des Problemlösens: die gedankliche Problemlösephase und die Handlungsphase.

Die erste Phase des Problemlöseprozesses beginnt, wenn das Individuum ein Problem erkennt, sie endet, wenn eine Problemlösung gefunden wird. Die gedankliche Problemlösephase kann nach Stempfle als „anfängliche Orientierungs- und Planungsphase" bezeichnet werden, „in deren Verlauf anstehende Teilprobleme erfasst, priorisiert und das Handeln der Gruppe geplant wird" (Stempfle, 2010, 144). In dieser Phase stehen vor allem Zielanalyse, Informationssammlung, internes Probehandeln und Selbstregulation[29] im Vordergrund (vgl. Dörner/Reither/Stäudel, 1983, 71).

Die zweite Phase des Problemlöseprozesses umfasst die Durchführung der Handlung. In dieser Handlungsphase werden die erfassten Teilprobleme in der richtigen Reihenfolge anhand ihres Handlungsbedarfs abgearbeitet (vgl. Stempfle, 2010, 144). Schließlich folgt die Beurteilung des Handlungsergebnisses als Kontrolle der gedanklichen Planung und operationalen Durchführung. In einer konkreten realen Problemsituation muss der Problemlöser jedoch unterschiedliche problemlösende Prozesse und Phasen analytisch miteinander „kombinieren" und daraus evtl. selbst ein geeignetes Problemlösemodell entwerfen.

Obwohl die bisher dargestellten problemlösenden Denkweisen, Strategien und Prozesse allgemein anwendbar sind und keinerlei Bezug auf spezifische kulturelle Bedingungen und individuelle Eigenschaften nehmen, kann nicht ausgeschlossen werden, dass das problemlösende Denken und somit der vollständige problemlösende Prozess stark von individuellen Kompetenzen und Persönlichkeitsmerkmalen beeinflussen lässt. Im nächsten Kapitel gehe ich explizit auf diese Perspektiven ein.

2.6 Individuelle Merkmale und Problemlösen

Ob ein Problem schwierig oder leicht zu lösen ist, hängt nicht nur von objektiven Eigenschaften des Problems und der Problemsituation ab, sondern auch von individuellen Merkmalen des Problemlösers. Diese beiden Aspekte sind miteinander verknüpft und gemeinsam für das Ergebnis des Problemlösens verantwortlich. Im Rahmen dieser Arbeit werden individuelle Merkmale aus der Perspektive der Problemlösekompetenzen sowie der Emotion dargestellt.

---

29 Selbstregulation bedeutet, der Problemlöser muss sich überlegen, ob die verwendeten Strategien angemessen sind. „Ein wesentliches Mittel der Selbstregulation ist die Selbstreflexion, das Nachdenken über das eigene Denken" (Dörner/Reither/Stäudel, 1983, 80).

2.6.1 Problemlösende Kompetenzen

Im Folgenden werden nur die grundlegenden und wesentlichen problemlösenden Kompetenzen bezogen auf Wissen und Intelligenz erläutert. Erfolgreiches kreatives und komplexes Problemlösen benötigt und setzt deutlich mehr Kompetenzen voraus, diese sollen hier jedoch nur kurz erwähnt werden: Kommunikationsfähigkeiten, Entdeckungs- und Entwicklungsfähigkeiten alternativer Lösungsmöglichkeiten, Analyse- und Bewertungsfähigkeit, Flexibilität, die Fähigkeit zum Erkennen und Bilden von Zwischenzielen, usw. Prinzipiell können diese „fortgeschrittenen" Fähigkeiten durch das Anwenden von Strategien und Techniken des Problemlösens und auf Basis des Wissens und der Intelligenz aufgebaut und weiterentwickelt werden.

2.6.1.1 Wissen und Problemlösen

Seit den 80er-Jahren gilt Wissen als die wichtigste Kompetenz des Problemlösens, denn „Problemlösen wird als Prozess des Erwerbs und der Anwendung von Wissen durch Handeln betrachtet" (Süß, 1996, 72). Problemlösen kann ohne Wissen nicht stattfinden.

Auch wenn der Begriff Wissen inzwischen Gegenstand einer kaum noch überschaubaren Diskussion ist, werden grundsätzlich zwei Arten von Wissen unterschieden: „Wissen im Kopf" und „Wissen in Texten" (Antos, 2005, 347). Das im Kopf gespeicherte und individuelle Wissen wird als Gesamtheit der gedächtnismäßigen Repräsentationen eines Individuums verstanden und als Vorwissen bezeichnet. Dieses Vorwissen, besonders das im Langzeitgedächtnis im Gegensatz zum im Kurzzeitgedächtnis gespeicherten, wird bei der Lösung von Problemen aktiviert und trägt zur Bewältigung von Problemen wesentlich bei (vgl. Brander/Kompa/Peltzer, 1989, 119). Wissen in Texten umfasst die symbolische Repräsentation von Informationen, Sachverhalten und Ereignissen mittels externer Medien, zum Beispiel mittels Texten oder Bildern (vgl. Antos, 2005, 343).

Beim Problemlösen kann Wissen folgende Inhalte umfassen: Wissen über den Ausgangs- und Zielzustand, über alle Zusammenhänge in der Problemsituation, über die Menge sowie Verwendungsmöglichkeiten der Operatoren, über die eventuell auslösbaren Nebenwirkungen einzelner Handlungen sowie das gesamte Wissen, über das der Problemlöser verfügt. Diese einzelnen Wissensfaktoren variieren von Person zu Person, daher ist das problemlösende Handeln von Person zu Person unterschiedlich.

Wissen unterscheidet sich zudem in allgemeines und Fachwissen. In der Regel verfügen Experten im Vergleich zu Novizen über mehr fachliches Wissen, welches ihnen ermöglicht, insbesondere die Inhalte aus dem Langzeitgedächtnis und aus einem bestimmten Fachbereich abrufen zu können. Dieses Fachwissen ist vor allem für fachbezogenes Problemlösen von Vorteil. Sowohl das allgemeine als auch das Fachwissen bewirkt jedoch nicht alleine ohne weitere problemlösende Kompetenzen die Lösung von Problemen, da der Erfolg beim Problemlösen und vor allem beim komplexen Problemlösen nicht nur vom Umfang des richtigen und kompatiblen Vorwissens abhängt, sondern auch von der Intelligenz (vgl. Süß, 1996, 202). Wissen und Intelligenz sind zwei Faktoren, die in enger Wechselwirkung stehen. Während Intelligenz als Voraussetzung für den Erwerb und die Anwendung von Wissen gilt, ist das Wissen die grundlegende Komponente der Intelligenz (vgl. Mietzel, 2007, 128).

2.6.1.2 Intelligenz und Problemlösen

Die empirische Untersuchung von Hussy und Klinck über „Wissenserwerb beim Lösen komplexer Probleme" kam zu dem Ergebnis: „Wissen ist generell kaum ohne eine operative Komponente, die das Konstrukt Intelligenz tangiert, erfassbar" (Hussy/Klinck, 1990, 24).

> Intelligenz ist die Fähigkeit zur Ausführung von Handlungen, die durch folgendes gekennzeichnet sind: Durch die Schwierigkeit und Komplexität, durch die Möglichkeit zur Erfassung und Lösung direkter Probleme; sie gehorchen dem ökonomischen Prinzip, sind auf ein Ziel gerichtet, beachten soziale Werte und besitzen Originalität (Stoddard, zit. nach Kreuzig, 1983, 303).

Aus dieser Definition geht hervor, dass beim Problemlösen Intelligenz als notwendige Kompetenz auf keinen Fall fehlen darf. Welche Art von Intelligenz wird für das Problemlösen benötigt? Begrifflich ist Intelligenz in „flüssige" und „kristallisierte" Intelligenz zu unterteilen. Die flüssige Intelligenz bezieht sich auf die grundlegende Fähigkeit zur Informationsverarbeitung, „deren Ausprägungsgrad in erheblichem Grade von genetischen Faktoren bestimmt wird" (Mietzel, 2007, 123). Das bedeutet, die Ausprägung der flüssigen Intelligenz hängt davon ab, wie schnell und logisch ein Mensch denken und Schlussfolgerungen ziehen kann. Daher ist flüssige Intelligenz „erfahrungs- und kulturunabhängig" (Helfrich, 2007, 401). Die kristallisierte Intelligenz ist „in hohem Maße von der Dauer des Schulbesuchs und vom Umfang bereits gesammelter Erfahrungen abhängig" (Mietzel, 2007, 124). Im Gegensatz zur flüssigen Intelligenz liegt der kristallisierten Intelligenz das Wissen zugrunde, das mit zunehmendem Alter weiter aufgebaut wird. Zum Beispiel kann man zur Prüfung der kristallisierten Intelligenz eine allgemeine Wissensfrage stellen: „Auf welchem Kontinent liegt Argentinien?" Um Probleme, besonders komplexe Probleme zu lösen, ist sowohl flüssige als auch kristallisierte Intelligenz erforderlich, wobei es in der Regel mehr auf die Menge an Wissen und Erfahrung des Problemlösers ankommt als auf schnelles und operationales Denken.

Es ist unumstritten, dass Intelligenz als weitere grundlegende Kompetenz des Problemlösens gilt. In der psychologischen Praxis werden Intelligenztests von den Forschern häufig eingesetzt, um festzustellen, ob die Versuchspersonen verschiedene Probleme angemessen lösen können und gleichzeitig um ihre Problemlösefähigkeiten zu messen. Können Problemlöseleistungen durch Intelligenztests bemessen und festgestellt werden? Wenn ja, inwiefern können die Ergebnisse der Intelligenztests etwas über die Problemlöseleistungen eines Individuums aussagen?

Dörner und Kreuzig sind der Ansicht, dass Intelligenztests zwar einige notwendige Bedingungen bzw. Aspekte der intellektuellen Leistungsfähigkeit der Menschen erfassen, zum Beispiel in Bezug auf Hypothesenbildung oder Selbstregulation, jedoch sind diese Aspekte für das Bemessen von intellektuellen Leistungen nicht ausreichend (vgl. Dörner/Kreuzig, 1983, 190). Vor allem wenn die Problemsituation sehr komplex und unübersichtlich erscheint, können mehrere Schwierigkeiten und Einschränkungen bei der Bemessung von Problemlöseleistungen durch Intelligenztests auftreten. Die wesentliche Einschränkung liegt an der Bemessung der „operative[n] Fähigkeit" (Dörner/Kreuzig, 1983, 190) des Problemlösers. Beim komplexen Problemlösen ist zum Beispiel das Ziel unklar definiert, das durch selbstständiges und problemlösendes Denken des Problemlösers herausgefunden werden soll. Danach muss der Problemlöser die zum Ziel führenden Strategien auswählen, die relevanten Informationen beschaffen, Nebenwirkungen einzelner Handlungen analysieren und die eigene Kompetenz richtig einschätzen. Doch kein Intelligenztest ist so aufgebaut, dass er diese „subjektiven" und „operativen" Merkmale aus realen Problemsituationen ausreichend enthält, sodass Intelligenztests alle Aspekte realer Problemsituationen reflektieren sowie jedes Teilziel und jede daraus resultierende Nebenwirkung für den vollständigen Problemlöseprozess berücksichtigen würden (vgl. Stäudel, 1982, 1).

Daher ist es nicht verwunderlich, dass die Forscher besonders beim komplexen Problemlösen nachweisen, dass „sich testintelligente von weniger testintelligenten Personen nicht in ihrem Problemlöseerfolg unterscheiden" (Spies/Lüer, 1998, 202). Auch die Lohhausen-Studie kam zu dem Ergebnis, dass es „keinen systematischen Zusammenhang zwischen der Leistung im Umgang mit Lohhausen einerseits und im Intelligenztest andererseits" (Hussy, 1998, 147) gibt. Aus der zwei Jahre später durchgeführten Nachuntersuchung der Lohhausen-Studie mit 48 Versuchspersonen resultiert der ähnliche Befund, dass zwischen der Problemlöseleistung und Persönlichkeitseigenschaften wie Intelligenz, Kreativität, Motivation, bio- oder soziografische Merkmale keine bedeutsame Beziehung besteht (vgl. Kreuzig, 1983, 333).

Zusammenfassend ist festzustellen, dass der Zusammenhang zwischen Problemlöseleistungen und Testintelligenz prinzipiell existiert, dieser jedoch mit steigender Komplexität und Intransparenz der Problemsituation sinkt und sich nicht mehr nachweisen lässt (vgl. Hussy, 1998, 154). Demnach kann man den Zusammenhang zwischen Testintelligenz und Problemlöseleistungen nun differenziert behandeln und zwar anhand von Merkmalen und Bedingungen der dargestellten konkreten Problemsituationen.

2.6.2 Emotion und Problemlösen[30]

„Emotionen bleiben nun nicht ohne Folge auf das Handeln, sondern beeinflussen es in vielfältiger Weise und beeinträchtigen oft ein adäquates Vorgehen" (Stäudel/Wagner, 1989, 32). Daher darf Emotion als weiterer wichtiger und individueller Faktor beim Denken und im Handeln des Problemlösens nicht unerwähnt bleiben. In einer problematischen Situation ist Emotion vor allem von zwei Aspekten abhängig: zum einen von der Problemsituation selbst und ihrer Bedeutung für den Problemlöser und zum anderen von der Einschätzung der eigenen Fähigkeit sowie Kompetenz" (vgl. Stäudel, 1982, 2). Auf diese zwei Aspekte wird im Folgenden eingegangen.

Problemsituationen sind Situationen, die unbestimmt sind oder nicht mehr unter der Kontrolle des Individuums stehen (vgl. Dörner, 1983, 104). Mit anderen Worten sind Problemsituationen aufgrund einer gewissen „Ungewissheit" und „Unbestimmtheit" immer mit Stress, „Kontrollverlust" (Dörner/Kreuzig, 1983, 190) und emotionaler Belastung verbunden. Da der Problemlöser im ganzen Problemlöseprozess beispielsweise unterschiedliche Situationsanalysen vornehmen, Unterziele definieren oder verschiedene Handlungsmöglichkeiten erproben soll, um verschiedenartige Barrieren zu überwinden, kann jede einzelne Phase des Problemlöseprozesses emotionale Empfindungen beim Problemlöser hervorrufen. Der Erfolg bei einem einzelnen Problemlöseschritt oder dem

---

30 Emotion kann verschiedene Bestimmungsmerkmale umfassen: Zustands-Bewusstsein, Selbstbetroffenheit, Passivität, Erregung, Selbstzwecke oder interpersonale Beziehung, usw. Daher wird der Emotionsbegriff im Rahmen dieser Arbeit nur sehr eingeschränkt verwendet und bezieht sich vor allem auf Selbsteinschätzung, emotionale Belastung und Kontrolle über Probleme und Problemsituation.

kompletten Problemlöseprozess kann positive Gefühle wie Freude oder Glück auslösen. Im Gegensatz dazu kann Misserfolg negative Gefühle wie Wut, Ärger oder Hilflosigkeit verursachen, die die weiteren Schritte des Problemlösens behindern oder erschweren.

Die Einschätzung eigener Fähigkeit oder Kompetenz spielt deshalb beim Problemlösen eine bedeutende Rolle, da sie den emotionalen Zustand des Problemlösers steuern sowie den problemlösenden Vorgang beeinflussen kann. Ziel der Kompetenzeinschätzung ist es, Zweifel und Unsicherheit beim Problemlöser zu vermeiden sowie das „Selbstvertrauen in seine eigenen Fähigkeiten und Selbstsicherheit im Umgang mit der Realität" (Dörner/Reither/Stäudel, 1983, 61) zu stärken. Selbsteinschätzung und Selbstvertrauen können kombiniert werden mit weiteren positiven problemlösenden Eigenschaften des Individuums wie zum Beispiel Ausdauer, Bereitschaft, die richtige Einstellung zum Lösungsdruck, zur Bedeutung des Problems sowie der Einschätzung der Problemsituation als Herausforderung und nicht als Belastung (vgl. Brander/Kompa/Peltzer, 1989, 124).

In einer empirischen Untersuchung vergleichen Stäudel und Wagner Syntheseprobleme und Interpolationsprobleme in Bezug auf „Emotion und Verhalten des Problemlösers". Beim Lösen von Interpolationsproblemen ist die Sicherheit, eine Lösung durch analytisches Denken zu finden, gegeben. Beim Lösen von Syntheseproblemen muss der Problemlöser durch Selbstvertrauen und die Anwendung geeigneter Strategien eine gewisse Unbestimmtheit und Schwierigkeit überwinden. Das gesamte Ergebnis zeigt, dass Syntheseprobleme im Vergleich zu Interpolationsproblemen über ein höheres Ausmaß an Unbestimmtheit verfügen und deshalb sie eine höhere emotionale Belastung für den Problemlöser erzeugen (vgl. Stäudel/Wagner, 1989, 38).

Zusammenfassend können Vorwissen und Intelligenz als „stabile" Persönlichkeitseigenschaften oder -fähigkeiten definiert werden, die wenig situationsabhängig sind (vgl. Mack/Raski, 2011, 144). Die Emotionen eines Individuums sind dagegen stärker situationsgebunden und personenorientiert. Sowohl die stabilen Eigenschaften als auch die situationsabhängigen Merkmale des Problemlösers finden im Problemlöseprozess mehr oder weniger Ausdruck. Außer diesen Gesichtspunkten muss das Problemlösen auch unter kultureller sowie interkultureller Perspektive thematisiert werden, da das Problemlösen in der Regel immer in einem sozialen und kulturellen Rahmen stattfindet und somit davon abhängig ist, über welche Eigenschaften eine Kultur verfügt, die die unterschiedlichen gedanklichen und Handlungsoperationen ausmachen.

2.7 Kulturvergleichendes Problemlösen

Zu Beginn des 21. Jahrhunderts wurden problemlösendes Denken und problemlösende Prozesse durch zwei Grundzüge gekennzeichnet. Zum einen befand sich die Forschung über das problemlösende Denken nach wie vor in der Situation, dass kein einheitliches theoretisches und methodisches Grundkonzept vorhanden war (vgl. Strohschneider, 2007, 59). Zweitens wurde und wird das problemlösende Denken in den kulturvergleichenden Untersuchungen immer mit größerem und stärkerem Interesse beobachtet, mit dem Ziel, das Problemlösen als „kulturelle Leistung" vor allem anhand von Problemlösestilen und -strategien zu untersuchen und diesbezüglich kulturbedingte Differenzen sowie Ähnlichkeiten zu erfassen.

Strohschneider fasst vier Ursachen zusammen, die zu kulturellen Unterschieden beim Problemlösen führen: Wissen, Motivation, Weltanschauung und Umwelt (vgl. Strohschneider, 2007, 94–96). Das Wissen umfasst nach Strohschneider hauptsächlich Schulbildung und Bildungsmöglichkeiten bzw. die Anforderungsvielfalt der Menschen, die mit gesellschaftlicher Entwicklung zusammenhängen und die gesellschaftlichen Merkmale oder Besonderheiten auch in gewissem Maße reflektiert. Motivation ermöglicht, so Strohschneider, dem Problemlöser, aktiv nach verschiedenen Lösungsalternativen zu suchen. Der Problemlöser ist jedoch nur motiviert, wenn ihm ausreichend „Handlungsspielraum" und genug „Freiheit" für das problemlösende Handeln bereitgestellt und überlassen wird. Die jeweilige Lebensumwelt unterschiedlicher Kulturen stellt unterschiedliche Ressourcen zur Verfügung, die dann für das Problemlösen verwendet werden. Außer den Ressourcen machen auch Stabilität und Planbarkeit in Bezug auf die Umwelt beim Problemlösen den kulturellen Unterschied aus. Eine stabile Gesellschaft mit „Langzeit"-Perspektive kann davon ausgehen, dass manche aktuell vorhandenen Probleme durch weitere Entwicklungen der Gesellschaft und durch die evtl. zu einem späteren Zeitpunkt zur Verfügung stehenden Mittel schließlich gelöst werden können. Im Gegenteil dazu benötigt eine Kultur mit weniger Stabilität bzw. mit einem relativ niedrigeren Grad der Industrialisierung und Modernisierung vor allem Flexibilität, da solche Kulturen nicht langfristig planen können.

Meines Erachtens können die kulturellen Unterschiede im problemlösenden Handeln vor allem auf die Weltanschauung, Einstellung oder Zielorientierung der Menschen zurückgeführt werden, die die Regeln, Normen, Konventionen und Tradition einer Kultur widerspiegeln. So sind zum Beispiel die Ziele, welche man für das Problemlösen festsetzt, oder die Lösungsstile bzw. -strategien, die man für das Problemlösen verwendet, abhängig von den Werten, die das Individuum verfolgt und die von der Gesellschaft akzeptiert werden. Diese Unterschiede finden besonders deutlich in der Gegenüberstellung von individualistischen und kollektivistischen Kulturen ihren Ausdruck. Eine kulturübergreifende Untersuchung von Entscheidungsverhalten kann zeigen, dass sich chinesische Problemlöser eher „am Vorbild" orientieren, während westliche Testpersonen bevorzugt die „problemlösend-analytische" Methode anwenden (vgl. Strohschneider, 2007, 75). Das Ergebnis deutet darauf hin, dass die chinesischen Versuchspersonen nach vorbildhaften und bereits als erfolgreich erwiesenen Lösungswegen und Entscheidungen suchen, weshalb sie eher zu „Konfliktvermeidung" bzw. „Problemvermeidung" neigen. Sie streben nach Ausgleich, Kompromiss und vor allem sozialer Harmonie, die den eigenen Bedürfnissen immer vorangestellt wird. Auf diese Verhaltensweise der asiatischen und westlichen Kulturen wurde auch in Bezug auf das Übersetzen hingewiesen (siehe 1.2.3.3).

Die im letzten Abschnitt dargestellten Faktoren des Wissens und der Intelligenz eines Individuums im Zusammenhang mit Problemlösen sind einerseits personenbezogen und andererseits auch zum Teil kulturabhängig, da sich die Bedingungen der Wissensübermittlung sowie Bildungsmöglichkeiten verschiedener Kulturen und Gesellschaften aufgrund der Industrialisierungs- und Entwicklungsstufe mehr oder weniger voneinander unterscheiden. Der weitere Faktor Emotionen ist beim Problemlösen in erster Linie situationsgebunden, soll aber auch in Bezug auf die kulturelle Ebene mit einbezogen und betrachtet werden. Ob der Problemlöser beim Problemlösen motiviert ist oder das Ganze als belastend empfindet, hängt davon ab, ob er aktiv handeln kann, ob und welche operationalen und materialen Alternativen ihm zum Lösen des Problems zur Verfügung stehen oder ob er über individuellen „Spielraum" für das Problemlösen verfügt. Diesbezüglich sind große Unterschiede in den individualistischen und kollektivistischen Kulturen zu beobachten.

Zusammenfassend ist festzustellen, dass kulturelle Eigenschaften die Bedingungen im problemlösenden Denken und somit auch das Handeln beeinflussen. Konkret bedeutet das, dass verschiedene Kulturen unterschiedliche Werte und Normen bereits in sich tragen, die unvermeidlich auf die problemlösenden Strategien, Prozesse, Kompetenzen und auch emotionalen Empfindungen des Problemlösers Einfluss nehmen.

Nachdem die zwei zentralen Themen des Übersetzens und des Problemlösens nun im Einzelnen ausführlich theoretisiert wurden, werden sie im nächsten Kapitel ganzheitlich betrachtet und ihr Zusammenspiel aus der Gegenüberstellung erklärt und zusammengefasst.

3. Übersetzen als Problemlöseprozess[31]

Das dritte Kapitel beschäftigt sich hauptsächlich mit der theoretischen Darlegung der Haupthypothese der vorliegenden Arbeit, bzw. mit der Fragestellung, ob und wenn ja, warum Übersetzen als Problemlöseprozess betrachtet und definiert werden kann.

Um dies anschaulich darzustellen, wird in der folgenden Ausführung in erster Linie eine grundlegende und zentrale Frage beantwortet: Wie ist der Begriff „übersetzerisches Problem" zu definieren? Danach wird versucht, aufzuzeigen, welche übersetzerischen Probleme im Allgemeinen vorhanden sind und wie entsprechende Lösungswege anhand der Problemklassifizierung gefunden und zusammengefasst werden können. Das Augenmerk der Darstellung von „Übersetzungsproblemen" richtet sich auf die Gesamtheit und Allgemeinheit aller übersetzerischen Probleme.

3.1 Definition „übersetzerisches Problem"

Kombiniert man Dunckers „Problemdefinition" (siehe 2.1.1) mit der Auffassung vom „Übersetzen" aus der Brockhaus Enzyklopädie (siehe 1.1.2), so ist ein übersetzerisches Problem wie folgt zusammenzufassen:

---

31 Erwähnenswert ist, dass das Übersetzen auch häufig als „Analyse- und Entscheidungsprozess" definiert wird. Dies liegt vor allem daran, dass der Übersetzer während des kompletten Übersetzungsprozesses oft gezwungen ist, verschiedene Übersetzungsalternativen zu analysieren, abzuwägen und sich zwischen diesen zu entscheiden, wenn auch in manchen Fällen keine dieser Alternativen völlig mit der Ausgangssprache identisch ist (vgl. Kengne, 2009, 47–48). Das Treffen von „situationsadäquate[n] und nachvollziehbare[n] Entscheidungen" (Kadri´c/Kaindl/Kaiser-Cooke, 2010, 150) setzt die bewusste Textanalyse voraus, die dafür wesentliche und erforderliche Informationen liefert. Dennoch, ganz gleich ob das Übersetzen als „Entscheidungsprozess" oder als „Problemlöseprozess" betrachtet wird, ist festzustellen, dass das Übersetzen eine zielgerichtete, bewusste und vom Übersetzer intendierte Handlung darstellt. In der vorliegenden Arbeit wird das Übersetzen nicht unter „Entscheidungs-", sondern unter „problemlösender Perspektive" theoretisiert, da während des Übersetzungsprozesses auch Probleme auftreten, für deren Lösungen keine „Entscheidungen" zwischen verschiedenen Alternativen getroffen werden können oder müssen. Stattdessen sind in solchen Übersetzungsfällen die Lösungswege kreativ zu finden oder völlig neu zu „erfinden".

Ein übersetzerisches Problem tritt auf, wenn der Übersetzer einen Übersetzungsauftrag erhält, jedoch nicht oder nicht ausreichend über das notwendige „Mittel" verfügt, um den Ausgangstext auftrags-, zweck-, zeit- und situationsgemäß in einen Zieltext mit vergleichbarer Funktion für die Rezipienten in der Zielkultur zu transformieren.

Unter Berücksichtigung des linguistischen Übersetzungsansatzes (siehe 1.2.2) bezieht sich das oben erwähnte notwendige „Mittel" vor allem auf das Sprachliche bzw. auf eine sprachliche Ebene. Demzufolge lassen sich solche Übersetzungsprobleme unter anderem auf die sprachlichen Unterschiede zwischen Ausgangs- und Zielsprache zurückführen. Handlungs- und kulturelle übersetzungstheoretische Ansätze (siehe 1.2.3) begründen bislang Übersetzungsprobleme jedoch überwiegend mit den pragmatischen und kulturellen Unterschieden zwischen Ausgangs- und Zielkultur. Anhand von den hier dargestellten Übersetzungsansätzen ist zusammenzufassen, dass Übersetzungsprobleme im Großen und Ganzen nach „sprachlichen" und „kulturellen" Kriterien zu unterteilen sind. In diesem Sinne spricht Arlik von „sprachlichen" und „nicht-sprachlichen" Problemen (vgl. Arlik, 2010, 27). Auf die genaue Klassifizierung von Übersetzungsproblemen und deren Lösungswegen wird im nächsten Unterkapitel eingegangen.

3.2 Klassifikation und Lösen von übersetzerischen Problemen

Die Unterteilung übersetzerischer Probleme kann nach verschiedenen Klassifizierungsmethoden sowie aus verschiedenen Perspektiven erfolgen, zwei Wege werden hier konkret dargestellt. Die feststellbaren unterschiedlichen „Problemgruppen" bzw. -kategorien verfügen über ihre eigenen und von anderen Problemgruppen differenzierten wesentlichen Problemmerkmale. Demnach werden auch unterschiedliche und den Problemmerkmalen sowie -eigenschaften entsprechende und geeignete Lösungswege für die verschiedenen Übersetzungsprobleme benötigt und angewendet. Wichtig ist dabei, dass die Lösungswege nicht nur auf der theoretischen Ebene „korrekt" sein müssen, sondern sie müssen auch in der Übersetzungspraxis und in der praktischen Übersetzungswissenschaft sinnvoll, einsetzbar und ausführbar sein.

3.2.1 Makro- und mikrokontextuelle übersetzerische Probleme

Um Übersetzungsprobleme „klassifiziert" und „kategorisch" analysieren und lösen zu können, orientiert sich Wills hauptsächlich an zwei Perspektiven: an makro- und mikrokontextuellen Problemperspektiven.

Makrokontextuelle übersetzerische Probleme betreffen Fragen und Probleme, die beispielsweise mit der Funktion des Ausgangstextes, der Intention des Auftraggebers oder der Wirkung des Textes auf die Textempfänger zusammenhängen. Da solche Probleme übergeordnete Priorität besitzen, nehmen ihre Betrachtungsweise und Lösungen großen Einfluss auf die weitere Vorgehensweise des detaillierten konkreten Übersetzens, zum Beispiel auf der Satz- oder Wortebene. Demnach braucht der Übersetzer für makrokontextuelle Problemlösungen einen entsprechenden „übergeordneten Gesamtplan" (Wilss, 1988, 65), der ihm während des kompletten Übersetzungsprozesses eine grundlegende und überblicksartige Orientierung bietet, nach welcher sich der Übersetzer grundsätzlich richten kann.

Insbesondere beim Übersetzen von Fachtexten ist der Übersetzer häufig mit makrokontextuellen Übersetzungsproblemen konfrontiert, da Fachtexte bestimmten Textkonventionen sowie gewissen festen inhaltlichen und formalen „Regeln" unterliegen. Grundsätzlich gilt, dass der Übersetzer den konventionalisierten Textformen und fixierten Makrostrukturen während des Übersetzens zu folgen hat, jedoch unter Beachtung der Einschränkung, dass sich diese von Kultur zu Kultur unterscheiden können (vgl. Koller, 2011, 110). In solchen Fällen muss der Übersetzer individuell geeignete übersetzerische Maßnahmen und Strategien anwenden, um solche Probleme auch „kulturgerecht" zu beheben.

Mikrokontextuelle übersetzerische Probleme hingegen stellen „einzelne Fälle" sowie einzelne Übersetzungsschwierigkeiten dar, die in der Übersetzungstheorie und -praxis nicht verallgemeinert behandelt werden können. Sie können beispielsweise entstehen, wenn die Wissens- und Verstehensvoraussetzungen der Ausgangstextempfänger bei den Zieltextlesern nicht gegeben sind (vgl. Koller, 2011, 112). Konkret können syntaktische und grammatische Komplexität, metaphorische Ausdrucksweise, ironische Verfremdungen sowie kulturbedingte und kulturabhängige Formulierungen im Ausgangstext zu Verstehensproblemen des Übersetzers und der Zieltextempfänger führen. Im Vergleich zu makrokontextuellen bereiten mikrokontextuelle Übersetzungsprobleme dem Übersetzer oft mehr Schwierigkeiten, denn er kann zum einen die gefundene Lösung für ein einziges mikrokontextuelles Problem nur äußerst begrenzt und lediglich auf einzelne Fälle anwenden. Außerdem können die Lösungswege bzw. die Problemlösungsmethoden von mikrokontextuellen Übersetzungsproblemen nicht direkt aus dem Gedächtnis und aus einem allgemeinen „Schema" abgerufen, sondern nur systematisch und analytisch entwickelt werden (vgl. Wilss, 1988, 85).

Diese Klassifizierungsmethode von Übersetzungsproblemen wirft jedoch eine grundsätzliche Frage auf, da sie die übersetzerischen Probleme viel zu allgemein auffasst, sodass dem Übersetzer nicht eindeutig aufgezeigt werden kann, wie er sich gegenüber bestimmten festgestellten Übersetzungsproblemen genau verhalten soll. Infolgedessen besteht der Bedarf, eine genauere Aufteilung der Übersetzungsprobleme vorzunehmen.

3.2.2 Weitere Klassifizierung von Übersetzungsproblemen

Nord unterscheidet Übersetzungsprobleme in „ausgangstextabhängige", „pragmatische", „kulturpaarspezifische" und „sprachenpaarspezifische" Probleme (vgl. Nord, 1991). Diese Klassifizierung liegt der folgenden Ausführung zum Teil zugrunde. Während der theoretischen Erläuterung über die Problemklassifikation werden entsprechende konkrete Übersetzungsbeispiele verwendet. Dabei ist beabsichtigt, den Übersetzern direkt und deutlich aufzuzeigen, wie sie sich bestimmte Übersetzungstheorien und -kenntnisse der übersetzerischen Praxis effektiver aneignen, um schließlich konkrete Übersetzungsprobleme zu lösen.

a) Ausgangstextabhängige Übersetzungsprobleme
Die ausgangstextabhängigen Übersetzungsprobleme beziehen sich ausschließlich auf den Ausgangstext und existieren unabhängig davon, in welche Zielsprache der Ausgangstext übersetzt werden soll. Das heißt, die in diesem Zusammenhang auftretenden übersetzerischen Probleme haben ihren „Ursprung" in den „Ausgangstexten" und im weiteren Sinne in der „Ausgangskultur".

In erster Linie treten ausgangstextabhängige Probleme auf, wenn der Ausgangstext schwer zu verstehen ist, sowohl im sprachlichen als auch im kulturellen Sinne. Betrachtet man die sprachliche Ebene, ist festzustellen, dass hier die „textinternen Faktoren" die ausschlaggebende Rolle spielen, da sie den „Schwierigkeitsgrad" des Ausgangstextes erhöhen und somit die meisten Verstehensprobleme verursachen. Zusätzlich unterliegen manche Texte aufgrund der gewählten Textsorte bestimmten Konventionen und enthalten auch spezielle fachliche und sachliche Inhalte. Diese können ebenfalls zu Verständnisschwierigkeiten führen. Einen weiteren Faktor, der ausgangstextabhängige Übersetzungsprobleme hervorruft, bilden fehlerhafte und missverständliche Äußerungen im Ausgangstext, formuliert vom originalen Textproduzent, zum Beispiel: falsche Zahlen und Grammatik, unpräzise Fachausdrücke, fehlende Übereinstimmung zwischen Text und dargestelltem Bild, Tippfehler etc. Diese bereits im Ausgangstext bestehenden Fehler bzw. „Defekte" (Arlik, 2010, 29) muss der Übersetzer prinzipiell erkennen und im Zieltext „korrigieren". Die „ausgangstextabhängigen Probleme" auf der kulturellen Ebene treten in Beispieltext A sehr deutlich und anschaulich zutage. Darauf wird in Kapitel 5.1.1 näher eingegangen.

Die Maßnahme, auf die der Übersetzer bei solchen Übersetzungsproblemen zurückgreifen kann, bezeichnet Arlik als „Verbesserung der Ausgangstexte" (Arlik, 2010, 26). Unter „Verbesserung" ist meines Erachtens vor allem die Verbesserung des Verstehens des Ausgangstextes zu verstehen. Folglich soll der Übersetzer versuchen, den Ausgangstext bzw. den Originalausdruck inhaltlich, kulturell, zweckmäßig und sogar „emotional" richtig zu verstehen und ihn für die Zielrezipienten und in der Zielkultur neu zu produzieren.

b) Pragmatische Übersetzungsprobleme
Pragmatische Übersetzungsprobleme sind „situationsabhängig" und können sich grundsätzlich aus den unterschiedlichen „Kommunikationssituationen" ergeben, die in den Ausgangs- und Zieltext sowie im Weiteren in der Ausgangs- und Zielkultur eingebettet sind. Demnach ist festzustellen, dass diese Übersetzungsprobleme vor allem mit „textexternen Faktoren" zusammenhängen. Besteht also ein großer Kontrast oder wesentliche Abweichungen beispielsweise zwischen Ausgangstext- und Zieltextempfänger, zwischen Ausgangstext- und Zieltextmedium, zwischen Kommunikationsanlass des Ausgangs- und Zieltextes oder zwischen der Textfunktion des Originals und der Übersetzung, können pragmatische Übersetzungsprobleme in verschiedenen Ausformungen auftreten. Ein konkretes pragmatisches Übersetzungsproblem wird im Beispieltext C ausführlich dargestellt (siehe 5.3.1).

Wie der Übersetzer pragmatische Übersetzungsprobleme prinzipiell zu lösen hat, hängt vor allem von zwei Hauptkriterien ab: Zum einen von der Feststellung, welcher „Situationsfaktor" oder welche „Situationsfaktoren" sich im Ausgangs- und Zieltext unterscheiden und zum anderen welche Rolle diese Unterscheidung für den gesamten Übersetzungsprozess und für das Übersetzungsergebnis spielt. Daran wird deutlich, wie wichtig die Lösung bestimmter pragmatischer Übersetzungsprobleme für das gesamte Übersetzen ist. Anhand dieser Analyse und Feststellung sollen geeignete Übersetzungsstrategien ausgewählt oder vom Übersetzer individuell neu entworfen und angewendet werden.

c) Kulturpaarspezifische Übersetzungsprobleme
Kulturspezifik „existiert nicht an sich, sondern wird immer im und durch den Vergleich festgestellt" (Loogus, 2008, 78). Wenn sich zwei verschiedene Kulturen begegnen und gegenüberstehen, entstehen kulturpaarspezifische Probleme vor allem aus kulturbedingten unterschiedlichen Gewohnheiten, Denkweisen, Erwartungen, Werten oder Konventionen etc., welche einer Kultur angehören und der anderen Kultur unbekannt sind oder fremd anmuten. Demnach betrifft die „Kulturspezifik" in der vorliegenden Arbeit konkret die „Unterschiede"

zwischen der chinesischen und deutschen Kultur. Die kulturpaarspezifischen Übersetzungsprobleme resultieren somit im vorliegenden Fall aus den unterschiedlichen chinesischen und deutschen kulturellen Gegebenheiten.

In Bezug auf einen Text ist Kulturspezifik zum Beispiel dadurch gekennzeichnet, dass eine bestimmte Textsorte, ein bestimmtes Textformat, -layout und -stil in Kultur A vorhanden und gewöhnlich sind, jedoch nicht in Kultur B (siehe Beispiel „Arbeitszeugnis" in Kapitel 4.2.2). Auf der Wortebene zeigt sich Kulturspezifik darin, dass beispielsweise ein gewisser Ausdruck in einer Kultur auf etwas anderes als seine Bedeutung in einer anderen Kultur hinweist. Beim Übersetzen von „Coupé-Optik" im Beispieltext C ist der Übersetzer mit einem solchen Übersetzungsproblem konfrontiert, da dieser Begriff bei den Deutschen und Chinesen unterschiedliche „Vorstellungen" von dem Produkt weckt und erzeugt (siehe 5.3.1).

Die kulturbedingten und kulturpaarspezifischen Unterschiede sowie Probleme sind sehr häufig auch im Alltag versteckt und verborgen (siehe Wortbeispiel „Nein" in Kapitel 1.2.3.3). Ich möchte dies beispielhaft an zwei Wörtern veranschaulichen: „Badewanne" und „Keller".

Wird in Deutschland über Wasserverbrauch gesprochen oder berichtet, erscheint „Badewanne" oft als „Mess- oder Vergleichsinstrument". So hört man beispielsweise: „Dafür wird so viel Wasser verbraucht, dass man damit 20 Badewannen füllen kann." In Deutschland stellt „Badewanne" einen „alltäglichen" Gegenstand und Begriff dar, der vor allem ein „typisches" und auch ein „einheitliches" Erscheinungsbild in der Vorstellung der Angehörigen dieser Kultur hervorruft. Als Haushaltgegenstand ist „Badewanne" zwar in China und den meisten Chinesen bekannt, jedoch zum Teil nur „begrifflich", da eine Badewanne in vielen chinesischen Haushalten aktuell nicht immer vorhanden ist. Die fehlende „Alltäglichkeit" und „Vertrautheit" mit diesem Gegenstand führt dazu, dass sich die Chinesen kein einheitliches Bild und keine eindeutige Vorstellung machen können. Somit kann trotz einer „wörtlichen" Übersetzung von „Badewanne" in die chinesische Sprache ein Verstehensproblem im Satzzusammenhang auftreten.

Der „Keller" im Sinne der unterirdischen Etage eines Einfamilienhauses in Deutschland ist der chinesischen Kultur völlig fremd. Dieses Wort ist, wie auch „Badewanne", weniger in eine zeitliche, textuelle oder situative Situation eingebettet, sondern vielmehr in eine kulturelle Situation mit Merkmalen, die von den Angehörigen einer Kultur als „typisch", jedoch von denen einer anderen Kultur als „ungewöhnlich" oder „unbekannt" empfunden werden. Beim Übersetzen des Wortes „Keller" oder in ähnlichen Übersetzungsfällen muss sich der

Übersetzer vor allem an den „tatsächlichen Merkmalen" des Gegenstandes in der Ausgangskultur orientieren und versuchen, von diesen Merkmalen ausgehend geeignete Übersetzungen, wenn nötig auch mithilfe von „Kommentaren", „Fußnoten" oder „Umschreibungen", anzufertigen. Ziel ist es, für die Rezipienten in der Zielkultur das gleiche „Erscheinungsbild", das der Gegenstand im Ausgangstext und in der Ausgangskultur aufweist, auch im Zieltext so klar wie möglich herzustellen.

Ob solche kulturpaarspezifischen Übersetzungsprobleme, die insbesondere im Alltag begründet liegen und mit alltäglichem Wissen zusammenhängen, richtig erkannt und angemessen gelöst werden können, hängt vor allem mit dem „persönlichen Lebensumfeld" des Übersetzers zusammen, in dem er die kulturbezogenen Kenntnisse und Übersetzungskompetenzen umfangreich und effektiv erwerben kann.

d) Sprachenpaarspezifische Übersetzungsprobleme

Die sprachpaarspezifischen Probleme hängen wie auch die ausgangstextabhängigen Probleme vor allem mit textinternen Faktoren zusammen. Der Hauptunterschied zwischen diesen beiden Problemkategorien besteht jedoch darin, dass sich die sprachenpaarspezifischen Übersetzungsprobleme statt nur aus dem „Ausgangstext" aus dem Kontrast zwischen dem Ausgangs- und Zieltext sowie zwischen der Ausgangs- und Zielsprache ergeben. Faktoren wie Lexik, Syntax, gesamter Textinhalt oder Gliederung sowohl des Ausgangs- als auch des Zieltextes müssen beim Feststellen und Lösen solcher Übersetzungsprobleme Berücksichtigung finden.

In jeder Sprache und Kultur ist spezifische Lexik oder Syntax vorhanden. Zwischen der deutschen und chinesischen Sprache bestehen beispielsweise wesentliche Unterschiede bzgl. direkten und indirekten Redensarten, Anrede-, Gruß- oder Höflichkeitsformen etc. Im Folgenden wird jedoch nicht näher auf die sprachenpaarspezifischen Probleme eingegangen, da die reine „Sprache" nicht Untersuchungsgegenstand der vorliegenden Arbeit ist und es daher auch keiner ausführlichen Sprachoperationen sowohl im Deutschen als auch im Chinesischen bedarf.

Anzumerken ist hier, dass die sprachenpaarspezifischen Probleme und ihre Lösungswege zum Teil mit den kulturpaarspezifischen Bedingungen und Besonderheiten zusammenhängen. Loogus Ansicht nach ist es nicht möglich, „eine strenge Trennungslinie zwischen kulturellen und rein sprachlichen Phänomenen bzw. Spezifika zu ziehen" (Loogus, 2008, 106). Daher können sprachbedingte Translationsprobleme auch nicht oder nicht immer von den kulturbedingten Translationsproblemen, oder umgekehrt, klar getrennt behandelt und gelöst werden. Aus dieser Auffassung ist abzuleiten, dass Probleme wie beim Übersetzen von „Badewanne" oder „Keller" nicht nur zu den kulturpaarspezifischen, sondern auch zu den sprachenpaarspezifischen Übersetzungsproblemen zählen. Die Theorien und Praxis über sprachenpaar- oder kulturpaarspezifische Übersetzungsprobleme und Problemlösungen stellen zwar ein Untersuchungsgebiet in der gesamten allgemeinen Übersetzungswissenschaft dar, jedoch sind sie „spezifisch" zu behandeln.

Fazit: Die oben dargestellten übersetzerischen Probleme umfassen und beziehen sich auf unterschiedliche übersetzungsrelevante Faktoren, die grundsätzlich mehr oder weniger miteinander verknüpft sind: Beispielsweise kann die Textsorte des Ausgangstextes Klarheit über den Zweck des Zieltextes in der Zielkultur bewirken; oder die Feststellung des Zwecks kann im Weiteren dazu beitragen, bestimmte Bedingungen und Besonderheiten in der Zielkultur einzubeziehen, um mögliche kulturelle Probleme zu verhindern. Demnach ist festzustellen, dass Übersetzungsprobleme zum Teil ebenfalls miteinander verknüpft und ihre Lösungswege sogar voneinander abhängig sind.

Darüber hinaus ist anzuführen, dass fast alle dargestellten übersetzerischen Probleme und ihre Lösungen „übersetzerabhängig" sind. Das heißt, das Lösen von Übersetzungsproblemen ist ohne den Übersetzer und seine jeweiligen übersetzerischen Kompetenzen sowie sein Wissen nicht möglich. Eine Ausnahme bildet nur das Lösen gewisser ausgangstextabhängiger Probleme. Loogus fasst die Situation zusammen, in der der Übersetzer keinen Einfluss auf das Übersetzen hat: „wenn es um grobe Defekte im Ausgangstext geht, die der Translator nicht korrigieren kann und die das eigentliche Umsetzen des Ausgangstextes in die Zielsprache unmöglich machen." (Loogus, 2008, 101)

Sobald dem Übersetzer klar ist, mit welchen möglichen Problemen er während des Übersetzungsprozesses konfrontiert wird, kann er seine individuellen Übersetzungsfähigkeiten aktiv und gezielt in den konkreten Übersetzungsvorgang einbringen, um die auftretenden Probleme zu lösen. In diesem Zusammenhang übt der Übersetzer nicht mehr nur seine traditionelle Funktion als „Rezipient des Ausgangstextes" und „Produzent des Zieltextes" aus (siehe 1.6.1), sondern er gilt zugleich als „Problemlöser", der verschiedene Hindernisse und Schwierigkeiten während des gesamten Übersetzungsprozesses überwinden muss. Dies stellt, in Hinsicht auf die „handelnde Person", einen der Zusammenhänge zwischen „Übersetzen" und „Problemlösen" dar.

3.3 Zusammenhänge zwischen Übersetzen und Problemlösen

Ganzheitlich betrachtet sind „Übersetzen" und „Problemlösen" gesellschaftliche Phänomene und gehören prinzipiell zu den zielgerichteten Handlungen der Menschen, manchmal in einer „gewöhnlichen" und manchmal in einer „neuartigen" Art und Weise. In diesem Handlungs- bzw. kognitiven Prozess spielen das „Gedankliche" und die „Innensteuerung" der Menschen eine wesentliche Rolle. Konkret auf das Übersetzen und den Übersetzer bezogen kann ein problemlösendes Übersetzen wie folgt zusammengefasst werden:

> Der Übersetzer versucht bewusst, mithilfe seiner individuellen Kompetenzen Lösungswege für bestimmte Probleme in der menschlichen interkulturellen Kommunikation zu finden; währenddessen führt er sowohl eine „innerlich" als auch eine „äußerlich" intendierte „Operation" auf der sprachlichen und kulturellen Ebene durch.

Den Handlungstheorien nach stellt das Subjekt bzw. die Person den „Kern" in einem Handlungs- und auch in einem Übersetzungsprozess dar. Somit betont und beweist dieser Zusammenhang die aktive und unverzichtbare Rolle des Übersetzers.

Neben der „subjektiven" Perspektive sind auf der theoretischen Ebene zwischen Übersetzen und Problemlösen verschiedene Zusammenhänge zu erkennen, die im Folgenden in dreierlei Hinsicht konkretisiert werden.

– **Übersetzen ist ein Mittel, um Probleme zu lösen.**

Zusammenfassend bedeutet das, Übersetzen ist ein Verständigungsmittel, um Kommunikationsprobleme zwischen Menschen mit verschiedenen Sprachen und aus unterschiedlichen Kulturen zu beheben und ihre Verständigung zu ermöglichen. Die Kommunikationsprobleme beschränken sich nicht nur auf die sprachliche Ebene, sondern sind tief im kulturellen Kontext eingebettet und dort verwurzelt. Unabhängig davon, ob diese Probleme die Sprache, Kultur oder beide Aspekte zugleich betreffen – ohne Übersetzen als notwendiges „Werkzeug" und „Instrument" ist es nicht möglich, erfolgreiche interkulturelle Kommunikation zu gewährleisten.

– **Übersetzen ist ein Teil des gesamten Problemlösens.**

Problemlösen findet nicht nur im Bereich der interkulturellen Kommunikation statt, sondern auch in allen anderen Lebens- und Arbeitsbereichen, so beispielsweise im Bereich der Architektur, der Computertechnik oder der Produktentwicklung etc. Gilt „Übersetzen" als Mittel, um bestimmte interkulturelle Kommunikationsprobleme zu lösen, so sind „Statik-Berechnen", „Programmieren" und „Entwickeln" oder „Konstruieren" die entsprechenden Mittel oder

Werkzeuge, um gewisse Probleme in den oben aufgeführten jeweiligen Bereichen zu lösen. Daran zeigt sich, dass Übersetzen nur als Teil des gesamten Problemlösens aufzufassen ist wie auch viele anderen Handlungen von Menschen.

– **Übersetzen ist ein Problemlöseprozess.**

Übersetzen kann selbst als ein Problemlöseprozess betrachtet werden. Diese Feststellung begründet sich zum einen daraus, dass der gesamte Übersetzungsprozess meist von verschiedenartigen Problemen begleitet ist und der Übersetzer immer wieder versuchen muss, unterschiedliche auftretende Probleme zu lösen. Im Großen und Ganzen sind die Übersetzungsprobleme nach sprachlichen und kulturellen Kriterien zu differenzieren, die jedoch im Weiteren noch konkretisiert und unterteilt werden können (siehe 3.2). Zum anderen kann der Übersetzer die für das allgemeine Problemlösen zur Verfügung stehenden Strategien und Prozessschritte prinzipiell in den Übersetzungsprozess miteinbeziehen und integrieren, da beide Prozesse einem ähnlichen Schema der Lösungssuche folgen, das auf vier Arbeitsschritten beruht: Analyse der Problem- oder Textsituation, Suche nach Lösungsalternativen oder Übersetzungsstrategien, konkrete Handlung des Problemlösens oder Übersetzens und schließlich die Ergebnisanalyse. Somit kann die Annahme der vorliegenden Arbeit – Übersetzen als Problemlöseprozess – auf der theoretischen Ebene bestätigt werden.

Da es in vielen Fällen des Problemlösens sowie des Übersetzens keine festen Regeln oder eindeutigen optimalen Lösungswege gibt, muss sich der Problemlöser intuitiv für diejenige Variante der Möglichkeiten, die bei geringem Aufwand eine gute Wirkung erzielt, entscheiden (vgl. Wendt, 2002, 210). Die grundlegenden problemlösenden Kompetenzen, vor allem Wissen und Intelligenz, sind in diesem Zusammenhang die wichtigsten Voraussetzungen, um Lösungswege für ein komplexes Problem zu finden. Die erforderlichen Kompetenzen des Übersetzens und des Problemlösens beruhen einerseits beide auf diesen zwei Komponenten, andererseits sind sie je nach tatsächlichen Problemsituationen, -arten und -bereichen zu unterscheiden. Wie viel Wissen also für die jeweilige problemlösende Handlung erforderlich ist und welche Inhalte und welchen Umfang das Wissen für die jeweilige problemlösende Handlung umfassen muss, ist davon abhängig, um welche „Probleme" es sich tatsächlich handelt.

Zusammenfassend ergibt sich, dass die allgemeinen problemlösenden Strategien, Prozesse und Kompetenzen eine „überblicksartige" Funktion für das Übersetzen haben, welche dem Übersetzer eine übergeordnete Orientierung für seine Handlung bieten kann. Darauf werde ich im Anschluss an das Übersetzen des Beispieltextes A noch zurückkommen (siehe 5.1.1).

Das Ziel der vorliegenden Arbeit besteht jedoch darin, „Übersetzen als Problemlöseprozess" nicht nur „theoretisch" zu bestätigen oder dem zu widersprechen, sondern dies auch anhand von praktischen Übersetzungsbeispielen „praxisbasierend" anschaulich darzulegen. Um diesem Ziel nachzugehen, werden im fünften Kapitel der Arbeit drei konkrete Beispieltexte aus der Automobilbranche ausgewählt und ausführlich behandelt. Theoretische Grundlage des praktischen Teils bilden dabei kurze Erläuterungen bezüglich Textklassifikation und Fachkommunikation, die Gegenstand des folgenden Kapitels sind.

4. Textklassifikation und Fachkommunikation

Kommunikation in einem Unternehmen übt heutzutage nicht mehr traditionell die Rolle als „Mittel der Verständigung" aus, sondern dient als notwendiges „Instrument" (Fiehler, 2002, 8), mit dem das Unternehmen seine wirtschaftlichen Ziele zu erreichen versucht. In diesem Zusammenhang ist ein Unternehmen, das sich mitten in einem internationalen Netzwerk und Konkurrenzkampf befindet, unabdingbar vor die Herausforderung gestellt, sich mit interkultureller Kommunikation auseinanderzusetzen und zu versuchen, eine freundschaftliche und geschäftsfördernde Beziehung zwischen Partnern aus verschiedenen Ländern herzustellen und diese aufrechtzuerhalten. Grundlegend kann man feststellen, dass sich die interkulturelle Kommunikation in einem internationalen Unternehmen vor allem nach den spezifischen Bedürfnissen eines Unternehmens richtet, bzw. dient sie dem unternehmerischen Handeln und anschließend dem wirtschaftlichen und gesellschaftlichen Erfolg. In diesem interkulturellen Kommunikationsprozess spielt die übersetzerische Tätigkeit und Fähigkeit zweifellos eine tragende Rolle. Daher sind Übersetzungen, insbesondere Fachübersetzungen, für das internationale wirtschaftliche Handeln nicht mehr wegzudenken.

Eine internationale Automobilfirma ist nach einem komplexen System organisiert, das in verschiedene Arbeitsbereiche und Tätigkeiten aufgeteilt ist. Obwohl jeder Arbeitsbereich bestimmte Textsorten bevorzugt und spezielle mündliche und schriftliche Kommunikationsformen pflegt, kann man die Textsorte im Automobilbereich allgemein als „Wirtschaftssprache" und die Kommunikation als „Wirtschaftskommunikation" betrachten und definieren. Es lässt sich jedoch feststellen, dass Alltags-, Umgangs- und Fachsprache in vielen Texten und Arbeitsbereichen gemeinsam auftauchen. Der Übersetzer sieht sich daher der Herausforderung gegenüber, sowohl nicht-fachlich als auch fachlich zu übersetzen.

Die Erläuterungen über Textklassifikation und Fachkommunikation sollen verdeutlichen, worauf sich die Beispieltexte im praktischen Teil der Arbeit beziehen, welche Merkmale und Übersetzungsschwierigkeiten diese Texte von vornherein mitbringen.

4.1 Textklassifikation

In den letzten drei Jahrzehnten wurde in der Sprachwissenschaft und in der Übersetzungswissenschaft, vor allem im Rahmen textlinguistischer Ansätze, intensiv über die „Typologisierung" von Texten diskutiert. Trotz vieler Bemühungen ist

147

es bis heute jedoch nicht gelungen, alle Texte systematisch zu erfassen und somit eine allgemein akzeptierte und einheitliche Klassifizierung verschiedener Texte zu erarbeiten. Selbst der Begriff „Textklassifizierung" ist weder differenziert noch eindeutig definiert. Ich beschränke mich daher im Folgenden auf die beiden Begriffe „Texttyp" und „Textsorte", da diese in der Literatur am häufigsten diskutiert wurden.

4.1.1 Texttyp

Grundsätzlich kann der Terminus „Texttyp" als Oberbegriff für „Textsorte" aufgefasst werden, da er verschiedene Textsorten zusammenfasst, die bestimmte Merkmale gemeinsam haben. Daher handelt es sich bei „Texttyp" um ein „weit allgemeineres Phänomen als bei der Textsorte" (Albrecht, 2013, 259). Reiß geht von den sprachlichen und kommunikativen Funktionen der Texte aus und unterteilt alle Texte in drei Gruppen bzw. Typen:

- Texte, die informieren wollen;
- Texte, die ein künstlerisch-ästhetisches Gebilde darstellen und geistigen Genuss (ein geistiges Erlebnis) bereiten wollen;
- Texte, die auf eine außersprachliche Reaktion des Lesers abzielen (vgl. Reiß, 1993, 8)

„Informative" Texte sind inhaltsbetont, dominierend ist die Darstellungsfunktion. Bei den „ästhetischen" bzw. expressiven Texten steht die Ausdrucksfunktion im Mittelpunkt. Folglich kommen Gefühle, subjektive Einstellungen, Wertvorstellungen und Wünsche des Autors zum Ausdruck. Appellbetonte bzw. operative Texte hingegen fokussieren Reaktion, Beeinflussung und Überzeugung des Textempfängers. Demnach geht es hier um Texte, die eine bestimmte Wirkung auf die Textempfänger ausüben und nach einer Reaktion verlangen (vgl. Kadri´c/ Kaindl/Kaiser-Cooke, 2010, 100).

Diese drei kommunikativen Funktionen von Texten können sich jedoch im konkreten Fall bzw. Text überschneiden, beispielsweise aufgrund von unterschiedlichen Rezipienten und deren Interessen. Ein Reiseprospekt dient als gutes Beispiel: Die primäre Funktion des Reiseprospektes ist Information und Darstellung, weshalb im Text detaillierte Angaben zu Reisezielen sowie vollständige Reiseprogramme enthalten sind. Außerdem muss der Reiseprospekt auch die Appellfunktion erfüllen, um die Interessen der potenziellen Reisenden zu wecken und sie schließlich als Kunden zu gewinnen.

4.1.2 Textsorte

Der Oberbegriff „Texttyp" erfasst jedoch die Komplexität und Eigenschaften von Texten nicht vollständig, daher müssen Texte in kleinere Einheiten, beispielsweise differenziert nach Textsorten, unterteilt werden (vgl. Kußmaul, 2009, 16). Der Begriff „Textsorte" beschreibt eine „soziale Kategorie" (Kvam, 2009, 51), die im Allgemeinen mit Kommunikations- bzw. gesellschaftlichen Bereichen wie Wirtschaft, Verwaltung, Rechtswesen, Religion oder Alltag etc. verbunden ist. Das oben erwähnte Reiseprospekt stellt eine Textsorte dar, die dem Bereich Tourismus zugeordnet werden kann.

Aus übersetzerischer Sicht unterscheidet Koller Texte in Fiktiv- und Sachtexte (vgl. Koller, 2001, 278). Sachtexte bilden Untersuchungsgegenstände der praktischen Arbeit und werden nach Koller in drei Unterkategorien unterteilt:

– Die erste Kategorie besteht aus Sachtexten, die überwiegend „allgemeinsprachlichen" Charakter haben und der nicht-fachlichen Kommunikation dienen.
– Die zweite Kategorie zeichnet sich sowohl durch allgemeinsprachlichen als auch fachsprachlichen Charakter aus, die beide der Kommunikation zwischen Fachleuten und Nicht-Fachleuten dienen.

Die Texte aus der zweiten Kategorie können auch als fachexterne Texte bezeichnet werden (vgl. Stolze, 2009, 202). Da sich diese an Textempfänger bzw. an „Laien" richten, muss die Akzeptanz durch den Zielleser beim Verfassen und Übersetzen solcher Texte berücksichtigt werden. Demzufolge sieht sich der Übersetzer weniger der Forderung nach „Fachlichkeit", sondern mehr nach „Verständlichkeit" des übersetzten Textes gegenüber. Bedingungseinleitungen und Kochbücher sind beispielsweise fachexterne Texte, in denen die fachsprachlichen und fachlichen Inhalte von „Experten" verfasst und den „Laien" unter Berücksichtigung ihrer Verstehensvoraussetzungen zur Verfügung gestellt werden.

– Die dritte Kategorie von Sachtexten richtet sich an Fachleute und Spezialisten. Diese Texte haben fachspezifische und fachsprachliche Eigenschaften und können im Weiteren in fachinterne und interfachliche Texte differenziert werden.

Die fachinternen Texte dienen der Kommunikation zwischen Experten in einem Fachgebiet und setzen entsprechendes Fachwissen sowie Kenntnis der Fachterminologie für die Verständigung voraus. Demnach wird die Übersetzung der fachinternen Texte vor allem benötigt, um die „Sprachbarriere zwischen AS-Textsender und ZS-Textempfänger" (Stolze, 2009, 202) zu überwinden.

Technische Berichte und Fachzeitschriftenartikel zählen in der Regel zu den fachinternen Texten. Interfachliche Texte richten sich an Experten aus verschiedenen Fächern. Solche Texte verfügen zwar im Vergleich zu fachexternen Texten über ein höheres Maß an „Fachlichkeit", jedoch können interfachliche Texte weder entsprechendes Fachwissen noch die Fachterminologie bei allen Kommunikationspartnern voraussetzen, wie es bei den fachinternen Texten der Fall ist. Für die konkrete Übersetzung interfachlicher Texte sind Verstehensvoraussetzungen verschiedener Zieltextempfänger zu berücksichtigen.

Für den praktischen Teil der vorliegenden Arbeit erfolgt die Auswahl der Beispieltexte anhand der oben genannten Klassifizierung von Sachtexten. Konkret werden aus allen drei Kategorien jeweils ein nicht-fachlicher, ein fachexterner und ein fachinterner Text ausgesucht und übersetzt. Bevor ich auf die konkreten Texte eingehe, ist zunächst die Frage nach den Charakteristika der Fachkommunikation kurz zu erörtern.

4.2 Fachkommunikation

Kommunikation wurde bereits in den vorgegangenen Kapiteln in Bezug auf Übersetzungswissenschaft unter linguistischer, situativer, funktioneller, kultureller und interkultureller Perspektive erläutert. In diesem Abschnitt wird als ein weiterer Aspekt dieses Spektrums die fachliche Kommunikation beschrieben, in der die „Informationsübermittlung" im Vordergrund steht. Fachkommunikation ist grundsätzlich auch Zweckkommunikation, die durch das Mittel „Fachsprachen" verwirklicht wird.

4.2.1 Fachsprache

Eine allgemeingültige Definition des Terminus „Fachsprache" kann bislang nicht formuliert werden. Klarheit besteht nur darüber, dass Fachsprache einem bestimmten Fachgebiet zuzuordnen ist, innerhalb dessen sie auch verwendet wird. Zwei häufig zitierte Definitionen von Fachsprache verfassten Hoffmann und Fluck:

> Fachsprache ist die Gesamtheit aller sprachlichen Mittel, die in einem fachlich begrenzbaren Kommunikationsbereich verwendet werden, um die Verständigung zwischen den in diesem Bereich tätigen Menschen zu gewährleisten (Hoffmann, 1985, 53).

> „Fachsprache" ist eine – insbesondere in den Bereichen Wissenschaft und Technik – häufig verwendete Bezeichnung, die alle möglichen, verbalen und nichtverbalen (...) (Text-)Formen der fachbezogenen Verständigung (Fachkommunikation, Fachdiskurs) meint und oft in einem Gegensatz zum Begriff der üblicherweise verwendeten „Gemein-" oder „Standardsprache" gestellt wird (Fluck, 1997, 14).

Diese Definitionen lassen deutlich erkennen, dass es sich bei Fachsprache um Sprachmittel handelt, „die konventionell von entsprechenden Kommunikationsteilnehmern in entsprechenden Situationen zur Erreichung entsprechender Ziele verwendet werden" (Engberg, 2004, 72). Die „entsprechenden Ziele" bezeichnen hauptsächlich die Erreichung einer möglichst genauen und eindeutigen Verständigung zwischen den Fachleuten auf einem bestimmten Fachgebiet. Die Verwendung von Fachsprachen ermöglicht schließlich die Genauigkeit und eine Präzision des „Gemeinten" zwischen Fachleuten.

Die Definition Flucks bringt zusätzlich die Gegenüberstellung zwischen Fachsprachen und Gemeinsprache zum Ausdruck, welche hier aufgrund der breiten Diskussion in der Literatur nur knapp zusammengefasst wird. Grundsätzlich bilden Fachsprachen und Gemeinsprache kein gegensätzliches Paar, da Fachsprachen nicht über sprachlich selbstständige Systeme verfügen und somit eher als „Subsysteme" der Gemeinsprache zu betrachten sind. Demnach kann man feststellen, dass es sich bei einer Fachsprache um eine Variante der Gemeinsprache handelt (vgl. Hüging, 2011, 6). Das Verhältnis zwischen Fachsprache und Gemeinsprache zeichnet sich besonders dadurch aus, dass Fachsprachen einerseits aufgrund der Spezifizierung und Konkretisierung nach immer höherer Präzision streben und aus der Gemeinsprache heraus entstehen. Andererseits gehen zahlreiche Fachtermini und Fachausdrücke mit der Zeit als moderne und neue Formulierungen in die Gemeinsprache über, sodass Fachsprachen zunehmend auch im alltäglichen Leben verwendet werden. Eine klare Abgrenzung zwischen Fach- und Gemeinsprache ist nach Schmitt besonders im Automobilbereich unmöglich (vgl. Schmitt, 2006, 123).

Die permanente Zunahme von Fachsprachen führt unmittelbar zu Kommunikationsbarrieren, die Laien belasten, da sie nicht ausreichend fachliche „Kommunikationskenntnisse" und somit „Kommunikationsfähigkeit" besitzen, um sich mit fachlichen Informationen und Fachwörtern einwandfrei auseinandersetzen zu können. Die Zunahme von Fachsprachen macht sich nicht nur in der Fachkommunikation, sondern auch in der Übersetzungswissenschaft mit enormen Auswirkungen bemerkbar. Da Ausdrücke und Ausdrucksformen innerhalb einer Fachsprache nicht konstant bleiben und sich stattdessen vermehren und ständig verändern, muss sich der Übersetzer stets bemühen, möglichst alle aktuellen Fachtermini sowohl in der Ausgangssprache als auch in der Zielsprache zu beherrschen, um fachkompetent übersetzen zu können.

Der Tendenz des Übergehens von Fachsprachen in die Gemeinsprache zufolge entstehen in verschiedenen Gesellschaftsbereichen immer mehr Texte, in denen gemeinsprachliche und fachsprachliche Phänomenen sowie Elemente nebeneinander existieren. Sind solche Texte Fachtexte und wodurch zeichnen sich Fachtexte aus? Diese Fragen versuche ich im Folgenden zu beantworten.

4.2.2 Fachtexte

Texte werden in Bezug auf bestimmtes menschliches Handeln produziert, rezipiert und aufgrund verschiedener Tätigkeitsbereiche differenziert. Unter ihnen gilt der Fachtext als „Instrument bzw. Resultat der im Zusammenhang mit einer spezialisierten gesellschaftlich-produktiven Tätigkeit ausgeübten sprachlich-kommunikativen Tätigkeit" (Hoffmann, 1988, 119). Demnach zeichnen sich Fachtexte grundsätzlich durch den fachspezifischen Inhalt des Gegenstands- und Fachbereiches aus. „Liegt keine Fachlichkeit vor, so handelt es sich nicht um einen Fachtext" (Höging, 2011, 16). Daher bildet die Fachterminologie das wesentliche Merkmal fachlicher Texte. Infolgedessen sind Fachtermini wichtige Bestandteile und Grundlagen jeder Fachübersetzung (vgl. Gerzymisch-Arbogast, 2005, 37). Es ist jedoch nicht eindeutig festzulegen, wie hoch der fachsprachliche Anteil sein muss, um einen Text als Fachtext bezeichnen zu können. Klar zu definieren ist nur, dass Fachtexte, wie auch Fachsprachen, der präzisen fachlichen Kommunikation dienen. Da bei Fachtexten grundsätzlich die „Informationsübermittlung" im Vordergrund steht, werden sie traditionell den darstellungsbetonten und informativen Texten zugeordnet (vgl. Reinart, 2009, 187).

Nicht allein der fachliche Sachverhalt ist für einen Fachtext entscheidend, sondern auch die „Makrostruktur", die ein weiteres Merkmal eines Fachtextes darstellt. Die Makrostruktur bezeichnet im Allgemeinen den funktionalen Zusammenhang zwischen den Teiltexten und stellt die „innere Logik" (Resch, 2006, 17) des Textes dar, „die an der Textoberfläche als lineare Abfolge von Teiltexten mehr oder weniger deutlich zum Ausdruck kommt" (Hoffmann, 1988, 163). Man benennt den funktionalen Zusammenhang des Textes auch als „Kohärenz" oder „thematische Struktur" (Kvam, 2009, 80). Bezogen auf Fachtexte ist deren „Makrostruktur" vor allem dadurch gekennzeichnet, dass die Art und Weise, wie die Inhalte mancher Fachtexte aufgebaut und „zusammengestellt" sind, durch die Konvention der Fachtextsorten festgelegt ist. In Kapitel 1.5.1.2 wurde die Makrostruktur der Textsorte „Packungsbeilage" bereits dargestellt, die gewisse inhaltliche und formale Regeln erkennen lässt. Solche konventionalisierten Textformen und fixierten Makrostrukturen sind beim Übersetzen von Fachtexten insbesondere zu beachten und zu berücksichtigen, wenn in der Zielkultur vergleichbare Textsorten vorhanden sind, die jedoch unterschiedliche inhaltliche sowie formale „Strukturen" aufweisen, so beispielsweise die Fachtextsorte „Arbeitszeugnis" in China und Deutschland.

Das chinesische Arbeitszeugnis beinhaltet in der Regel nur Angaben zu früheren „Arbeitszeiträumen" und „Arbeitsbereichen" eines Arbeitnehmers. Sie kann im Prinzip als knappe „Arbeitsbescheinigung" betrachtet werden. Ein deutsches Arbeitszeugnis umfasst außer diesen Inhalten in der Regel noch detaillierte Angaben zu Tätigkeiten des Arbeitnehmers sowie viel „Lob", das nicht nur in Bezug auf die Arbeit ausgesprochen wird, sondern auch auf die Person selbst und deren Persönlichkeit. Wenn man im chinesischen Arbeitszeugnis gelegentlich auch lobende Wörter findet, stellt dies eine Ausnahme dar und deutet darauf hin, dass entweder der ehemalige Arbeitnehmer tatsächlich hervorragende Arbeit geleistet hat oder er sich mit dem „Personalchef", der das Zeugnis erstellt, sehr gut versteht. Grundsätzlich wird in China weniger Wert auf das Arbeitszeugnis gelegt als in Deutschland.

Zusammenfassend ist festzustellen, dass Kenntnisse von Textsorten und Textsortenkonventionen für den Übersetzer wichtige Hinweise bei der Rezeption des Ausgangstextes und Produktion des Zieltextes liefern, da bestimmte Textsorten typische Sprach- und Gestaltungsmuster enthalten, die kulturspezifisch sind.

Im Folgenden gehe ich auf drei konkrete Beispieltexte aus der Automobilbranche ein. Alle ausgewählten Beispieltexte setzen voraus, dass sie nicht nur an einen breiten Publikumskreis gerichtet sind und daher dessen allgemeinem Interesse entsprechen, sie sind diesem Publikum darüber hinaus auch leicht zugänglich.

Im Rahmen dieser Arbeit ist es nicht möglich, die vollständigen Texte aufgrund ihrer Länge und umfangreichen Inhalte umfassend zu behandeln. Daher werden jeweils nur ein oder zwei kurze Textabschnitte, die charakteristische übersetzungsrelevante Aspekte umfassen, analysiert und übersetzt. Die vollständigen Beispieltexte A und C sind im Anhang dieser Arbeit beigefügt.

5. Übersetzungsbeispiele Deutsch – Chinesisch aus der Automobilbranche

Dieser Teil der Arbeit richtet sich vor allem an chinesische Übersetzer. Um den Übersetzungsprozess konkret zu beschreiben, übersetzerische Probleme aufzuzeigen und entsprechende Lösungen zu finden, behandelt das vorliegende Kapitel drei Übersetzungsbeispiele Deutsch – Chinesisch. Das konkrete Übersetzen von drei verschiedenen Beispieltexten wird anhand einzelner Schritte des funktionalen Prozessmodells durchgeführt: „Interpretation des Übersetzungsauftrages", „Analyse des Ausgangstextes", „Entwurf der Übersetzungsstrategie" und „Produktion des Zieltextes" (siehe 1.4.2.3). Darauf basierend folgt im Anschluss die Analyse von problemlösenden Strategien, Prozessen und Kompetenzen.

Anzumerken ist jedoch, dass die folgenden Übersetzungen keinen Anspruch auf Vollständigkeit erheben. Demzufolge wird im Übersetzungsprozess nicht auf jedes zu übersetzende Wort und alle übersetzungsrelevanten Einzelheiten eingegangen, sondern überwiegend auf die „problematischen" Aspekte.

5.1 Nicht-fachliche Übersetzung

Beispieltext A:[32]

Fingerzeig aus Ingolstadt	Titel
Der neue Audi A8 bietet mehr als nur eine effektheischende Front inklusive einem mächtigen Single-Frame-Kühlergriff und ansprechende Fahrleistungen. Sein großes Plus ist die INTELLIGENTE VERNETZUNG verschiedener Fahrerassistenz-Systeme.	Untertitel
Der gebürtige Oberbayer Rupert Stadler hat das ,Mir-san-mir'-Gefühl schon seit Kindesbeinen inhaliert. Dazu gehört auch eine zünftige Tracht, inklusive Lederhose, die, wie es sich gehört, aus Hirschleder ist. Deswegen dürfte es den Ober-Audianer auch besonders freuen, dass beim neuen A8 der Automatik-Hebel und die Kopfstützen in bester weißblauer Tradition in ebensolchem naturbelassenen Leder zu haben ist. Gegen einen angemessenen Aufpreis, versteht sich. Das gehört in der Oberklasse zum guten Ton.	Abschnitt I
(…)	
Wolfgang Gomoll	

---

32 Der Beispieltext A kann prinzipiell als ein Fachtext aus dem Kraftfahrzeugbereich betrachtet werden. Da dieses Unterkapitel die nicht-fachliche Kommunikation und

5.1.1 Übersetzungsprozess

I. Interpretation des Übersetzungsauftrages

„Ökonomisch-praktische Rahmenbedingungen" (siehe 1.4.2.3) gelten in der Regel als erster Aspekt der „Interpretation des Übersetzungsauftrages", die hier jedoch für das praktische Übersetzen nicht relevant sind. Vor Übersetzungsbeginn muss nun festgestellt werden, welche **„zieltextbezogenen Auftragsinformationen"** (siehe 1.4.2.3) bekannt sind. Der Beispieltext ist ein Abzug eines in Deutschland publizierten und international veröffentlichten Artikels aus der Zeitschrift „Automobil Produktion", in der über die neuen Produkte, aktuellen Entwicklungen und zukünftigen Ziele der Automobilhersteller und Zulieferer in den gesamten internationalen Automärkten berichtet wird. Im Allgemeinen soll die Übersetzung der Zeitschrift in die chinesische Sprache auch die Funktion erfüllen, dem chinesischen Markt und dessen Kunden Neuigkeiten aus dem Automobilbereich schnell und präzise zu übermitteln. Die genaueren Kenntnisse über den Übersetzungsauftrag kann man aus der Analyse des Ausgangstextes gewinnen. Wie ich bereits in Kapitel 1.4.2.3 erwähnte, ist der Übersetzungsprozess nicht eindeutig in einzelne Phasen abzugrenzen. Daher gehe ich gleich auf den nächsten Schritt ein.

II. Analyse des Ausgangstextes

Bei der Analyse des Ausgangstextes bieten textexterne und textinterne Faktoren Orientierung. Ausgehend von den textexternen Faktoren (siehe 1.5.1.1) ergibt sich folgendes Analyseergebnis: Der Text wurde von Wolfgang Gomoll (**Textproduzent**) verfasst und ist in der Ausgabe 3/2010 (**Zeit**) des Automagazins „Automobil Produktion" (**Medium**) abgedruckt. Der Auftraggeber der Produktion dieses Berichtes ist die Audi AG (**Sender**), die die Neuigkeiten bezüglich des Produktes A8 darstellen bzw. dessen Leistungen „Intelligente Vernetzung verschiedener Fahrerassistenz-Systeme" hervorheben möchte (**Senderintention I**). Des Weiteren verfolgt die Audi AG mit der Veröffentlichung des Artikels auch die Absicht, potenzielle Käufer des Produktes zu begeistern sowie das

---

Übersetzung behandelt, wird hier nur der erste Abschnitt des Textes (kursiv) übersetzt. Der Rest des hier dargestellten Textinhaltes ist nicht Gegenstand der Übersetzung und dient ausschließlich als weitere Information für die Leser aus Gründen der Vollständigkeit, Nachvollziehbarkeit und des besseren Verständnisses. Weitere Recherchen ergaben, dass das Automagazin „Automobil Produktion", in dem der Beispieltext veröffentlich wurde, seit April 2010 auch verschiedene chinesische Ausgaben publiziert hat. Für den Beispieltext existiert jedoch keine chinesische Übersetzung.

Kaufvolumen und somit den wirtschaftlichen Gewinn zu steigern (**Sender-intention II**). Die Zielleser der deutschsprachigen Zeitschrift „Automobil Produktion" bestehen aus Managern, Ingenieuren, Technikern, Entwicklern und Mitarbeitern aus dem Automobilbereich sowie aus Journalisten, Kunden und potenziellen Kunden (**Empfänger des Originaltextes**). Die Übersetzung des Beispieltextes richtet sich an die gleichen Zielgruppen in China (**Zieltext-empfänger**), die die gleichen Bedürfnisse und Erwartungen wie die deutsch-sprachigen Leser haben. Da China aktuell und auch in der Zukunft einer der wichtigsten Automärkte bleibt und über genügend Kaufpotenzial verfügt, be-steht umso mehr Bedarf, solche Übersetzungen und Informationen rechtzeitig zu übermitteln (**Kommunikationsanlass**). Die gesamte Analyse textexterner Faktoren liefert die Hinweise dafür, dass die Funktion der Übersetzung einer-seits aus „Information" bzw. „Darstellung" besteht und andererseits die „Appell-funktion" umfasst (**Textfunktion**).

Aus dieser Analyse ergibt sich, in welcher „Situation" der Ausgangstext ent-steht und für wen und für welchen Zweck die Übersetzung verwendet wird. Diese Kenntnisse sind bei weiterer Analyse textinterner Faktoren (siehe 1.5.1.2) hilfreich für den Übersetzer, besonders wenn Schwierigkeiten in lexikalischer und syntaktischer Hinsicht bestehen. Im zu übersetzenden Textabschnitt sind auf den ersten Blick keine besonderen Schwierigkeiten hinsichtlich der Lexik und Syntax im engeren Sinne festzustellen, die ein grobes Verstehen des Textes blockieren und verhindern. Dennoch sind in diesem Abschnitt viele „kulturelle Elemente" zu erkennen, die das Übersetzen erschweren und Unsicherheit sowie Unschlüssigkeit bei dem Übersetzer verursachen. Zum Beispiel:

- Wie übersetzt man „Mir-san-mir"? Warum wird gerade dieser Ausdruck ver-wendet?
- Was will der Autor durch die Verwendung von „Tracht", „Lederhose" und „Hirschleder" erreichen? Worin besteht der Zusammenhang zwischen diesen Ausdrücken?
- Was ist unter „weißblauer" Tradition zu verstehen?
- Wieso führt der Text überhaupt die Aspekte „Tradition" und „Kultur" an, ohne unmittelbar und direkt auf das Produkt einzugehen?
- Kann der erste Abschnitt als überflüssig betrachtet werden? Kann der Übersetzer diesen Teil des Textes beim Übersetzen überspringen oder zusammenfassen?

Um diese Fragen zu beantworten, muss der Übersetzer gewisse Grundkenntnis-se nicht nur der bayerischen Sprache, sondern vielmehr auch der bayerischen Tradition besitzen. Konkret besteht der Unterschied folglich zwischen einer gelungenen und einer misslungenen Übersetzung in diesem Fall vor allem darin, ob der Übersetzer neben den sprachlichen „Feinheiten" auch die kulturelle „Besonderheit" und „Verbundenheit" im Beispieltext verstehen und diese mithilfe seiner interkulturellen Kompetenzen und Kreativität in der chinesischen Sprache zum Ausdruck bringen kann. Die **Thematik** des zu übersetzenden Abschnittes ist zwar, wie im gesamten Text, das Produkt Audi A8, jedoch steht „Kultur" im ersten Abschnitt im Zentrum des Übersetzens.

Noch zu beachten ist in vorliegendem Fall die „**Textposition**" des zu übersetzenden Abschnittes. In der Regel wird der erste Abschnitt eines Textes immer mit besonderer Vorsicht und Aufmerksamkeit verfasst, um die Leser von Anfang an zu faszinieren. Dementsprechend muss die Übersetzung eines solchen Abschnitts auch ausgesprochen „interessant" und „verlockend" klingen, sodass die Zielleser aufgrund geweckter Neugierde mit Interesse weiterlesen. Es darf auf keinen Fall passieren, dass die Zielleser die Übersetzung sowohl auf sprachlicher als auch auf kultureller Ebene als befremdlich empfinden und somit die Lust am Weiterlesen verlieren.

Nach der Analyse der textexternen und textinternen Faktoren besitzt der Übersetzer einen Überblick über den Textabschnitt und befindet sich gleichzeitig in der Situation, einige übersetzerische Schwierigkeiten und Probleme insbesondere kultureller Art überwinden zu müssen. Im nächsten Übersetzungsschritt soll nun festgestellt werden, welche Kompetenzen für die Überwindung der ermittelten Übersetzungsprobleme benötigt werden und wie der Übersetzer zu diesen Fähigkeiten und Kenntnissen gelangt. Des Weiteren wird erläutert, woran sich der Übersetzer hierbei grundsätzlich orientieren kann.

III. Entwurf der Übersetzungsstrategie

Um eine angemessene Übersetzung anzufertigen, muss der Übersetzer den Originaltext richtig verstehen, und zwar in diesem Fall in Bezug auf den „**Sozialkultur-Kontext**" (siehe 1.5.2). Um dies deutlicher und konkreter darzustellen, will ich die oben gestellten „kulturbezogenen" Fragen beantworten.

„Mir-san-mir" bringt die Originalität der bayerischen Sprache und des bayerischen Lebensgefühls zum Ausdruck – ein Gefühl des „Stolzes" und der „Heimatverbundenheit". Ein besseres Wort wird es in diesem Zusammenhang wohl kaum geben. Zu der bayerischen Tradition gehört selbstverständlich eine Tracht. Eine Lederhose aus Hirschleder ist im Gegensatz zu normalen Lederhosen edler, natürlicher und traditioneller, weshalb sie auch mit einem höheren Preis verbunden ist, den man aber gerne in Kauf nimmt. Im engeren Sinne stellt hier die Lederhose aus Hirschleder ein edles Produkt dar, ebenso wie der neue Audi A8 mit hochwertiger Ausstattung – „auch gegen einen angemessenen Aufpreis" natürlich. Die Frage nach der „weißblauen" Tradition ist einfacher zu beantworten,

wenn man schon einmal die bayerische Flagge zu Gesicht bekommen hat –
„weißblaue Tradition" meint schlichtweg die bayerische Tradition. Im Kontext
bedeutet das, dass die Autoteile „Automatik-Hebel" und „Kopfstützen" in traditi-
onellem „naturbelassenen Leder" ausgearbeitet werden sollen. Ein Defizit dieser
Kenntnisse kann zu großen Missverständnissen führen, wenn der Übersetzer
schreibt: Die Autoteile sollen mit „weißblauer" Farbe ausgestaltet werden.

Wie in Kapitel 3.1.1 dargestellt, ob der Übersetzer hier den Ausdruck „Mia-
san-mir" oder „Lederhose" in die chinesische oder in eine andere Fremdsprache
übersetzt, ist er mit einem „ausgangstextabhängigen" Übersetzungsproblem konfrontiert, denn diese zu übersetzenden Ausdrücke sind „kulturbedingte" Begriffe,
die spezifisch in der Ausgangskultur, jedoch nicht in der Zielkultur vorhanden sind.

Der vorliegende Text enthält viele Hinweise auf Feinheiten der bayerischen
Lebensart und Besonderheiten der bayerischen Kultur. Um sie richtig zu interpretieren, kann der Übersetzer einen deutschen Muttersprachler, am besten
gleich einen Bayer, fragen, was dieser unter dem ersten Abschnitt nicht nur inhaltlich, sondern vielmehr „emotional" versteht. Eine gelungene Übersetzung
ruft die Gefühle Stolz, Erstklassigkeit, Traditions- und Heimatverbundenheit
sowie die Selbstverständlichkeit hinsichtlich des hohen Preises für ein hochwer-
tiges Produkt hervor. Diese Gefühle sollen als grundlegende Emotionen beim
Lesen des gesamten Textes beibehalten werden. Demzufolge soll der Übersetzer
solche kulturrelevanten Elemente nun zielgerichtet übersetzen und auf keinen
Fall beim Übersetzen „überspringen".

Da viele chinesische Übersetzer nicht die Möglichkeit haben, Fremdspra-
chekenntnisse im Zielland zu erwerben und somit die Kultur des Ziellandes
persönlich kennenzulernen, ist es für sie besonders schwierig, kulturbezogene
Übersetzungsprobleme erfolgreich zu beheben. Können sie nicht direkt einen
Deutschmuttersprachler befragen, sind sie gezwungen, sich hauptsächlich auf
Wörterbücher und eigene Recherchen zu verlassen. In solchen Fällen treten mit
sehr hoher Wahrscheinlichkeit Fehlübersetzungen auf. Mithilfe von Wörterbü-
chern etwa findet der Übersetzer zwar eine entsprechende Übersetzung von
„Oberbayern", erhält jedoch keine Informationen über die damit verbundenen
Assoziationen und Charakteristika, die Oberbayern von anderen deutschen
Bundesländern unterscheiden. Das Wort „Ober" zwischen „Oberbayer", „Ober-
Audianer" und „Oberklasse" hat zudem unterschiedliche Bedeutungen. Während das erste Wort auf die geografische Herkunft der Person hinweist, stellt der
zweite Begriff die hierarchische Position innerhalb des Unternehmens der Audi
AG dar. Das „Ober" in „Oberklasse" entspricht der Beurteilung eines Produktes
in Bezug auf „Wert" und „Qualität" und entspricht hier dem Wort „Premium".

Diesen Unterschied kann man dem Wörterbuch so nicht direkt entnehmen, was folglich zu einer falschen Interpretation und schließlich Übersetzung führen kann. Sich nicht oberflächlich auf der sprachlichen Ebene und auf Wörterbücher einzuschränken, sondern sich kultureller Hintergründe sowie Kenntnisse zu vergewissern, soll dem Übersetzer dabei helfen, seine übersetzerischen Fähigkeiten und sein Geschick beim Übersetzen zu verbessern. Schließlich ist das Übersetzen ein „Kulturtransfer", in dessen Prozess die **interkulturellen Kompetenzen** (siehe 1.6.2.3) des Übersetzers eine unentbehrliche Rolle spielen.

Aufgrund der vielen im Textabschnitt enthaltenen „Kulturelemente" ist es kaum möglich, diesen ersten Abschnitt wortgetreu und wörtlich zu übersetzen. Demnach steht für diesen Übersetzungsfall nicht die linguistisch orientierte Vorgehensweise im Vordergrund, sondern der kulturelle und funktionale Übersetzungsansatz. Eine nicht-wörtliche Übersetzung bedeutet zugleich, dass dem Übersetzer auch entsprechend viel Freiheit und Flexibilität zustehen, um eine sinngemäße Übersetzungsäquivalenz (siehe 1.2.2.1) zu erreichen. Um die übersetzerische Freiheit nicht unnötig zu strapazieren, kann sich der Übersetzer vor allem an dem **Skopos** (siehe 1.2.3.1) des Ausgangstextes orientieren, in diesem Fall des ersten Abschnittes – das Premium-Gefühl des Produktes mit Bezug auf die bayerische Tradition beim Leser zu erzeugen. Verfolgt der Übersetzer diesen Zweck, ist eine gewisse Übersetzungsqualität und -sicherheit gewährleistet. Um den ursprünglichen Sinn und Zweck des Textabschnittes beizubehalten, kann dabei eine Formänderung des Ausgangstextes beispielsweise hinsichtlich der Satzlänge oder der Grammatik etc. vorgenommen werden (siehe 1.3.2). Für die Entscheidungen, welches Wort des Originaltextes der Übersetzer beim Übersetzen weglässt, betont oder umschreibt, spielt die **Kreativität** (1.6.2.4) des Übersetzers eine wichtige Rolle. Dies wird in der letzten Phase des Übersetzungsprozesses deutlich.

IV. Produktion des Zieltextes

Nachdem der Übersetzer den Zweck des Ausgangs- und Zieltextes sowie die besonderen Schwierigkeiten und Probleme des Übersetzens ermittelt und die geeigneten Übersetzungsstrategien eingesetzt hat, ist er in der Lage, eine **Rohübersetzung** (siehe 1.5.3) anzufertigen. Da er sich bei deren Anfertigung sowohl bewusst als auch unbewusst sehr stark am Originaltext orientiert, ist eine Rohübersetzung sprachlich, stilistisch und funktionell noch unvollkommen. Dabei kann der Übersetzer eine vom Ausgangstext unabhängige Überprüfung der Rohübersetzung vornehmen, um eventuell befremdliche Ausdrücke festzustellen und zu korrigieren.

Um zu prüfen, ob der Zieltext auch verständlich ist für die Zielleser, ist es sinnvoll, die endgültige Übersetzung von einer anderen Person lesen zu lassen und deren Meinung einzuholen. Im vorliegenden Fall habe ich die Endübersetzung an eine chinesische Muttersprachlerin weitergeleitet, die durch ihren langjährigen Aufenthalt in Deutschland mit deutschen Sprach- und Kulturkenntnissen sehr vertraut ist. So konnte ich feststellen, ob eventuelle Unklarheiten sowohl sprachlich als auch kulturell bestehen. Erst danach las sie den Originaltext, um dessen Sinn mit der Übersetzung abzugleichen. Die Meinung anderer zu hören ist in diesem Fall wichtig, weil ich bei dieser Übersetzung sehr viel „Spielraum" und „Freiheit" hatte und ein angemessenes Maß für kreative Leistungen schwer festzulegen ist. Eine positive Rückmeldung nach dem Vergleich kann den Übersetzer motivieren und seine **Selbsteinschätzung** unterstützen. Eine Meinungsverschiedenheit gibt dem Übersetzer die Möglichkeit, über die Ursachen nachzudenken. Somit kann er den Originaltext aus einer anderen Perspektive betrachten und eventuell bessere Übersetzungsalternativen finden. Die Endübersetzung des Textabschnittes füge ich hier bei:

胡博特· 施泰德 (Rupert Stadler) 出 生 于 巴伐利亚 洲 南 部 的
Hubote Shitaide chusheng yu bafaliya zhou nanbu de

一个 城 市， 从 小 就 受 到 家 乡 一 种 特 有 情 结
yige chengshi, congxiao jiu shou dao jiaxiang yizhong teyou qingjie

的 熏 陶， 拥 有 一 种 做 为 巴伐利亚 人 的 自豪 和
de xuntao, yongyou yizhong zuowei bafaliya ren de zihao he

骄 傲。一 套 传 统 的 巴伐利亚 服 装 更 是 其 自豪 和
jiao'ao. Yitao chuantong de bafaliya fuzhuang geng shi qi zihao he

骄 傲 中 必不可少 的 一 部分。皮裤 用 料 并 不 是
jiao'ao zhong bibukeshao de yi bufen. Piku yongliao bing bu shi

随 便 一 种 皮质，是 要 选 用 高级 鹿皮 制 成。如 今
suibian yizhong pizhi, shi yao xuanyong gaoji lupi zhicheng. Rujin

让 奥迪 总 裁 感 到 更 加 自豪 的 是， 在 新 奥迪 A8 的
rang aodi zongcai gandao gengjia zihao de shi, zai xin aodi A8 de

装 配 中， 就 像 制 作 传 统 皮裤 一 样， 选用
zhuangpei zhong, jiu xiang zhizuo chuantong piku yiyang, xuanyong

---

同样		高级	的	天然	皮革	来	包制	自动	换挡杆		及
tongyang		gaoji	de	tianran	pige	lai	baozhi	zidong	huandanggan		ji

汽车	头靠。	对	这个	特有	的	装配	做	一个	适当	的
qiche	toukao.	Dui	zhege	teyou	de	zhuangpei	zuo	yige	shidang	de

提价，	也	是	理所当然	的。	这	也	是	豪华	车型	显示
tijia,	ye	shi	lisuodangran	de.	Zhe	ye	shi	haohua	chexing	xianshi

其	高档	及	与众不同	的	地方。
qi	gaodang	ji	yuzhongbutong	de	difang.

Fazit: Ob der Übersetzer diesen Übersetzungsauftrag für schwierig oder leicht hält, hängt vor allem von seinen **Kulturkenntnissen** ab, die sich sowohl auf der sprachlichen Ebene als auch im persönlichen „Lebensumfeld" zu erkennen geben. Für diejenigen Übersetzer, die in Deutschland längere Zeit gelebt und die deutsche Kultur intensiv „erlebt" haben, ist das Übersetzen dieses ersten Textabschnittes eine leichtere Aufgabe, die in der Regel ohne Probleme und Anstrengung sehr gut zu erledigen ist. Das Gegenteil zeigt sich bei Übersetzern, die ihre Fremdsprachen- und Fremdkulturkenntnisse aus „Büchern" erworben haben und somit wenig mit dem „Zielland" und der „Zielkultur" in Berührung gekommen sind. Im Vergleich zum Erwerb von Sprachkenntnissen ist das Sammeln und Verinnerlichen von Kulturkenntnissen viel komplexer, da es nicht nur viel Zeit, sondern auch Offenheit, Kompromissbereitschaft und Motivation fordert.

Im Folgenden wird der Übersetzungsprozess aus problemlösender Perspektive analysiert, insbesondere in Bezug auf problemlösende Strategien, Prozesse und Kompetenzen.

5.1.2 Analyse des Übersetzungsprozesses aus problemlösender Perspektive

Die Probleme in diesem Übersetzungsfall liegen vor allem auf kultureller Ebene. Lösungen in diesem Bereich findet man nicht einfach im „Wörterbuch" oder in anderen Hilfsmitteln. Das geeignete „Mittel" bzw. „Operatoren" zur Problemlösung muss demnach in erster Linie ermittelt werden (siehe 2.3.2.1). In diesem Sinne wird für die Lösung der Übersetzungsprobleme neben Wörterbüchern und Recherchen auch die direkte Befragung von Deutschmuttersprachlern empfohlen.

Nachdem der Übersetzer ein grobes Verständnis für den Inhalt des Original-textes erworben hat, folgen im Übersetzungsprozess sowohl **deduktives Denken** (siehe 2.3.1.2) als auch **analoges Denken** (2.3.1.3). Deduktives Denken ist dadurch gekennzeichnet, dass der Übersetzer den Skopos des Ausgangstextes verfolgt und zielgerichtet passende Wörter verwendet, um Sinn und Zweck des Ausgangstextes beizubehalten. Demnach zieht der Übersetzer hier aus den allgemeinen Kennt-nissen bzw. aus einer Gesamtheit der gegebenen Sachverhalte eine logische und auf einzelne Aspekte bezogene Schlussfolgerung. Die Analogiebildung richtet sich einerseits auf den Zusammenhang zwischen „Lederhose" und „Auto" und andererseits auf den Zusammenhang zwischen „Lederhose aus Hirschleder" und dem „Premium-Produkt Audi A8". Die genauen Kenntnisse darüber können dem Übersetzer helfen, sich für richtige Entsprechungen sowohl einzelner Worte als auch des Gesamttextes auf dem „Zweck" basierend zu entscheiden.

Des Weiteren findet in dem vorliegenden Übersetzungsprozess die problem-lösende Strategie „**Variation des Auflösungsgrades**" (siehe 2.3.2.2) Verwen-dung. Das heißt, der Übersetzer wechselt, nachdem er den Ausgangstext bzw. den Textabschnitt komplett gelesen und analysiert hat, zu einer Detailbetrach-tung, um einzelne Gesichtspunkte bzw. einzelne zu übersetzende Wörter genau unter die Lupe zu nehmen. Bei auftretender Unklarheit oder Unschlüssigkeit ändert er erneut seinen Blickwinkel auf den gesamten Textabschnitt, um den Überblick nicht zu verlieren und eine unbewusste Abweichung von dem Haupt-thema zu vermeiden.

Auch das kreative Problemlösen kommt in diesem Fall zum Einsatz. Konkret ist hier die Strategie „**Inspiration**" (siehe 2.4.2) angesprochen. In diesem Fall hat sich der Übersetzer nicht nur auf seine eigenen Gedanken fokussiert, sondern auch fremde „Ideen" und „Meinungen" mit einbezogen. Die Entscheidung für eine Lösungs- bzw. Übersetzungsalternative muss der Übersetzer mit Überzeu-gung und vor allem mit Verantwortung treffen. Zusammenfassend kann man feststellen, dass die Verwendung der oben erwähnten Problemlösestrategien ei-nen wichtigen Beitrag zum Übersetzen bzw. der Lösungsfindung von übersetze-rischen Problemen leistet.

In Bezug auf den Prozess weisen Übersetzungsprozess und **Problemlösungs-prozess des idealtypischen Modells** (siehe 2.5.3) einige Gemeinsamkeiten auf. Diese beiden Prozesse folgen einem ähnlichen Schema der Lösungssuche und bestehen zudem aus zwei Hauptphasen: der gedanklichen Phase und der Handlungsphase. Das gemeinsame Schema, eine Lösung zu finden, zeichnet sich vor allem durch folgende entsprechende Komponenten aus:

Prozessschritte aus problemlösender Prospektive		Prozessschritte aus übersetzerischer Perspektive
Analyse der Problemsituation	=	Analyse des Ausgangs- und Zieltextes
Lösungsalternative: Suchen, Bewerten und Entscheiden	=	Entwurf der Übersetzungsstrategie
Durchführung der Handlung	=	Produktion des Zieltextes
Beobachten der Konsequenzen	=	Qualitätssicherung bzw. Vergleich zwischen dem Ausgangs- und Zieltext

Um einen Erfolg im Übersetzungsprozess zu erzielen, müssen grundlegende Voraussetzungen zur Lösung von übersetzerischen Problemen erfüllt sein. **Vorwissen, Intelligenz** und **kulturelle Kompetenzen** sind notwendige Kompetenzen sowohl für das Übersetzen als auch für allgemeines Problemlösen (siehe 2.6 und 2.7). Außer diesen Grundkompetenzen spielen Analyse-, Bewertungs-, Kommunikationsfähigkeiten und Kreativität auch eine sehr wichtige Rolle, um überhaupt eine richtige Entscheidung aus den verschiedenen Übersetzungsalternativen treffen zu können. Welche Herausforderungen fachliches Übersetzen beinhaltet, wird im folgenden Abschnitt erläutert.

5.2 Fachinterne Übersetzung

Beispieltext B[33]:

Die neuen Diesel Spitzenmotorisierungen von BMW

(…)

3.8 Abgasanlage

Die Gestaltung der Abgasanlage des neuen BMW TwinPower Turbo-Dieselmotors basiert auf folgenden Zielen:

- Niedriger Abgasgegendruck
- Motornahe Anordnung der Abgasnachbehandlungskomponenten

---

33 Hier wird nur der Textabschnitt übersetzt, der in kursiv geschrieben ist. Damit der Leser besser nachvollziehen kann, worauf sich das Wort „Ausgangspunkt" bezieht, ist der Anfang des Unterkapitels „Abgasanlage" hinzugefügt. Im Anhang der Arbeit steht dem Leser der Gesamtinhalt des Unterkapitels zur Verfügung. Im Gegensatz zu Beispieltext A und C wird der vollständige Text nicht angehängt, da er für diese konkreten Übersetzungsarbeiten keine wesentliche Rolle spielt. Der Fokus liegt demnach

(...)

Ausgangspunkt ist das für BMW Dieselfahrzeuge typische funktionsoptimale Konzept einer motornahen Anordnung von Katalysator und Dieselpartikelfilter (DPF) in einem gemeinsamen Gehäuse (siehe Abbildung 20). Der BMW 6-Zylinder Reihenmotor bietet dafür optimale Voraussetzungen. Gegenüber dem BMW 6-Zylinder Basismotor wurde das Gehäuse sowie Kat- und DPF-Volumen an die geometrischen und funktionellen Anforderungen des neuen Motors angepasst, wobei eine einheitliche Geometrie über alle betroffenen Fahrzeugderivate realisiert wurde. Für den Einsatz in der BMW 5er-Baureihe ist der Katalysator als sogenannter NOx-Speicherkatalysator ausgeführt. Der DPF aus SiC-Werkstoff hat eine in Strömungsrichtung zonierte katalytische Beschichtung. Das gemeinsame Gehäuse ist außen mit einer akustisch-thermischen Isolation bestehend aus einem Vlies mit darüber liegender perforierter Metallfolie ausgeführt. Dadurch wird neben verringerter Bauteilabstrahlung auch eine Absorption von Luftschall im Motorraum bewirkt.

(...)

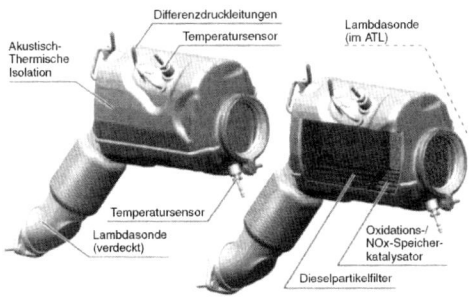

Abbildung 20: Motornahes Abgasnachbehandlungssystem

(...)

5.2.1 Übersetzungsprozess

In der Regel sind die im letzten „nicht-fachlichen" Übersetzungsbeispiel aufgetretenen und vergleichbaren kulturellen Elemente bzw. Gegebenheiten in den fachlichen, insbesondere in den fachinternen Übersetzungen aufgrund einer „stärker normierten und konventionalisierten Fachtextgestaltung" (Baumann, 2008, 191) weniger signifikant. In Bezug auf fachinterne Übersetzungen stehen in diesem Text hingegen Fachtermini im Vordergrund, die eine präzise Kommunikation zwischen Fachexperten ermöglichen. Deshalb liegt der Fokus während des vorliegenden Übersetzungsprozesses ausschließlich auf der linguistischen Ebene.

in diesem Fall während des Übersetzungsprozesses nur auf den im rot markierten Textabschnitt beinhalteten und „sichtbaren" Übersetzungselementen.

I. Interpretation des Übersetzungsauftrages

Der Beispieltext ist ein Abzug eines Vortrages im Rahmen des 33. Internationalen Wiener Motorensymposiums (26./27. April 2012), der in einem zweibändigen Buch veröffentlicht wurde. Das Wiener Motorensymposium findet seit 1979 jährlich statt und verfolgt ein zentrales Ziel: „Themen von besonderer Aktualität auf dem Gebiet des Verbrennungsmotors" zu behandeln und das Publikum immer über den neuesten Stand der Motorenentwicklung zu informieren. Die Veröffentlichung der Vorträge macht die aktuellsten Motorentechnologien und -entwicklungen einer breiten Öffentlichkeit zugänglich und befriedigt die Neugierde interessierter Fachexperten. Um diesen „Informationsaustausch" und die „Informationsübermittlung" zwischen Fachexperten in einem internationalen Fachkreis sowie auf einer internationalen Ebene zu realisieren, sind Übersetzungen dieser Vorträge in verschiedene Sprachen erforderlich.[34] Der Übersetzungsauftrag besteht in diesem Fall konkret darin, den chinesischen Ziellesern den Originaltext so schnell und präzise wie möglich zu übermitteln. Die Forderung nach „Präzision" verlangt vom Übersetzer, die „Fachlichkeit" des Ausgangstextes während des Übersetzungsprozesses ohne jegliche „Inhaltsverfälschung" und ohne jeden „Inhaltsverlust" im Zieltext beizubehalten und widerzuspiegeln. Die Ermittlung der chinesischen Zielleser erfolgt während der Analyse des Ausgangstextes im nächsten Schritt.

II. Analyse des Ausgangstextes

Die exakte Analyse der textexternen Faktoren des Ausgangstextes ergibt folgende Feststellung:

Der Vortrag über „die neuen Diesel Spitzenmotorisierungen von BMW" stammt von 6 Verfassern (**Textproduzent**) der BMW Motoren GmbH und wurde im ersten Tagungsbericht bzw. Buch (**Medium**) des 33. Internationalen Wiener Motorensymposiums (**Sender**) im Jahr 2012 (**Zeit**) publiziert. Über die **Senderintention** wurde bereits im Rahmen der Interpretation des Übersetzungsauftrags gesprochen, sie begründet sich aus der Notwendigkeit, einem breiten Publikum und somit auch chinesischen Lesern den neuesten Stand der Motorenentwicklungen zu präsentieren und im Weiteren einen Ausblick auf zukünftige Trends zu geben (auch **Kommunikationsanlass**). Daher kann generell bestimmt werden, dass der Leserkreis der Publikationen des „Internationalen Wiener Motorensymposiums" vor allem aus Fachleuten und Wissenschaftlern

---

34 Außer der originalen deutschen Version sind in der Regel auch englische Übersetzungen der Vorträge auf CD-ROM erhältlich.

im Bereich der Motoren- und Fahrzeugtechnik besteht, die bereits nicht nur über grundlegende, sondern auch über umfassende und tief gehende Fachkenntnisse verfügen. Somit gehören beispielsweise Fahrzeugentwickler, Konstrukteure und Ingenieure im Fahrzeugtechnikbereich sowie Studenten, die Fahrzeugtechnik studieren, zu der Zielgruppe, an die sich der Beispieltext und ähnliche Vorträge hauptsächlich richten (**Empfänger des Original- und Zieltextes**).

Der Inhalt des zu übersetzenden Textabschnittes gehört dem Themenbereich „Abgasanlage" an. Bereits der erste Satz macht deutlich, dass hier „Katalysator" und „Dieselpartikelfilter (DPF)" im Zentrum der technischen Darstellung stehen und die Hauptbegriffe des beschriebenen Sachverhaltes darstellen (**Thematik des Textabschnittes**). Betrachtet man die weiteren Textinhalte, ist festzustellen, dass sie auf diese Fahrzeugteile sowie auf deren Abänderungen, Entwicklungen und Techniken bezogen aufgebaut sind (**Mikrostruktur des Textabschnittes**). Im Vergleich zu Beispieltext A, der das Hauptthema „Auto" behandelt, weist der vorliegende Beispieltext auf den ersten Blick eine deutlich höhere Komplexität auf, nicht nur in Bezug auf Fachwörter und -ausdrücke, sondern auch hinsichtlich des komplizierten fachlichen Sachverhaltes. Beides zusammen sorgt während des Übersetzens für große Schwierigkeiten und Verständnisprobleme.

Da es sich hier eindeutig um einen technischen Text handelt, in dem bestimmte Informationen und deren Übermittlung im Vordergrund stehen, kann als Hauptfunktion des vorliegenden Textes die Darstellungsfunktion gelten (**Textfunktion**). Soll eine Übersetzung seine ursprüngliche Funktion auch bei den Ziellesern und in der Zielkultur erfüllen, muss sie aus verschiedenen Perspektiven angemessen angefertigt werden. In diesem Zusammenhang stellen beispielsweise Fachlichkeit, „Informationstreue" (Fluck, 1997, 259) und „begriffliche(r) Übereinstimmung" (Baumann, 2008, 194) die wesentlichen Anhaltspunkte dar und besitzen während des kompletten Übersetzungsprozesses absolute Priorität.

Die Bearbeitung dieses Übersetzungsbeispiels basiert ausschließlich auf dem linguistisch orientierten Übersetzungsansatz. Daher folgt auf die Gesamtanalyse des Textabschnittes im nächsten Schritt die nähere Untersuchung des Fachwortschatzes und des fachlichen Sachverhalts. Konkret werden im Folgenden in erster Linie Hauptfachwörter wie Katalysator und Dieselpartikelfilter genauer geklärt. Solche Informationen, die auf bestimmte Begriffe bezogen sind, können dem Übersetzer wiederum dabei helfen, den Inhalt des Textabschnittes besser und leichter zu verstehen.

Zugleich soll im Folgenden die Frage beantwortet werden, wie der Übersetzer generell mit einem fachinternen technischen Text und der darin enthaltenen Fachterminologie umgeht, besonders wenn der Sachverhalt äußerst komplex ist und der Übersetzer nicht mit allen übersetzungsrelevanten technischen Einzelheiten vertraut ist.

III. Entwurf der Übersetzungsstrategie

Vor der Analyse und Ermittlung der konkreten Fachtermini im Beispieltext möchte ich kurz die aktuelle Situation bezüglich der Fachtermini und der Normung darstellen. Die Fachterminologien sind aufgrund der Vereinheitlichung zum Teil bereits in der „international genormten Terminologie"[35] bearbeitet und aufgelistet. Solche normierten Fachterminologien können dem Übersetzer zwar eine genaue und vor allem geregelte und einheitliche Information beispielsweise über bestimmte Gegenstände, technische Daten oder standardisierte Richtlinien bieten, sodass er bei Bedarf die benötigten und relevanten Informationen für die Übersetzungsarbeit durch eigene Recherchen und Nachschlagen herausfinden kann. Dennoch stellen diese normierten Fachterminologien nur eine Minderheit innerhalb der gesamten Fachtermini dar. Demzufolge ist die gesamte fachterminologische „Situation" in vielen Bereichen, auch denjenigen der modernsten Technik, trotz vieler Normungsbemühungen durch verschiedene internationale und nationale Normungsinstitute immer noch uneinheitlich und verhältnismäßig chaotisch (vgl. Albrecht, 2013, 288). Dies stellt für den Übersetzer neben der Fachwortschatzarbeit eine weitere Herausforderung dar, die das Determinieren und Verstehen des originalen Fachwortes sowie das Ermitteln der angemessenen Entsprechung erschwert. Zusätzlich ist der Zugang in der Datenbank mit den genormten Fachtermini in der Regel mit hohen Kosten verbunden, sodass nur wenige Übersetzer Zugriff zu den Datenbanken haben. Dies ist ein weiteres Hindernis der Fachwortschatzarbeit für den Übersetzer. Aufgrund dieser genannten Nutzungseinschränkungen werden die Datenbanken mit normierten Fachterminologien bei der vorliegenden praktischen Übersetzungsarbeit nicht in Betracht gezogen.

Wie bereits erwähnt, sind „Katalysator" und „Dieselpartikelfilter (DPF)", die sich in einem „gemeinsamen Gehäuse" befinden und „nah am Motor angeordnet"

---

35 Die international genormte Terminologie ist zum Beispiel in entsprechenden Datenbanken mit der Kennzeichnung CE (Communautés Européennes), ISO (International Organisation for Standardization), IEC (International Electrotechnical Commission) oder ITU (International Telecommunication Union) aufgelistet. Viele weitere nationale Institute bzw. Normungsorganisationen vertreten die Interesse des jeweiligen Landes, wie beispielsweise DIN (Deutsche Institut für Normung), BSI (Britisch Standards Institution), ANSI (American National Standards Institute), AFNOR (Association Francaise de Normalisation) oder SAC (Standardization Administration of the People's Republik of China) etc.

sind, Hauptbegriffe in dem zu übersetzenden Textabschnitt. Dies gilt für BMW-Dieselfahrzeuge als typisches funktionsoptimales Konzept. Aufgrund dessen besteht der Bedarf, in erster Linie grundlegende Kenntnisse über „Katalysator" und „Dieselpartikelfilter" sowie über deren äußere Form, Platzierung im Motorraum, Funktionen, Bauweise oder Prozessverfahren sowohl im Deutschen als auch im Chinesischen zu gewinnen, besonders wenn der Übersetzer mit diesen Begriffen noch nicht vertraut ist.

Die Basiskenntnisse im Deutschen zu „Katalysator" bzw. „Fahrzeugkatalysator" kann der Übersetzer aktuell über Online-Enzyklopädien wie beispielsweise „Wikipedia" oder „wissen.de" erwerben. Die auf solchen Internetseiten ebenfalls dargestellten Erklärungen zu den relevanten und untergeordneten Begriffen wie „Drei-Wege-Katalysator", „Diesel-Oxidationskatalysator" oder „NOx-Speicherkatalysator" verhelfen dem Übersetzer zu einem besseren Verständnis von dem Gesamtbegriff „Katalysator" und schaffen einen allgemeinen Überblick zu dem Hauptbegriff. Die Informationen bezüglich des „Fahrzeugkatalysators" sind ebenso einsprachigen oder zweisprachigen Wörterbüchern wie auch verschiedenen Lexika, insbesondere aus dem Bereich der Fahrzeugtechnik, zu entnehmen. Für den Begriff „Dieselpartikelfilter" eigenen sich ähnliche Strategien, wobei der Übersetzer in diesem Fall die Wortkombination „zerlegen" und die Wörter einzeln abarbeiten muss. „Diesel", „Partikel" und „Filter" sind nacheinander zu analysieren und schließlich inhaltlich wieder zusammenzusetzen.

Die entsprechenden Kenntnisse über die Hauptfachwörter im Chinesischen kann der Übersetzer auf ähnliche Art und Weise gewinnen. Chinesische Internetseiten wie „Wikipedia" (http://zh.wikipedia.org) oder „Baike" (http://www.baike.com)" bieten umfassende Informationen beispielsweise zu Fahrzeugkatalysator, darunter Definitionen, Arten, Prozessverfahren und Temperaturbedingungen. Das zusätzliche Nachschlagen in verschiedenen Wörterbüchern bietet dem Übersetzer weitere Möglichkeiten, sich mit den Wörtern auseinanderzusetzen und somit einen groben Überblick zu erhalten.

Nach der Internetrecherche und dem Nachschlagen in Wörterbüchern beider Sprachen sollte es dem Übersetzer möglich sein, die gewonnenen deutschen und entsprechenden chinesischen technischen Kenntnisse über bestimmte Gegenstände gegenüberzustellen und diese gezielt miteinander zu vergleichen. Durch diesen „Vergleichsprozess" kann der Übersetzer automatisch gewisse Entsprechungen der Originalwörter feststellen, zudem erhöht dieser Vergleich zwischen der chinesischen und deutschen Beschreibung bzw. Erklärung zu bestimmten Gegenständen und Sachverhalten die Chance, diese Begriffe korrekter und genauer auffassen zu können.

Zusammenfassend steht hier das Ziel im Mittelpunkt, dass der Übersetzer zu einer breiten und umfassenden **Informationssammlung zu bestimmten Schlüsselwörtern** gelangen kann, die ihm für das spätere praktische Übersetzen als grundlegende Kenntnis dient und auf welche er im Übersetzungsprozess bei Bedarf zurückgreifen kann. Es handelt sich um eine „begriffliche" und „technische" Vorbereitung auf die eigentliche Übersetzungsarbeit, durch die erforderliche und notwendige fachliche und technische Kennnisse erarbeitet werden können. Diese Vorgehensweise ist nicht nur im Fall von „Katalysator" oder „Dieselpartikelfilter" erforderlich, sondern auch für weitere im Textabschnitt enthaltene Wörter, welche von dem Übersetzer individuell als „wichtig" eingestuft werden und Verständnisschwierigkeiten bereiten.

Nach der im Vorfeld vollzogenen „Informationssammlung" zu bestimmten wichtigen und schwierigen Fachwörtern wird der Textabschnitt nun **ganzheitlich** betrachtet. Die Aufgabe des Übersetzers besteht darin, sich mit dem Textinhalt sowie dem Sachverhalt auseinanderzusetzen und diesen zu erfassen, wenn auch das eine oder andere Wort Verstehensprobleme verursacht. Konkret kann der Übersetzer den Textabschnitt **„satzweise" analysieren** und **inhaltlich zusammenfassen**.

- **Satz 1:** „Ausgangspunkt ist das für BMW Dieselfahrzeuge typische funktionsoptimale Konzept einer motornahen Anordnung von Katalysator und Dieselpartikelfilter (DPF) in einem gemeinsamen Gehäuse (siehe Abbildung 20)". Hier wird zum Ausdruck gebracht, welches funktionsoptimale Konzept typisch für BMW Dieselfahrzeuge ist.
- **Satz 2 und 3:** „Der BMW 6-Zylinder Reihenmotor bietet dafür optimale Voraussetzungen. Gegenüber dem BMW 6-Zylinder Basismotor wurde das Gehäuse sowie Kat- und DPF-Volumen an die geometrischen und funktionellen Anforderungen des neuen Motors angepasst, wobei eine einheitliche Geometrie über alle betroffenen Fahrzeugderivate realisiert wurde". Hier wird hauptsächlich beschrieben, auf welcher Grundlage welche Fahrzeugelemente den speziellen Anforderungen des neuen Motors angepasst werden.
- Im Rest des Textabschnittes bzw. in **Satz 4, 5 und 6** werden Katalysator, Dieselpartikelfilter und das gemeinsame Gehäuse der BMW 5er-Baureihe dargestellt.

Nach dieser „inhaltlichen" Aufteilung des Textabschnittes kann der Übersetzer seinen Blick wieder auf einzelne Wörter bzw. Begriffe richten. Er kann also, nachdem er den Inhalt des jeweiligen Satzes oder der Sätze festgestellt hat, anhand dessen die Bedeutungen der einzelnen Wörter im Satz leichter ermitteln. Hier ist zu betonen, dass Fachwörter und Sachverhalt nicht strikt voneinander getrennt behandelt und festgestellt werden können, da sie in einer Wechselwirkung stehen und sich gegenseitig beeinflussen. Das Verständnis von bestimmten Wörtern kann das Verstehen des gesamten Sachverhaltes unterstützen und das Verständnis bezüglich gewisser Sachverhalte ermöglicht, die Bedeutung einzelner Wörter zu ermitteln und festzulegen.

Auch für den vorliegenden Übersetzungsfall habe ich versucht, **Paralleltexte** zu „Abgasanlage" und „Katalysator" aus chinesischen Fachzeitschriften und -büchern zu finden, um Grund- sowie bestimmte technische Kenntnisse aufzubauen. Jedoch sind die Möglichkeiten, in Deutschland entsprechende chinesische Literatur zu finden, die insbesondere auf detaillierte Fachbegriffe bezogen ist, sehr gering. Demzufolge ist der Übersetzer überwiegend auf die Internetrecherche auf chinesischen Webseiten angewiesen. Befindet sich der Übersetzer in China, während er den vorliegenden Textabschnitt übersetzt, verfügt er über deutlich mehr Möglichkeiten zur Informationssammlung. In diesem Fall stehen ihm nicht nur ausreichend chinesische Bücher und Materialien zum Nachschlagen zur Verfügung, sondern er kann zusätzlich die benötigten und relevanten Informationen direkt von chinesischen Fachleuten einholen. Bei Bedarf besteht für den Übersetzer auch die Möglichkeit, sich die technischen Sachverhalte und begrifflichen Schwierigkeiten von den Fachexperten erklären zu lassen. Solche „direkte" Unterstützung zu erhalten, ist für einen Übersetzer, der sich in Deutschland aufhält, deutlich schwieriger. Er hat zwar die Möglichkeit, sich über moderne Kommunikationsmittel wie E-Mail oder Skype mit chinesischen Fachexperten auszutauschen, jedoch erfordern die Beantwortung der Fragen sowie die Bewältigung der Schwierigkeiten wesentlich mehr Mühe und nehmen somit auch mehr Zeit in Anspruch.

Die oben genannten Erläuterungen zum Erwerb der erforderlichen Grundkenntnisse für das Fachübersetzen zeigen zugleich implizit, dass für solche Übersetzungsfälle **Fachwissen** sowie **fachliche Kompetenz** (siehe 1.6.2.2) des Übersetzers nicht nur wichtig, sondern vielmehr notwendig sind. Im Gegensatz zu Beispieltext A, der vorwiegend kulturelle Übersetzungselemente enthält und infolge dessen ohne „Deutschlandaufenthalt" und ohne „intensive Berührung mit der deutschen Kultur" nicht angemessen übersetzt werden kann, fordert der vorliegende Textabschnitt keine „interkulturelle Kompetenz" vonseiten des Übersetzers. Meines Erachtens zeigt das Übersetzungsergebnis des vorliegenden Textabschnittes mit oder ohne „fremde Kulturkenntnisse" keine sichtbaren Unterschiede. Ausreichendes Fachwissen hingegen spielt im Bereich der Fahrzeug- und Motorentechnik für das Übersetzungsbeispiel eine ausschlaggebende Rolle. Sie ermöglicht das Fachübersetzen überhaupt erst und gilt daher als wichtigste Voraussetzung einer gelungenen Übersetzungsarbeit.

Zusammenfassend lässt sich feststellen, dass der wesentliche Unterschied bezüglich der benötigten Übersetzungskompetenz zwischen Beispieltext A und dem vorliegenden Text in erster Linie in den unterschiedlichen Textsorten sowie Textfunktionen und Inhalten des Ausgangstextes besteht. Demnach bestimmt zum Teil die Frage, ob der Ausgangstext ein fachlicher oder nicht-fachlicher Text ist und welche Funktionen und inhaltliche Merkmale er in sich trägt, über welche Kompetenzen der Übersetzer für gelungenes Übersetzen verfügen muss. Des Weiteren ergeben sich die Anforderungen an die Übersetzungskompetenz aus bestimmten Bedingungen in Bezug auf Zielleser, Zielkultur sowie auf die Übersetzungszwecke des Zieltextes. „Wie" und „für wen" der Zieltext übersetzt wird, welche Verstehensvoraussetzungen die Zielleser haben und welche Funktion der Zieltext in der Zielkultur erfüllen soll, sind wichtige Faktoren, die darüber entscheiden, welche Übersetzungskompetenzen der Übersetzer mitbringen muss.

Bezüglich der **Zielleser des Ausgangs- und Zieltextes** ergibt sich Folgendes: Da es sich hier um einen signifikanten technischen Fachtext handelt, ist anzunehmen, dass sowohl die Leser des Ausgangstextes als auch des Zieltextes überwiegend eine „spezialisierte" und „konventionalisierte" fachliche Ausdrucksweise verwenden und auch erwarten. Ebenso ist davon auszugehen, dass die Zieltextempfänger über einen vergleichbaren Wissens- und Verstehenshintergrund wie die Adressaten des Originaltextes verfügen. Demzufolge erwarten die Zielleser vom Übersetzer, dass die im Ausgangstext enthaltene „Professionalität" und „Fachlichkeit" durch die Übersetzung nicht vermindert und die fachlichen Ausdrücke in der Zielsprache angewendet und wiedererkannt werden. Der Übersetzer muss demnach während des vorliegenden Übersetzungsprozesses wenig auf die Verständnisvoraussetzungen der Rezipienten achten. Als Beispiel für diesen Sachverhalt wähle ich die Wörter „Geometrie" und „Fahrzeugderivate" aus dem dritten Satz, die ich versuche, zu übersetzen:

„Gegenüber dem BMW 6-Zylinder Basismotor wurde das Gehäuse sowie Kat- und DPF-Volumen an die geometrischen und funktionellen Anforderungen des neuen Motors angepasst, wobei eine einheitliche Geometrie über alle betroffenen Fahrzeugderivate realisiert wurde."

Ziel des konkreten Übersetzens von „Geometrie" und „Fahrzeugderivate" soll sein, einerseits aufzuzeigen, wie der Übersetzer die „Fachlichkeit" trotz des „nicht kompletten Verstehens" einzelner Wörter im Zieltext wiedergibt, und andererseits, in welcher Wechselwirkung Fachwörter und Sachverhalt zueinander stehen. Der konkreten Wortschatzarbeit des vorliegenden Textabschnittes liegt generell die Theorie Kollers über **Entsprechungstypen** zugrunde (siehe 1.2.2.2).

„Geometrie" wird unter anderem im Fachgebiet der Mathematik angewendet und verursacht in diesem Übersetzungsbeispiel aus rein linguistischer übersetzerischer Sicht keine Schwierigkeiten. In diesem Fall kann eine „Eins-zu-eins-Entsprechung" erreicht werden, wobei „Geometrie" als „几何 (jihe)" übersetzt wird. Die eigentliche Verstehensschwierigkeit des Wortes „Geometrie" besteht jedoch nicht auf der linguistischen Wortebene, sondern darin, was sich der Übersetzer unter „einer einheitlichen Geometrie" auf einer „technischen Ebene" und zwar genau auf den Satzinhalt bezogen vorstellt. Auf ähnliche Art und Weise stellt sich eine weitere Frage: Welche „geometrischen und funktionalen Anforderungen" stellt der neue Motor im Vergleich zu denen des Basismotors? Diese zwei Fragen kann ich als „Nicht-Fachmann" leider nicht beantworten, auch nur wenige andere Übersetzer werden Kenntnisse über diese spezifischen Fahrzeugtechniken besitzen. Hieran zeigt sich, dass der Übersetzer trotz eines Wissensdefizits in Bezug auf den Sachverhalt „Geometrie" problemlos eine angemessene Entsprechung des Wortes mithilfe von Wörterbüchern oder Übersetzungsprogrammen finden kann.

In diesem Zusammenhang möchte ich einen Teil der „Übersetzungsrealität" aufzeigen: Es ist keinem Übersetzer möglich, sich mit allen möglichen Fachbegriffen, -gebieten und -sachverhalten gründlich auseinanderzusetzen. Es ist ebenfalls nicht möglich, dass er über alle Informationen und Kenntnisse verfügt, um alles verstehen und übersetzen zu können. Insbesondere durch die steigende Anforderung an Spezialisierung in Fachgebiete und somit in Fachsprachen ist der Übersetzer kontinuierlich mit neuen Herausforderungen konfrontiert. Wichtiger für den Übersetzer ist dabei, während des Übersetzens von Fachbegriffen die Fachausdrücke im Zieltext und für die „eigentlichen" Zielleser wiederzugeben. Grundsätzlich werden solche fachlichen Informationen von den Ziellesern in der Regel problemlos verstanden und tragen dazu bei, eine präzise Kommunikation zwischen Fachexperten zu gewährleisten. Sind im Originaltext beispielsweise technische Abbildungen oder Grafiken enthalten, können diese das Verständnis der Zielleser in großem Maß erleichtern. Mithilfe der im Beispieltext dargestellten „Abbildung 20" etwa können sich die Zielleser, bevor der Originaltext in die Zielsprache übersetzt wird, bereits ein Bild davon machen, welche Fahrzeugelemente im Originaltext behandelt und beschrieben werden. Zusammenfassend ist festzustellen, dass der Übersetzer hier nicht als „normaler Kommunikationspartner" gilt und somit nicht zu den tatsächlich gemeinten Rezipienten des Zieltextes gehört (siehe 1.6.1). Das „Nicht-Verstehen" oder „Nicht-Komplett-Verstehen" des Übersetzers nimmt keinen großen Einfluss und wirkt sich deshalb nicht negativ auf die Kommunikations- und Übersetzungszwecke des Textes aus.

Für das Übersetzen des Wortes bzw. der Wortkombination „**Fahrzeugderivate**" kann der Übersetzer die andere Übersetzungsstrategie verwenden: die Bedeutung der einzelnen Wörter durch die ganzheitliche Betrachtung des Sachverhaltes zu ermitteln. Konkret versucht er, aus dem bekannten „Sachverhalt" und „Textinhalt" das unbekannte oder „unpräzise" Fachwort „Derivat"aufzuklären. Grundsätzlich hat das Wort „Derivat" mit etwas „Ableitendem" zu tun, so beispielsweise im Bereich der Wirtschaft, Chemie, Linguistik oder Mathematik. Betrachtet man den gesamten Textinhalt, ist festzustellen, dass es sich in diesem Textabschnitt um die Anpassung und Abänderung der Gehäuse an den neuen Motor handelt und „eine einheitliche Geometrie" über alle betroffenen Dieselfahrzeugmodelle von BMW hergestellt wurde. Zwar findet sich das Wort „Modelle" nicht direkt als Entsprechung für „Derivate" in den Wörterbüchern, aber dennoch besitzen diese beiden Wörter dem Textinhalt und Sachverhalt des Textes nach identische Bedeutungen. Beide sind als „Fachwörter" im Automobilbereich zu bezeichnen. Die genaue Übersetzung lautet: Fahrzeugderivate – 车型 (chexing).

Auf weitere Übersetzungen einzelner Wörter wird an dieser Stelle nicht mehr eingegangen, da während des Übersetzungsprozesses immer die oben beschriebenen Strategien Anwendung finden. Um den Textabschnitt rezipienten- und zweckgerecht zu übersetzen, hat der Übersetzer hier das einfache Prinzip zu befolgen, die einzelnen Fachbegriffe und den gesamten Sachverhalt zu integrieren und miteinander auszuarbeiten.

IV. Produktion des Zieltextes

Nach Informationssammlung, Analyse des Textinhaltes und Sachverhaltes sowie nach der Auseinandersetzung mit Fachwörtern und Sachverhalten kann der Ausgangstext wie folgt übersetzt werden:

达到	此些	目的	的	出发点	为	宝马	柴油车	中	一个
Dadao cixie	mudi	de	chufadian	wei	baoma	chaiyouche	zhong	yige

典型	的	能	实现	最	佳	功能	的	概念	设计，即	将
dianxing	de	neng	shixian	zui	jia	gongneng	de	gainian	sheji, ji	jiang

催化	净化器	和	柴油	碳微粒	过滤器 (DPF)	所	处于	的
cuihua	jinghuaqi	he	chaiyou	tanweili	guoluqi	suo	chuyu	de

同	一	机箱	设置	于	发动机	近处。	(图解20)。宝马	6	缸
tong	yi	jixiang	shezhi	yu	fadongji	jinchu.	(tujie 20). Baoma	6	gang

直列式 发动机 对此 提供 了 最 佳 的 前提 条件。 相对于
zhilieshi fadongji duici tigong le zui jia de qianti tiaojian. Xiangduiyu

宝马 6 缸 基础型 发动机，对 它的 机箱 以及 催化
baoma 6 gang jichuxing fadongji, dui tade jixiang yiji cuihua

净化器 和 柴油 碳微粒 过滤器 的 容量 都 按照
jinghuaqi he chaiyou tanweili guoluqi de rongliang dou anzhao

新 发动机 在 几何上 及 功能 上 的 要求 进行
xin fadongji zai jihe shang ji gongneng shang de yaoqiu jinxing

了 适当 的 调整。 并且， 这个 几何上 的 调整
le shidang de tiaozheng. Bingqie, zhege jihe shang de tiaozheng

实现 了 在 所有 涉及 到 的 车型 系列 中 的 统一。
shixian le zai suoyou sheji dao de chexing xilie zhong de tongyi.

在 宝马 5 系列 车型 中 的 催化 净化器 是 所谓 的
Zai baoma 5 xilie chexing zhong de cuihua jinghuaqi shi suowei de

氮氧化物(NOx) 存储 催化 净化器。 以 碳 硅 原料
danyanghuawu cunchu cuihua jinghuaqi. Yi tan gui yuanliao

(SiC) 制成 的 柴油 碳微粒 过滤器 含有 一个 向 排放
zhicheng de chaiyou tanweili guoluqi hanyou yige xiang paifang

方向 分配 的 催化 涂层。 而且 这个 机箱 的 外层
fangxiang fenpei de cuihua tuceng. Erqie zhege jixiang de waiceng

可以 达到 声响 及 热隔离，隔绝 装置 是 通过
keyi dadao shengxiang ji re-geli, gejue zhuangzhi shi tongguo

一个 带有 表面 穿孔 的金属 薄膜 的 毛毡
yige daiyou biaomian chuan kong de jinshu baomo de maozhan

来 实现 的。这种 结构 既 减少 了 由 汽车 零件
lai shixian de. Zhezhong jiegou ji jianshao le you qiche lingjian

本身	造成	的	放射,	又	可以	使	发动机	舱内	的
benshen	zaocheng	de	fangshe,	you	keyi	shi	fadongji	cangnei	de

声波	被	更	好	的	吸收。
shengbo	bei	geng	hao	de	xishou.

Während des Übersetzungsprozesses ist zu berücksichtigen, dass die Fachterminologien im Textganzen konsistent bleiben, wenn es auch zur Wortwiederholung kommt. Die Kreativität des Übersetzers in dieser Hinsicht, beispielsweise indem er zwei verschiedene chinesische Übersetzungen im Text für „Gehäuse" verwendet, kann zu einem Missverständnis in Bezug auf den Textinhalt führen. Beim Übersetzen von Fachtexten geht es weniger um „Schönheit" oder „stilistische Perfektion" als vielmehr um Fachlichkeit und Präzision des zu übermittelnden Inhaltes.

In der Regel soll auf die fachliche Übersetzungsarbeit eine „**Qualitätssicherung**" folgen, welche die Übersetzung aus sprachlicher, sachlicher und besonders aus fachlicher Perspektive überprüft. Stolze nennt diese Überprüfung „Vier-Augen-Prinzip", welches konkret aus „Nachprüfung durch den Übersetzer", „Korrekturlesen durch eine andere Person", „fachliche Prüfung" sowie „Fahnenkorrektur und Freigabe" besteht (vgl. Stolze, 2009, 31). Im vorliegenden Übersetzungsfall ist es leider nicht möglich, die Übersetzung von einem chinesischen Fachexperten aus der „Motorentechnik" überprüfen zu lassen. Um zu erfahren, ob die Übersetzung tatsächlich dem „wahren" Inhalt des Originals entspricht, habe ich die chinesische Übersetzung wiederum mit „eigenen Worten" in die deutsche Sprache übersetzt und diese einem deutschen Fachexperten vorgelegt. Nachdem dieser die beiden deutschen Texte nacheinander gelesen und verglichen und ihre „identischen Inhalte" bestätigt hatte, schloss ich diesen Übersetzungsprozess ab.

Fazit: Fachinternes Übersetzen wird gegenüber interkulturellem oder literarischem Übersetzen oft als unkomplizierte und problemlose Tätigkeit betrachtet, da hier die Entsprechungen und Übersetzungen der Originalfachwörter zum größten Teil mithilfe von Wörterbüchern sowie durch Literatur- und Internetrecherchen ermittelt werden können. Im Vergleich zu anderen translatorischen Fähigkeiten wie individuelle Kreativität oder interkulturelle Kompetenz werden für das Fachübersetzen vor allem Fachwissen und fachbezogenes spezifisches Sprachwissen benötigt, die als grundlegende Voraussetzungen des Fachübersetzens gelten. Jedoch ist Fachübersetzen keineswegs eine problemlose Tätigkeit. Für bestimmte Fachbegriffe gibt es nicht immer eine eindeutige wörtliche Äquivalenz, auch die anfangs dargestellte ungeordnete Situation in Bezug auf die Terminologie ist zu berücksichtigen. Daher erfordert fachinternes Übersetzen Darstellungs- und analytische Kompetenzen des Übersetzers und die Fähigkeit, selbstständig zu recherchieren und wenn möglich nachzufragen, um unbekanntem Wissen gründlich nachzugehen und neues Wissen zielstrebig zu gewinnen. Die Erläuterungen zu dem gesamten Übersetzungsbeispiels gelten nicht nur für den vorliegenden Textabschnitt, sondern auch für vergleichbare technische Texte und fachliche Dokumente, die in der Automobilbrache sehr häufig zu finden sind.

5.2.2 Analyse des Übersetzungsprozesses aus problemlösender Perspektive

Das Hauptproblem in diesem fachlichen Übersetzungsfall liegt ausschließlich in dem unbekannten Fachwortschatz und dem komplexen fachlichen Sachverhalt, die aus den Wissensdefiziten des Übersetzers resultieren. Da sich das „Standard-Problemlösen" auf eng begrenzte Probleme innerhalb eines Wissensbereiches bezieht und vor allem Expertenwissen erfordert, handelt es sich hier exakt um „**Standard-Problemlösen**", das im Gegensatz zum kreativen Problemlösen (wie Beispieltext A) und komplexen Problemlösen (wie Beispieltext C) auf den ersten Blick übersichtlicher und einfacher erscheint.

In diesem Übersetzungsfall kann der Problemlöser den **Ausgangs- und Zielzustand** bzw. die **Ausgangs- und Zielsituation** eindeutig erkennen: Ein technischer Fachtext liegt vor und muss exakt in einen fachlichen Zieltext übersetzt werden. In diesem Zusammenhang und während des Übersetzungsprozesses sind keine weiteren Aspekte zu berücksichtigen und zu definieren wie beispielweise situative Bedingungen oder Besonderheiten, eventuelles Zerlegen des Gesamtziels oder Präzisieren der Zielsituation.

Dem wesentlichen Merkmal des Standard-Problemlösens nach müssen sich die entsprechenden problemlösenden Strategien vor allem darauf richten, Wissensdefizite des Übersetzers zu überwinden, um einen angemessenen Zieltext mit erforderlicher Fachlichkeit zu produzieren. Während des problemlösenden Prozesses finden in erster Linie die Strategien „**Operatorsuche**", „**Operatoranwendung**" und „**Umorientierung bei Misserfolg**" Verwendung (siehe 2.3.2.1). Auf das Übersetzungsbeispiel bezogen bedeutet das konkret, dass die Verstehensprobleme bestimmter Fachbegriffe und technischer Sachverhalte durch das Einbeziehen und Anwenden von Hilfsmitteln wie Wörterbüchern oder Übersetzungsprogrammen gezielt und bewusst behoben werden müssen. Stellt der Übersetzer Widersprüchlichkeiten oder Unklarheiten bezüglich bestimmter

Fachbegriffe während des Übersetzens fest, muss er sich eventuell neu orientieren und nach neuen Operatoren bzw. Hilfsmitteln suchen, um die unklaren Fachwörter erneut zu ermitteln.

Bezieht sich die Widersprüchlichkeit oder Unklarheit auf den Sachverhalt, kann der Übersetzer im Weiteren auf die problemlösende Strategie der „**Umstrukturierung**" zurückgreifen (siehe 2.3.2.2). Indem der Übersetzer den Textinhalt in Stichpunkte gliedert und diese mit eigenen Worten in einfachem Satzaufbau mit Blick auf den Originaltextinhalt formuliert, kann er eventuell völlig neue „Einsichten" aus einer unklaren Situation gewinnen bzw. Übersetzungsmöglichkeiten für den komplexen Sachverhalt entdecken.

Der Arbeitsschritt „**Variation des Auflösungsgrades**" (siehe 2.3.2.2) kommt sowohl in Beispieltext A als auch in diesem Übersetzungsbeispiel zum Einsatz. Da der Blick des Übersetzers zwischen der Betrachtung des Gesamttextinhalts und der Detailbetrachtung bestimmter Fachbegriffe wechselt, kann er den Ausgangstext aus verschiedenen Perspektiven analysieren und daher besser verstehen und übersetzen.

Das vorliegende Übersetzungsbeispiel wird ausschließlich auf einer linguistischen Ebene behandelt, so können nur begrenzt Übersetzungselemente bzw. problemlösende Perspektiven angewandt werden. Die erforderlichen übersetzerischen und problemlösenden Kompetenzen sind zudem überwiegend auf den „Wissensfaktor" beschränkt. Bei den fachexternen Übersetzungen hingegen sind nicht nur mehr und umfassendere übersetzerische Kompetenzen erforderlich, sondern auch vielfältige situative und kulturelle Bedingungen zu berücksichtigen, wie das nächste Unterkapitel aufzeigt.

5.3 Fachexterne Übersetzung

Beispieltext C[36]:

Form vollendet	Titel
Das jüngste Mitglied der Audi A3 Familie, die Audi A3 Limousine,	Untertitel
begründet ein ganz neues Segment: die sportliche Kompakt-Limousine.	
von Hermann J. Müller (Text)	
(…)	
Bereits die ausdrucksstarke Synthese aus klassischem Three-Box-Konzept	Abschnitt III
und eleganter Coupé-Optik kennzeichnet das jüngste Mitglied der Audi A3	
Familie auf den ersten Blick als ein sportliches Fahrzeug. Die coupéhafte	
Dachlinie, die kurzen Überhänge der Karosserie sowie zahlreiche Details	
betonen noch das sportive Erscheinungsbild. Mit verbreiterten Radhäusern,	
bis zu 19 Zoll großen Rädern und der gegenüber dem Schwestermodell	
um neun Millimeter reduzierten Höhe steht die Audi A3 Limousine	
dynamisch und kraftvoll auf der Straße. Dennoch ist sie mit 425 Litern	
Kofferraumvolumen absolut alltagstauglich. Weitere sportliche Akzente	
setzen die stilprägende, präzise Schulterlinie sowie die Dynamiklinie, die in	
einem markanten Winkel über die Silhouette ansteigt und harmonisch im	
Ansatz des hinteren Stoßfängers ausläuft.	
(…)	
Für den Kontakt zu Außenwelt dagegen ist das optionale Audi connect (www.	Abschnitt
audi.de/connect) zuständig. Die jüngste Entwicklungsstufe des Systems	VIII
vernetzt das Fahrzeug bei entsprechender Abdeckung mit dem Internet.	
Davon profitiert der Fahrer in Form von Echtzeit-Verkehrsinformationen,	
Navigationshilfen von Google Earth und Google Street View sowie –	
erstmals in einem Audi – auch von Parkplatzinformationen, die im Umfeld	
des angepeilten Ziels neben den Adressen von Parkplätzen und -häusern	
auch die Anzahl der freien Plätze und der entstehenden Parkgebühren	
nennen. Beifahrer und andere Passagiere dagegen können über den	
integrierten WLAN-Hotspot surfen und mailen.	
(…)	

5.3.1 Übersetzungsprozess

Die Fachübersetzung wäre nicht hinreichend dargestellt, würde man die übersetzerischen Probleme nur auf der Ebene von Terminologie und Textgestaltung analysieren und abhandeln (vgl. Stolze, 2009, 305). Aus diesem Grund dient das

---

36 Aufgrund der Textlänge werden hier die Textabschnitte III und VIII (kursiv) übersetzt. Nach telefonischer Rücksprache mit dem Auftraggeber wurde bestätigt, dass für den Beispieltext bisher eine deutsche und eine englische Version existieren. Im Anschluss an dieses Unterkapitel gehe ich kurz auf die englische Übersetzung ein.

fachexterne Übersetzen dieses Unterkapitels dazu, sich neben der terminologischen „Fachlichkeit" auch mit den kulturellen „Gesichtspunkten" des Fachtextes auseinanderzusetzen.

I. Interpretation des Übersetzungsauftrages

Wie bei Text A und B handelt es sich auch hier um einen Übersetzungsauftrag, den der Auftraggeber nicht explizit definiert und detailliert mit dem Übersetzer vereinbart hat. Der Übersetzer steht somit der Aufgabe gegenüber, selbst herauszufinden, für wen und welchen Zweck der Ausgangstext übersetzt werden soll und wie er dieses Ziel erfolgreich erreichen kann. Um bestimmte zieltextbezogene Auftragsinformationen richtig zu ermitteln, sind in diesem Fall bestimmte Informationen aus dem „Hintergrund" des chinesischen Automobilmarktes zu berücksichtigen. Im Folgenden werden einige **Hintergrundinformationen** bezogen auf diesen konkreten Beispieltext dargestellt. Ob sie alle für das spätere Übersetzen relevant sind oder welche Rolle sie für die weiteren Schritte des Übersetzungsprozesses spielen, kann zu diesem Zeitpunkt, d. h. vor der genauen Analyse des Ausgangstextes, noch nicht festgestellt werden. Hier ist vielmehr beabsichtigt, durch die ausführliche Darstellung einerseits aufzuzeigen, welche übersetzungsrelevanten Informationen und Bedingungen, die das praktische Übersetzen beeinflussen, sowohl aus gesellschaftlicher als auch aus wirtschaftlicher Sicht eventuell im Hintergrund vorhanden sein können. Andererseits soll dem Übersetzer aufgezeigt werden, wie er diese Informationen systematisch und analytisch gewinnen kann.

Eine grundlegende Information in diesem Fall ist vor allem, zu wissen, dass die Audi AG geplant hat, das Produkt „Audi A3 Limousine" Ende 2013 in einem neu eröffneten Audi-Produktionsstandort in Südchina zu produzieren.[37] Jeder Artikel über ein Produkt, insbesondere kurz vor dessen Marktplatzierung, ist wichtige Werbung. Diese Form von Werbung kann entscheidende und prägende Eindrücke bei den zukünftigen Kunden hinterlassen. Ein gelungener Artikel kann also die Neugierde und Begeisterung der zukünftigen Kunden für das Produkt wecken. Im Gegensatz dazu löst ein langweiliger und emotionsloser Artikel

---

[37] Arbeitet der chinesische Übersetzer direkt für die Audi AG in Deutschland oder für Audi in China, ist davon auszugehen, dass er über diese wichtige strategische Entscheidung bzw. Information des Arbeitgebers verfügt. Ist die Übersetzungstätigkeit des Übersetzers nicht spezifisch auf den Fachbereich Automobilindustrie gerichtet, kann dies jedoch zu einem gewissen Wissensdefizit führen, sodass der Übersetzer diese Hintergrundinformation nicht besitzt und sie nicht in den Übersetzungsprozess einfließen lassen kann.

über ein neues Produkt Desinteresse bei den Kunden aus und verursacht dementsprechend einen verzögerten Kauf oder sogar den Konsumverzicht. Schätzt der Übersetzer die **Wichtigkeit** des Textes bzw. der Übersetzung richtig ein, wird er sich beim Übersetzen entsprechend stark engagieren. So ergeben sich Motivation und „verantwortungsbewusstes Handeln" (Arlik, 2010, 28), die wichtige Voraussetzungen für eine hohe Übersetzungsleistung darstellen.

Ob der Übersetzer über die oben erwähnte Information verfügt, steht nicht nur in engem Zusammenhang mit der Feststellung, wie wichtig der Artikel ist, sondern auch damit, welche **Zielgruppe** dieses Produkt sowie im weiteren Sinne welchen Übersetzungszweck er fokussiert. Da die Audi A3 Limousine in Südchina als „Lokalprodukt" produziert wird und dadurch hohe Importsteuern im internationalen Handeln vermieden werden, ist anzunehmen, dass der Preis dieses Produktes im Vergleich zu den anderen vergleichbaren importierten Automodellen günstiger und akzeptabler sein wird. Dieser Preisvorteil, der im internationalen Konkurrenzkampf eine wesentliche Rolle spielt, ermöglicht einer breiteren Zielgruppe in China den „Zugang" zu diesem Produkt. Diese Zielgruppe umfasst meines Erachtens den erfolgreichen „Mittelstand" der chinesischen Bevölkerung, der aktuell in China große Fortschritte macht und immer mehr und schneller Erfolge erzielt, nicht nur leistungsbezogen, sondern auch in finanzieller Hinsicht.[38] Somit kann sie sich die Produkte aus höheren Preiskategorien auch leisten. Da immer mehr Chinesen der Gruppe des erfolgreichen „Mittelstandes" angehören, begünstigt dieses Wachstum auch weiter steigende Verkaufszahlen. Im Vergleich zu Beispieltext A, der sich generell an alle Mitarbeiter, Interessenten und Beteiligten aus dem Automobilbereich richtet, kann man für diesen Beispieltext anhand der „Marktanalyse" in China eine kleinere und relativ konkrete Ziellesergruppe eingrenzen und festlegen. Auf dieses Thema werde ich später noch zurückkommen.

Eine weitere Information besteht in der Gewissheit, dass die Audi-Modelle A6, A4, Q5 und Q3 bisher an dem Produktionsstandort Changchun in Nordchina produziert werden. Die Audi A3 Limousine ist ein sogenannter „Neuling",[39]

---

38 Im Rahmen dieser Arbeit besteht meines Erachtens nicht die Notwendigkeit, die offiziellen statistischen Daten, die den finanziellen Aufschwung des chinesischen Mittelstandes darlegen und beweisen, hinzuzuziehen. Sowohl meiner eigenen Erfahrung als auch zahlreichen Medienberichten ist generell zu entnehmen, dass die chinesische Wirtschaft im Allgemeinen wächst und der Lebensstand der Bevölkerung, insbesondere der Mittelschicht, stetig steigt.

39 Das Verfügen über diese Information ist im Vergleich zu den bereits erwähnten Hintergrundinformationen schwieriger, da es nicht nur von den Berufserfahrungen des

der einer klaren **Positionierung** hinsichtlich der Zielgruppe und des Fahrzeugcharakters bedarf, welche dieses Modell von anderen bereits in China produzierten Audi-Modellen unterscheidet und zu etwas Besonderem macht. Daher kommt es beim Übersetzen des Textes darauf an, die Besonderheit und das Alleinstellungsmerkmal des neuen Modells im Vergleich zu den anderen Modellen zu betonen, sodass die Neugierde der Kunden geweckt wird und sie beim Kauf des Produktes ein Gefühl der Erhabenheit empfinden. Zu vermeiden ist jedoch, die bereits vorhandenen Audi-Modelle „uninteressant" zu machen, während der Übersetzer versucht, das neue Produkt Audi A3 Limousine attraktiv darzustellen. Dieses Grundprinzip muss ein Übersetzer generell bei dem Übersetzen insbesondere von „Modellvergleichen" innerhalb einer Marke bzw. zwischen verschiedenen Modellen eines Konzerns beachten, um unnötige negative Empfindungen und Impressionen zu vermeiden, auch wenn dies unbewusst geschieht.

Zusammenfassend kann bisher vor der genauen Analyse des Ausgangstextes festgestellt werden: Der Zieltext richtet sich an eine breitere Zielgruppe und soll deren Erwartungen und Wünschen entsprechen. Darüber hinaus soll die Übersetzung bei den Lesern einen positiven und kaufanregenden Eindruck hinterlassen. Schließlich ist die Besonderheit des neuen Produktes unter Rücksichtnahme auf die anderen Modelle hervorzuheben. Welche Informationen und inwiefern diese für das konkrete Übersetzen später nützlich sind, soll die weitere Analyse textexterner und textinterner Faktoren zeigen.

II. Analyse des Ausgangstextes

Die textexternen Faktoren umfassen folgende Daten: Im Auftrag der Audi AG (**Sender**) verfasste Hermann J. Müller (**Textproduzent**) als Redakteur diesen Artikel, der im „Audi Magazin" (**Medium**) in der Ausgabe 02/2013 (**Zeit**) publiziert worden ist. Das Audi Magazin ist nicht nur bei der Audi AG direkt zu erwerben, sondern auch bei den Audi-Händlern deutschlandweit (**Ort**). Da das im Artikel beschriebene Modell Audi A3 Limousine Ende 2013 in China produziert wird, besteht der Bedarf, dieses Produkt auf dem chinesischen Markt vorzustellen und populärer zu machen, was für einen erfolgreichen „Launch" und für den

---

Übersetzers abhängt, sondern auch stark von seinen fachlichen Kenntnissen und individuellen Fähigkeiten. Das heißt, einem Übersetzer wird beispielsweise abverlangt, nicht nur professionell seine Aufgabe zu erledigen, sondern sich auch mit dem chinesischen Automobilmarkt sehr gut auszukennen. Somit kann er durch selbständiges analytisches Denken zu dieser Information gelangen und sie in den Übersetzungsprozess miteinbeziehen.

weiteren Verkauf eines jeden neuen Produktes unerlässlich ist (**Senderintention** und **Kommunikationsanlass**).

Der gesamte Artikel über die Audi A3 Limousine umfasst der Reihenfolge nach vier Themenbereiche: Sportlichkeit, Leichtbau und Fahrwerk, Innenausstattung und Vernetzung mit dem Internet (**Thematik** und **Makrostruktur** des Gesamttextes). Die letzten drei Themenbereiche sollen den zweiten Hauptcharakter des Fahrzeuges „Premium" neben der „Sportlichkeit" des ersten Teils hervorheben. Aus dem Gesamttext habe ich jeweils einen Abschnitt aus dem Bereich „Sportlichkeit" und aus dem Bereich „Vernetzung mit dem Internet" für das praktische Übersetzen ausgewählt (**Thematik** der zu übersetzenden Textabschnitte).

Die Mikrostruktur des „sportlichen" Teils ist durch die Beschreibung verschiedener Elemente des Fahrzeuges wie „Three-Box-Konzept", „Coupé Optik", „Räder", „Schulterlinie" und „Dynamiklinie" gekennzeichnet, um die Sportlichkeit des Fahrzeuges zu betonen. Im Teil der „Internetvernetzung" wurde der Komfort durch die angebotenen modernen Verkehrs- und Parkinformationen hervorgehoben (**Mikrostruktur** der zu übersetzenden Textabschnitte). Da die ausgewählten zwei Textabschnitte sehr unterschiedliche Themen behandeln, setzen sie dementsprechend unterschiedliche Verstehens- und Wissensvoraussetzungen bei den Ziellesern voraus. Demnach muss der Text auch unterschiedliche Lesererwartungen bedienen und verschiedene Übersetzungszwecke erfüllen, weshalb die vorliegenden zu übersetzenden Textabschnitte in nächsten Schritt des Übersetzungsprozesses bzw. beim Entwerfen der Übersetzungsstrategien separat behandelt werden.

Im Rahmen der Interpretation des Übersetzungsauftrages wurde bereits festgestellt, dass es sich in China bei der Zielgruppe des Modells Audi A3 Limousine hauptsächlich um den „erfolgreichen Mittelstand" handelt. Durch die inhaltliche Analyse des Ausgangstextes und die Feststellung des Fahrzeugcharakters ist es möglich, diese Zielgruppe noch näher einzugrenzen – „der jüngere erfolgreiche Mittelstand". Daher ist es wichtig, die textinternen und textexternen Faktoren nicht strikt nacheinander, sondern miteinander kombinierend zu analysieren (siehe 1.5.1.1). Die nähere Eingrenzung der Zielgruppe resultiert aus der Verbindung von Sportlichkeit mit jüngerem Alter sowie der Verknüpfung von Premium-Produkten mit Erfolg. Da dieses neue Modell einen sportlichen Premium-Charakter verkörpert, ist es für die dynamischen und erfolgreichen jüngere Generationen interessant und attraktiv (**Zieltextempfänger**). Die Analyse bzgl. der Zieltextempfänger basiert bisher ausschließlich auf den Überlegungen und Erfahrungen des Übersetzers. Im Idealfall und wenn möglich, soll der

Übersetzer jedoch den Auftraggeber kontaktieren und sich genau über solche für das Übersetzen entscheidenden Informationen informieren. Im vorliegenden Fall ist es ausschlaggebend, zu wissen: Welche Zielgruppe im Zielland soll das beschriebene Produkt Audi A3 Limousine ansprechen?

Zu den Textempfängern möchte ich anmerken, dass die Zieltextempfänger sowie ihre Erwartungen und Verstehensvoraussetzungen im Übersetzungsprozess eine wesentliche Rolle spielen, wenn sich Ausgangstextempfänger und Zieltextempfänger voneinander unterscheiden. Schließlich muss der Zieltext die intendierte Wirkung bei den Zieltextempfängern erzeugen und die intendierte Funktion in der Zielkultur erfüllen.

Als Textfunktion des gesamten Textes ergibt sich aus der bisherigen Analyse in erster Linie die „Appellfunktion" (**Textfunktion**). Die detaillierte Beschreibung und Darstellung des Fahrzeuges hinsichtlich Fahrwerk, Innenausstattung und moderner Internetvernetzung soll meines Erachtens dazu beitragen, die Begeisterung der potenziellen Kunden hervorzurufen, damit eine bestimmte „Reaktion" oder „Wirkung", hier die Anregung zum Erwerb des Produktes, ausgelöst werden kann. Zwar muss der Text auch eine „Darstellungsfunktion" erfüllen, diese ist jedoch als zweitrangig einzustufen. Wie bei der Festlegung der Zieltextempfänger ist dem Übersetzer auch hier zu empfehlen, sich mit dem Auftraggeber abzustimmen, ob die von ihm selbst ermittelte intendierte Funktion des Zieltextes mit der Funktion, welche die Übersetzung in der Zielkultur nach Ansicht des Auftraggebers erfüllen soll, übereinstimmt.

Nachdem die Textfunktion durch die vollständige und ausführliche Textanalyse eruiert wurde, stehen dem Übersetzer im nächsten Schritt des Übersetzens konkrete Aufgaben und Übersetzungsschwierigkeiten bevor. Um die Textfunktion in der Zielkultur zu erfüllen bzw. die potenziellen Kunden für das Produkt zu gewinnen, sollen beispielsweise folgende Fragen beantwortet werden:

- Wie kann der Übersetzer die Fachwörter präzise, aber auch verständlich interpretieren, um den Charakter des Fahrzeuges eindeutig und eindrucksvoll hervorzuheben?
- Wie kann er die „stilistischen" und „bildhaften" Darstellungs- und Ausdrucksweisen des Ausgangstextes im Zieltext wiedergeben und zusätzlich auch Verständnis und Geschmack der Zieltextempfänger entsprechen?
- Schließlich soll die zentrale Frage lauten: Wie kann der Übersetzer ein attraktives Bild des Produktes und einen visuellen Anreiz bei den Lesern erzeugen?

Diese Fragen leiten über zum nächsten Schritt des Übersetzungsprozesses. Ziel ist es, während die gestellten Fragen anhand von geeigneten Übersetzungsstrategien analytisch beantwortet werden, weitere relevante Übersetzungskriterien herauszufinden, welche dem Übersetzer im Übersetzungsprozess generell wertvolle Hinweise liefern und grundsätzliche Orientierungen bieten.

III. Entwurf der Übersetzungsstrategie

Übersetzungsstrategien des Textabschnittes III:
Wie während der Textanalyse erwähnt, werden die Textabschnitte III und VIII in diesem Schritt des Übersetzungsprozesses voneinander getrennt behandelt. Bei dem Übersetzen des dritten Textabschnittes kann vorrangig die **linguistische Betrachtungsweise** eingesetzt werden, da in diesem Teil die „Barriere" zwischen dem Ausgangs- und Zieltext vor allem auf der sprachlichen und lexikalischen Ebene liegt. Konkret bedeutet das, der Übersetzer soll sich bezüglich dieses Textteils hauptsächlich mit den drei Bezugsrahmen Kollers – a) **„denotative"**, b) **„konnotative"** und c) **„formal-ästhetische Äquivalenz"** – auseinandersetzen und versuchen, diesen während des Übersetzungsprozesses im Zieltext zu entsprechen (siehe 1.2.2.1). Eine erfolgreiche Erfüllung der drei erwähnten „Äquivalenzforderungen" setzt außerdem voraus, dass der Zieltext für die Zielleser verständlich und akzeptabel ist. Somit muss die d) **„pragmatische Äquivalenz"**, die sich auf den Empfänger und seine Verständnisbedingungen bezieht, ebenfalls berücksichtigt und erreicht werden.

Dem linguistischen Übersetzungsansatz nach stehen zunächst lexikalische Elemente, bzw. die Wörter und Fachwörter, im Zentrum des übersetzerischen Vorgangs, die grundsätzlich in zwei Gruppen eingeteilt werden können. Die erste Gruppe umfasst die Fachwörter "Three-Box[-Konzept]" und „Coupé", die aus weiteren Fremdsprachen, in diesem Fall Englisch und Französisch, stammen und hier entlehnt worden sind. Durch die internationale Verflechtung und Verankerung der Handelsmöglichkeiten ist oft zu beobachten, dass immer mehr Wörter aus anderen Sprachen, insbesondere aus dem Englischen, in der Wirtschaftssprache verwendet werden. Sowohl in Deutschland als auch in China hört man beispielsweise oft "Leasing", "Business Plan", "Showroom", "Event" oder "Launch", etc.

Die Entlehnungen stellen eine „wichtige Quelle für Fachtermini" dar und haben vor allem zwei Funktionen: „internationale Verständlichkeit" und „gewollte Abgrenzung gegenüber der Gemeinsprache" (Albrecht, 2013, 280–281). Welche Entlehnungen der Übersetzer in der Übersetzung übernimmt oder inwiefern er sie übersetzen soll, hängt von unterschiedlichen übersetzungsrelevanten Situationen und Bedingungen ab, beispielsweise ob die intendierten Zielleser die übernommenen „Entlehnungen" verstehen können oder ob der Übersetzer in der Zielsprache überhaupt problemlos eine Entsprechung für die Entlehnung findet.

Hierzu ein <u>Beispiel</u>: Ein Übersetzer soll für die chinesischen Mitarbeiter der Marketingabteilung in einer internationalen Firma das Wort „Ausstellungsraum" übersetzen. In diesem Fall und in dieser konkreten Situation ist meiner Meinung nach die englische Entsprechung einer chinesischen als geeigneter vorzuziehen. Die chinesische Übersetzung „展室 (zhanshi)" findet unter chinesischen „Fachleuten" im internationalen Marketingbereich immer weniger Anwendung. Stattdessen stellt die englische Entsprechung „Showroom" eine globale und moderne „Bezeichnung" dar, die in internationalen Firmen und im Fachbereich sowohl in Deutschland als auch in China längst akzeptiert ist. Daher kann die englische Übersetzung „Showroom" hinsichtlich Kommunikation- und Verständnisproblemen als unbedenklich und in diesem Beispiel im Vergleich zur chinesischen Variante als die bessere Übersetzungsalternative gelten.

Wie man konkret „Three-Box-Konzept" und „Coupé" übersetzt, muss differenziert betrachtet werden. Für die Kombination „Three-Box-Konzept" gibt es im Chinesischen bereits die entsprechende Übersetzungsmöglichkeit „三厢式 (sanxiangshi)", die das Original wortwörtlich übersetzt und als Äquivalenz zu diesem gilt. Die chinesische Übersetzung ruft die gleichen Vorstellungen bei den Ziellesern hervor wie das Original bei den Ausgangstextempfängern bzgl. der Platzverteilung eines klassischen Autos – Motor vorne, Passagiere in der Mitte und Gepäck hinten. Damit wird eine „Volläquivalenz" im Sinne von Gui oder eine „totale Äquivalenz" im Sinne von Kade oder eine **„Eins-zu-eins-Entsprechung"** im Sinne von Koller erreicht (siehe 1.2.2.2).

Wie man das Wort „Coupé" behandelt, ist etwas komplizierter, da in der chinesischen Automobilbranche das Wort je nach Zielleser und Zweck der Übersetzung manchmal „übernommen" und manchmal „übersetzt" wird. Aus drei Gründen ist es für den vorliegenden Fall meines Erachtens sinnvoll, das Wort „Coupé" in der Übersetzung ohne jegliche Veränderung zu übernehmen.

Der erste Grund besteht darin, dass sich der vorliegende Zieltext hauptsächlich an jüngere, erfolgreiche und somit moderne Leser mit vergleichsweise höherem Bildungsniveau richtet und deshalb nur wenig bis gar keine Verständnisprobleme zu erwarten sind. Zum anderen ist das Wort „Coupé" am chinesischen Automobilmarkt bereits als Fachbegriff präsent und bekannt, der zunehmend populärer und allgemeiner wird. Eine weitere Befürwortung der Übernahme des Originals ist damit begründet, dass der Übersetzer im Chinesischen keine völlige Äquivalenz für das Wort finden kann. Mit dem Originalwort „Coupé" verbindet ein deutscher Leser zum Beispiel unterschiedliche sportlichere Fahrzeugtypen und -designs. In der Tradition bezeichnet „Coupé" generell zweisitzige Fahrzeuge mit zwei Türen. Durch die Weiterentwicklung der Fahrzeugtechnik gehören aktuell zu der Kategorie des „Coupés" auch viersitzige Autos, sogenannte „2+2 Sitze", mit zwei oder vier Türen. In der chinesischen Sprache existiert jedoch keine Entsprechung zum Wort „Coupé" mit einer derartig umfassenden und erweiterten Bedeutung. Deshalb kommt manchmal noch immer die traditionelle Übersetzungsalternative – „双座跑车 (shuangzuo paoche) – zweisitziger Sportwagen" vor. Dieses chinesische Wort gibt den Bedeutungsumfang von „Coupé" nicht wieder und grenzt in diesem Sinne die Fahrzeugtypen und -designs stark ein, somit gilt es als überholt und ungeeignet. In diesem Beispieltext und Kollers Theorie nach stellt das Wort „Coupé" eine „**Eins-zu-Null-Entsprechung**" dar. Durch die Übernahme des Originalausdrucks kann man dieses Übersetzungsproblem jedoch lösen.

In welcher Situation der chinesische „双座跑车 (shuangzuo paoche) – zweisitziger Sportwagen" für das Wort „Coupé" als treffende Übersetzung gilt, zeige ich anhand eines weiteren Beispiels. Der Übersetzer soll folgenden Satz ins Chinesische übersetzen: „Das BMW Z4 Coupé begeistert die Kunden mit seiner eindrucksvollen sportlichen Optik."[40] Da der Übersetzer hier eindeutig erkennen kann, dass es sich im Kontext konkret um ein Fahrzeug mit „zwei Sitzen" handelt, kann er das Wort „Coupé" dementsprechend mit „zweisitziger Sportwagen" übersetzen. Diese chinesische Übersetzung bzw. Teilübersetzung deckt zwar nicht den vollständigen „Inhalt" des Originalwortes „Coupé" im allgemeinen Sinne ab, bringt jedoch das in dem vorliegenden Satz „Gemeinte" treffend zum Ausdruck. So ist hier Kollers Theorie nach eine „**Eins-zu-Teil-Entsprechung**" zu erkennen (siehe 1.2.2.2).

Nachdem die „Entlehnungen" erläutert wurden, gehe ich kurz auf die zweite Gruppe von Fachwörtern in diesem dritten Textabschnitt ein. Die zweite Gruppe der Fachwörter besteht vor allem aus Bezeichnungen von Fahrzeugteilen und dem Fahrzeugdesign wie „Überhänge", „Karosserie", „Radhäuser", „Schulterlinie", „Dynamiklinie" und „Stoßfänger" etc. Das Übersetzen solcher Fachwörter setzt in erster Linie Fachwissen des Übersetzers voraus. Ein diesbezügliches Defizit kann direkt dazu führen, dass der Zieltext nicht „fachlich" und somit nicht „wissenschaftlich" klingt oder manche Übersetzungen sogar falsch sind. Auf einzelne Fachwörter wird hier jedoch nicht eingegangen, da sie im letzten Unterkapitel bereits ausführlich erläutert wurden und in diesem Beispiel vom Übersetzer entweder mit oder ohne Hilfsmitteln in meisten Fällen ohne große Probleme übersetzt werden können.

---

40 Die Produktion des BMW Z4 Coupés wurde im Jahr 2008 bereits vom Hersteller beendet. Dieser Satz dient hier Demonstrationszwecken im Rahmen der Übersetzungsprobleme, um die verschiedenen Übersetzungsmöglichkeiten von „Coupé" zu verdeutlichen.

Meines Erachtens stellen in diesem Textteil nicht die Fachwörter die größte Herausforderung für den Übersetzer dar, sondern vielmehr die Frage, wie man anhand von solchen Fachwörtern bzw. anhand von konkreten „**kontextuellen Situationen**" bessere und geeignetere Übersetzungsalternativen für andere im Zusammenhang stehende Wörter finden kann (siehe 1.4.2.1). Die „kontextuellen Situationen und Bedingungen" umfassen sowohl sprachliche als auch situative Faktoren. Dadurch wird ermöglicht, die zu übersetzenden Wörter in einem bestimmten Kontext zu konkretisieren und somit die richtige Bedeutung zu ermitteln. So kann der Übersetzer auch entscheiden, welche Übersetzungsalternative aus den vielen Möglichkeiten die treffendste Entsprechung darstellt. In diesem Zusammenhang greife ich aus dem letzten Satz des Textabschnittes als Beispiel zwei Wörter heraus, die auf den ersten Blick einfach zu übersetzen erscheinen.

> „(…) die Dynamiklinie, die in einem markanten Winkel über die Silhouette ansteigt und harmonisch im Ansatz des hinteren Stoßfängers ausläuft".

Wenn keine konkrete kontextuelle Situation vorhanden ist, können die zwei Wörter „ansteigen" und „auslaufen" im Allgemeinen z. B. wie folgt übersetzt werden:

Ansteigen – 上升 (shangsheng) / 增长 (zengzhang) / 上涨 (shangzhang) / 攀升 (pansheng)

Auslaufen – 流出 (liuchu) / 泄漏 (xielou) / 流空 (liukong) / 流尽 (liujin)

Alle Übersetzungsalternativen des Wortes „ansteigen" weisen auf eine „Aufwärtsbewegung" bzw. eine „Steigerung" hin. Die Gemeinsamkeit der Übersetzungen von „auslaufen" besteht darin, dass hier ein „Punkt" angesprochen ist, an dem etwas zu Ende geht. In dem vorliegenden Satz stehen „ansteigen" und „auslaufen" jedoch in engem Zusammenhang mit „Dynamiklinie": Sie sind speziell auf „Dynamiklinie" bezogen und auf die Merkmale einer „Dynamiklinie" abgestimmt zu übersetzten. Daher können sie meines Erachtens als „攀岩 (panyan) – klettern" und „收尾 (shouwei) – abschließen" übersetzt werden. Der Übersetzer muss sich hier bemühen, den Zieltext nicht nur verständlich, sondern auch stilistisch korrekt anzufertigen. Somit kann er den gleichen Eindruck und die gleiche Wirkung bei den Ziellesern erzeugen wie der Originaltext bei den Ausgangstextempfängern. Durch dieses Beispiel möchte ich verdeutlichen, dass der Übersetzer während des Übersetzungsprozesses nicht nur die denotative Ebene, sondern auch die konnotative, ästhetische und ebenfalls die pragmatische Ebene des Ausdruckes im Auge behalten muss.

Während der Erläuterung der „Interpretation des Übersetzungsauftrages" wurde erwähnt, worauf der Übersetzer besonders bei „**Modellvergleichen**" achten muss. Auch der vorliegende Textabschnitt enthält einen knappen Vergleich zwischen dem neuen Modell und dem Schwestermodell. Da Letzteres in diesem Vergleich in der Gegenüberstellung zum neuen Modell nicht nachteilig beschrieben wird, kann der Satz „Mit verbreiterten Radhäusern, (…) und der gegenüber dem Schwestermodell (…) steht die Audi A3 Limousine dynamisch und kraftvoll auf der Straße" ohne weitere Bedenken übersetzt werden. Das Grundprinzip des Übersetzens von „Modellvergleichen" findet in diesem Übersetzungsbeispiel weniger Anwendung und ist daher für das Übersetzungsergebnis nicht bedeutend. Wichtig ist nun zu erkennen, dass der Übersetzer eine dem Originalautor vergleichbare Verantwortung trägt, da er selbstständig und analytisch denken soll sowie vielfältige relevante Gesichtspunkte berücksichtigen muss. Nur auf dieser Basis kann der Übersetzer eigenständig verschiedene Übersetzungsstrategien entwerfen und anwenden, die für bestimmte Texte und Textabschnitte anhand von konkreten Merkmalen und Eigenschaften geeignet sind.

Übersetzungsstrategien des Textabschnittes VIII:

Bei der Übersetzung des Textabschnittes VIII gilt es eine Besonderheit zu beachten: Ein Ausgangstext ist nicht nur von den Ausgangstextempfängern, sondern auch von einer „Ausgangskultur" abhängig, in der bestimmte gesellschaftliche Regeln, politische Rahmenbedingungen sowie wirtschaftliche Tendenzen und Zwecke beinhaltet und integriert sind. Solche Merkmale und Kriterien in der Ausgangskultur können in der Zielkultur jedoch unterschiedlich oder selbst gar nicht vorhanden sein, was dazu führt, dass der Zieltext für den Zieltextempfänger in manchen Hinsichten „neu" produziert werden muss. Betrachtet man den vorliegenden Textabschnitt genau, zeigt sich, dass der Text in erster Linie an den deutschen Automobilmarkt sowie die Leser und Verbraucher in Deutschland gerichtet ist. Daraus resultiert die Frage: Werden die in der deutschen Version beschriebenen modernen „Optionen" wie „Echtzeit-Verkehrsinformationen", „Navigationshilfen von Google Earth und Google Street View" sowie „Parkplatzinformationen" auch über „Audi connect" für die chinesischen Kunden in China angeboten?

Des Weiteren ist zwischen diesen Optionen eventuell noch zu unterscheiden, da auf dem chinesischen Markt die Möglichkeit, über „Audi connect" zu erhalten, bereits bei einigen Audi-Modellen vorhanden ist. Die anderen Optionen wie die Übermittlung der „Anzahl der freien Plätze" und „Parkgebühren" sind sowohl für den deutschen Markt als auch für den Chinesischen völlig neu. Mit diesen Kenntnissen und Hintergrundinformationen muss sich ein erfahrener Übersetzer in erster Linie auseinandersetzen. Die Übersetzung der englischen Wörter und Ausdrücke in diesem Abschnitt steht, im Gegensatz zu jenen des dritten Textabschnitts, nicht mehr im Vordergrund.

Im Vergleich zu einem unerfahrenen Übersetzer, der den Textabschnitt sehr wahrscheinlich ohne jegliches analytische Nachdenken „einfach so" und „wie er ist" übersetzt, geht ein erfahrener Übersetzer der Frage bzgl. der „Optionen" sehr gründlich nach. Aufgrund seiner Erfahrungen weiß er, dass jedes Land bestimmte Automobilmarken, Modelle sowie Ausstattungsoptionen bevorzugt, die dem Geschmack, den finanziellen Möglichkeiten und dem Verhältnis zwischen Produktleistung und Lebensstil der Verbraucher dieses Landes am besten entsprechen. Gemäß diesem Prinzip ist der gesamte Automobilmarkt in Deutschland und China jeweils mit unterschiedlich bevorzugten Automodellen und Optionen ausgerüstet, welche die bestimmten Anforderungswünsche der Verbraucher in dem jeweiligen Land erfüllen und ihren speziellen Bedarf abdecken. Das heißt konkret: Was auf dem deutschen Automobilmarkt angeboten wird, muss nicht auf dem chinesischen offeriert werden, und selbstverständlich auch nicht umgekehrt. Ein Beispiel dafür ist die „Lang-Version" des Audi-Modelles A6 mit verlängertem Fond und somit auch mit mehr Beinfreiheit für die Fond-Insassen. Dieses „verlängerte" Modell wird von den chinesischen Kunden bevorzugt und für den chinesischen Markt produziert, da chinesische Käufer dieser Autoklasse im Vergleich zu den deutschen Kunden gewöhnlich die Fahrzeuge nicht selbst steuern, sondern sich chauffieren lassen. Aufgrund dessen soll der Fond vom Hersteller mit mehr Platz und Bequemlichkeit ausgestattet und angeboten werden.

Dieses Beispiel soll deutlich machen, dass es für den Übersetzer generell wichtig ist, vor dem eigentlichen Übersetzen zu wissen, ob das im Ausgangstext beschriebene Subjekt bzw. Produkt oder die Optionen des Produktes für den Zielleser und in der Zielkultur auch präsent sind. Meinen Recherchen nach sind die in der Audi A3 Limousine ausgestalteten Internet-Optionen „landesabhängig" und „marktabhängig". Somit kann man die Frage, ob auf dem chinesischen Markt die exakt gleichen Optionen angeboten werden, nicht konkret mit „ja" oder „nein" beantworten. Wie muss der Übersetzer nun mit diesen Kenntnissen umgehen? Reicht für ein angemessenes Übersetzen beispielsweise eine Fußnote mit einem kurzen Hinweis „Optionen sind landesabhängig" aus?

Obwohl die „Lösung" mit Fußnote bereits eine Verbesserung der Übersetzungsleistung darstellt im Vergleich zur ausschließlich „wörtlichen" Übersetzung, ist sie meines Erachtens dennoch nicht besonders zufriedenstellend. In diesem Zusammenhang beziehe ich mich auf die Skopostheorie und versuche, den Textabschnitt theoriebasierend zu analysieren und auf dieser Basis geeignete Übersetzungsstrategien zu entwerfen.

Im Rahmen der Erläuterung der Skopostheorie wurde bereits erwähnt, dass eine „**Funktionsänderung**" bzw. eine „Abweichung vom Skopos" vorgenommen werden darf, um den Sinn des Ausgangstextes im Zieltext nicht zu verfälschen und korrekt wiederzugeben. Um in diesem konkreten Fall den Sinn des Ausgangstexts im Zieltext „wiederzugeben", ist meines Erachtens eine „Funktionsänderung" erforderlich. Das in Kapitel 1.2.3.1 bereits genannte Zitat von Vermeer führe ich in diesem Zusammenhang nochmals an, um zu verdeutlichen, warum eine „Funktionsänderung" notwendig ist und wie man sie im Übersetzungsprozess behandeln und durchführen kann.

> (…) Entweder bleibt ein Zweck konstant – dann ändert sich ein anderer Translationsfaktor, zum Beispiel Wirkung-, oder ein Text wird für eine Translation ungeeignet, oder es ändert sich der Translatzweck (Vermeer, 1986, 46).

Als Hauptzweck des Übersetzens bzw. als Textfunktion wurde in erster Linie die Appellfunktion ermittelt. Das heißt, sowohl der Ausgangstext als auch die Übersetzung müssen potenzielle Kunden überzeugen und sie als Endkunden gewinnen. Der Inhalt des achten Textabschnittes trägt dazu bei, das neue Modell durch die Beschreibung moderner Internetvernetzung und -unterstützung noch faszinierender und einzigartiger erscheinen zu lassen. Wenn die Übersetzung angefertigt wird, um Internetoptionen zu beschreiben und zu betonen, entspricht der Zieltext inhaltlich jedoch nicht mehr der „Wahrheit", da es zum Zeitpunkt des Übersetzens nicht klar ist, ob die beschriebenen Internetoptionen im Zielland bzw. in China angeboten werden. Aufgrund dessen ist es nicht möglich, in diesem Textabschnitt der Hauptfunktion des Ausgangstextes „Appellfunktion" zu folgen. Stattdessen muss die Hauptfunktion auf die „Darstellungsfunktion" abgeändert werden. In diesem Zusammenhang geht es bei der „Darstellungsfunktion" weniger um das Beschreiben und Betonen der „Optionen", vielmehr geht es darum, diese Optionen nicht nur inhaltlich richtig, sondern auch authentisch darzustellen.

In diesem Fall und konkret auf die „Internet-Optionen" der Audi A3 Limousine ist der Übersetzer mit einem in Kapitel 3.2.2 dargestellten „praktischen Übersetzungsproblem" konfrontiert. Die Ursache für dieses pragmatische Übersetzungsproblem liegt darin, dass sich eine bestimmte „Situation" im Verhältnis von Ausgangs- zu Zieltext sowie von Ausgangs- zu Zielkultur unterscheidet – konkret die verschiedenen Textempfänger, für die unterschiedliche „markt- und landesabhängige" Optionen zur Verfügung stehen.

Dieses Übersetzungsbeispiel macht deutlich, dass sich der Ausgangstext ohne Funktions- bzw. Zweckänderung nicht für eine Übersetzung eignet, weshalb eine Funktionsänderung meiner Ansicht nach zwingend erforderlich ist.

„Funktionsänderung" von „Appell" auf „Darstellung" ist für das Übersetzen dieses Abschnitts Strategie und Lösung zugleich. Der Übersetzer trägt dementsprechend die Verantwortung, den Zieltext nicht nur unter Berücksichtigung der Zielgruppe, ihres Geschmacks und ihrer Erwartungen anzufertigen, sondern auch unter Berücksichtigung marktabhängiger und wirtschaftlicher Kriterien. Nach diesen Erkenntnissen soll dem Übersetzer klar sein, dass das Übermitteln „übersetzungstreuer" Informationen für diesen Abschnitt entscheidend ist. Dafür kann er z. B. eine Fußnote hinzufügen: „Zum Zeitpunkt des Übersetzens war nicht eindeutig festzustellen, welche der marktabhängigen Optionen in den lokal produzierten Fahrzeugen in China angeboten werden." Eine zusätzliche Information könnte lauten: „Alle genannten Optionen außer dem Übermitteln von „freien Parkplätzen" und „Parkgebühren" sind zum Zeitpunkt des Übersetzens bereits auf dem chinesischen Markt bei einigen Audi-Modellen vorhanden. Für weitere Fragen sowie bei Interesse ist der Hersteller des Fahrzeuges zuständig." Diese Zusatzinformation ist jedoch im Normalfall nicht zwingend erforderlich. Die Notwendigkeit ergibt sich allerdings dann, wenn die Übersetzung eine rechtliche Verbindlichkeit aufzeigt.

Wie der Übersetzer die fachlichen Entlehnungen aus dem Englischen in diesem Abschnitt behandelt und übersetzt, folgt einem ähnlichen Prinzip wie im dritten Textabschnitt. Demzufolge werden die hier entlehnten Fachwörter „Audi connect", „Google Earth", „Google Street View" und „WLAN-Hotspot" nach der gleichen Strategie übersetzt, da sie zwei gemeinsame Eigenschaften aufweisen: Zum einen sind sie im chinesischen Automobil- und IT-Fachbereich bereits bekannt und populär, zum anderen existieren für diese Bezeichnungen auch bereits chinesische Entsprechungen bzw. Übersetzungen. Deshalb halte ich es hier für sinnvoller, dass der Übersetzer hinter der jeweiligen chinesischen Übersetzung dieser Fachwörter jeweils eine Klammer verwendet, in der die originalen Ausdrücke bzw. Entlehnungen eingefügt sind. Die entsprechenden Übersetzungen können wie folgt dargestellt werden:

Audi connect – 奥迪互联科技 (aodi hulian keji) (Audi connect)

Google Earth – 谷歌地球 (guge diqiu) (Google Earth)

Google Street View – 谷歌街景 (guge jiejing) (Google Street View)

WLAN-Hotspot – 无线局域网热点 (wuxian juyuwang redian) (WLAN-Hotspot)

Auf diese Weise können sowohl die chinesischen als auch die englischen Fachbegriffe angemessen zum Ausdruck gebracht werden. Somit haben die Leser die Möglichkeit, sich für eine bessere Variante der Übersetzung zu entscheiden, die auf ihren individuellen Wissens- und Verständnisvoraussetzungen basiert. Diese Übersetzungsstrategie hat den Vorteil, dass die Übersetzungen von allen Lesern verstanden werden können und daher keinerlei Kommunikations- und Verständigungsprobleme verursachen. Allerdings dürfen auf diese Weise nur Entlehnungen bzw. Fachwörter übersetzt werden, welche in der Zielkultur bereits bekannt sind und für die bereits entsprechende chinesische Begriffe existieren.

Die Inhalte auf der Webseite „www.audi.de/connect" werden für chinesische Leser von geringerer Bedeutung sein, da sie die deutsche Sprache nicht verstehen. Unter diesen Umständen soll der Übersetzer die entsprechende chinesische Webseite „www.audi.cn" eben in Klammern hinzufügen, sodass die Leser bei weiterem Interesse und Fragen die chinesische Webseite besuchen und sich an „Audi" in China wenden können.

IV. Produktion des Zieltextes:

Im Rahmen der vorangegangenen Übersetzungsschritte wurden die zu übersetzenden Textabschnitte sehr ausführlich analysiert. Auch die anhand von den konkreten kontextuellen Situationen und Bedingungen entworfenen und anzuwendenden Übersetzungsstrategien wurden bereits detailliert erläutert. Zur Verdeutlichung füge ich an dieser Stelle direkt den Zieltext bzw. die Übersetzung bei.

传	统	的	三	厢	式	车体	设计	及	雅致	的	Coupé 外形,
Chuantong		de	sanxiangshi			cheti	sheji	ji	yazhi	de	Coupé waixing,
这	两个	鲜明		特征	的	完美	组合	让	人	第	一
zhe	liangge	xianming		tezheng	de	wanmei	zuhe	rang	ren	di	yi
眼	就	可以	看出	奥迪 A3	家族	里	的	最	新	成员	是 一款
yan	jiu	keyi	kanchu,	aodi A3	jiazu	li	de	zui	xin	chengyuan	shi yikuan
运	动	版	车型。	Coupé	式	车顶	流线,	简	短	的	
yundong	ban	chexing.		Coupé	shi	cheding	liuxian,	jianduan		de	
车身	以及	其他	更	多	的	细节,	从	不同	的	视觉	角度
cheshen	yiji	qita	geng	duo	de	xijie,	cong	butong	de	shijue	jiaodu
出发,	都	突出	了	这款	车	的	运动型		特征。	加宽	
chufa,	dou	tuchu	le	zhekuan	che	de	yundongxing	tezheng.	Jiakuan		

的 车轮 拱板, 大 至 19 寸 的 车轮, 加上 于 其 同系列
de chelun gongban, da zhi 19 cun de chelun, jiashang yu qi tongxilie

车型 相比 缩减 了 9 厘米 的 车高, 这些 特征 赋予
chexing xiangbi suojian le 9 limi de chegao, zhexie tezheng fuyu

了 这款 车 更 独有 的 动感 及 力量, 使 之 更加 吸引
le zhekuan che geng duyou de donggan ji liliang, shi zhi gengjia xiyin

了 路人 的 关注。 尽管 如此, 这款 车 的 实用性
le luren de guanzhu. Jinguan ruci, zhekuan che de shiyongxing

是 不可 被 忽视 的, 425 升 容量 的 后备箱 使 其
shi buke bei hushi de, sheng rongliang de houbeixiang shi qi

具有 绝对 的 日常 实用 功能。 这款 车 更 多 的
juyou juedui de richang shiyong gongneng. zhekuan che geng duo de

运动型 特征 体现 在 他 设计 完美 并 精确 的
yundongxing tezheng tixian zai ta sheji wanmei bing jingque de

流线型 的 运动化 外观。 这条 动力 流线 始 于 车体
liuxianxing de yundonghua waiguan. Zhetiao dongli liuxian shi yu cheti

前方 的 突起处 攀岩 于 上, 在 后 保险杠 处
qianfang de tuqi chu panyan yu shang, zai hou baoxiangang chu

做出 了 一个 漂亮 并 和谐 的 收尾。
zuochu le yige piaoliang bing hexie de shouwei.

(...)

与 外界 的 联系 可以 通过 选择 奥迪 互联 科技
Yu wai jie de lianxi keyi tongguo xuanze aodi hulian keji

(Audi connect) (www.audi.cn) 这一 功能 来 满足。 此系统 的
zhe yi gongneng lai manzu. Ci xitong de

当前　　　发展　水平　　实现　了车辆　　与　局域　覆盖网
dangqian fazhan shuiping shixian le cheliang yu juyu fugaiwang

的　链接，由此　使　驾驶员　　可以　通过　　网络　　直接　获知
de lianjie, youci shi jiashiyuan keyi tongguo wangluo zhi jie huozhi

在线　　交通　　信息，　通过　　谷歌　地球 (Google Earth)　及谷歌
zaixian jiaotong xinxi, tongguo guge diqiu ji guge

街景 (Google Street View)　获取　　导航　　信息。除此　之外，
jiejing huoqu daohang xinxi. Chuci zhiwai,

驾驶员　也　可以　获取　停车　　信息，不仅　包括　停车　　地点
jashiyuan ye keyi huoqu tingche xinxi, bujin baokuo tingche didian

的　地址，还有　　剩余　　车位　情况　　　及　相应　　停车
de dizhi, haiyou shengyu chewei qingkuang ji xiangying tingche

费用，　此　功能　　在　奥迪　中　　是　前所未有　　的*。其他
feiyong, ci gongneng zai aodi zhong shi qiansuoweiyou de. Qita

乘车者　　　可以　在此　同时　　通过　　无线　　局域网　热点
chengchezhe keyi zaici tongshi tongguo wuxian juyuwang redian

(WLAN-Hotspot) 上网　　　及　接　发　电子　邮件。
shangwang ji jie fa dianzi youjian.

*德语　原文　　内容　　只　对　德国　市场　　及德国　原产　　车辆　　有效。
Deyu yuanwen neirong zhi dui deguo shichang ji deguo yuanchan cheliang youxiao.

直至　翻译　时间　无法　确定，　是　否　在　中国　　当地　生产
Zhizhi fanyi shijian wufa queding, shi fou zai zhongguo dangdi shengchan

的　此奥迪　车型　　中　　也会　提供　此　功能　　进行　　选择。
de ci aodi chexing zhong ye hui tigong ci gongneng jinxing xuanze.

Vollständigkeitshalber füge ich hier die deutsche Übersetzung der Fußnote bei: Der Originaltext ist an den deutschen Automobilmarkt gerichtet, somit sind diese Optionen ausschließlich auf dem deutschen Markt verfügbar. Zum

Zeitpunkt des Übersetzens ist es nicht möglich, klarzustellen, ob und welche der Optionen für die chinesische lokale Produktion vorgesehen sind.

Nach der Anfertigung der Übersetzung habe ich erneut eine chinesische Muttersprachlerin gebeten, die Übersetzung zu lesen, um eventuelle inhaltliche, grammatische und fachliche Unklarheiten ausfindig zu machen. Da sie über wenig Erfahrung in der Automobilbranche und wenig Kenntnisse über den Automobilmarkt in China verfügt, beschränkt sich ihre Überprüfung vor allem auf die lexikalische Ebene. Zu der Richtigkeit des vermittelten Inhalts kann sie keine genaue Aussage treffen.

Im Anschluss an den Übersetzungsprozess folgt ein Vergleich zwischen chinesischer und englischer Übersetzung der zwei dargestellten Textabschnitte. Zusammenfassend ist festzustellen, dass zwischen der deutschen und englischen Version weniger Unterschiede bestehen als zwischen der deutschen und chinesischen. Eine wesentliche Änderung betrifft die Webseite: Der deutsche Link „www.audi.de/connect" lautet in der englischen Übersetzung „www.audi.com/connect", der Link leitet direkt auf eine englischsprachliche Webseite weiter. Die Übersetzungsarbeit vom Deutschen ins Englische ist im Vergleich zu Deutsch ins Chinesische entsprechend leichter, da einerseits die Entlehnungen nicht mehr übersetzt werden müssen und andererseits die wirtschaftlichen sowie marktspezifischen Gegebenheiten in China nicht zu berücksichtigen sind. Dieses Übersetzungsbeispiel rundet den Grundsatz des Kapitels 1.6.2.3 ab. Das Motto lautet: Je größer der Unterschied zwischen zwei Sprachen und Kulturen, desto schwieriger ist die Anfertigung einer angemessenen Übersetzung zwischen diesen Sprachen und Kulturen.

Fazit: Da fachexterne Texte der Verständigung zwischen Laien und Experten dienen, gilt es als grundlegendes Prinzip, dass sie für die Zielleser bzw. für die Laien verständlich sein müssen. Um eine solche Übersetzung angemessen anzufertigen, sind nicht nur fachliche Kompetenz und Kenntnisse des Übersetzers erforderlich, sondern auch allgemeine sprachliche, sachliche, interkulturelle und kreative Fähigkeiten. Der Übersetzer muss den Text schließlich auf der Ebene der Fachinformation verstehen, um den Originaltext durch seine übersetzerischen Kompetenzen in den Zieltext „transformieren" zu können. Für dieses Übersetzungsbeispiel sind zusätzlich eine systematische Denkweise und eine tief gehende analytische Vorgehensweise notwendig, sodass der Zieltext trotz Funktionsänderung als eine dem Original angemessene Übersetzung gelten kann.

Konkret stehen für das Übersetzen des dritten Textabschnittes vor allem Fach- und Allgemeinwissen an erster Stelle sowie die Fähigkeit und das Geschick, wichtige Wörter und Ausdrücke stilistisch, kreativ und funktionsorientiert übersetzen zu können. Im Vergleich dazu benötigt der Übersetzer für den Textabschnitt VIII eine vertiefte analytische Kompetenz sowohl in Bezug auf die gesellschaftlichen und wirtschaftlichen als auch auf die kulturellen Perspektiven. In diesem Teil sind zwar nur wenige kulturspezifische Wörter vorhanden, so etwa „mir-san-mir" im Beispieltext A, jedoch sind hier viele offene Fragen und „Hintergrundinformationen" verborgen, die „kulturspezifisch" sind. Nur durch Eigenrecherche und selbstständige Analyse sind verschiedene marktabhängige und landesabhängige Hintergrundinformationen zu ermitteln, die Einfluss auf weitere Übersetzungsschritte nehmen. Diese Informationen beeinflussen nicht nur die Übersetzung des einzelnen Wortes und den Formulierungsstil, sondern auch das grundsätzliche Prinzip, was übersetzt werden soll und was gegenüber dem Originaltext geändert werden muss.

Ausgehend von einem linguistisch orientierten Übersetzungsansatz hat der Übersetzer während des ganzen Übersetzungsprozesses schließlich auch die funktions- und kulturorientierte Vorgehensweise mit einbezogen, was dazu führt, dass der Zieltext inhaltlich richtig, fachlich präzise und vor allem auch wahrheitsgemäß für die Zielleser in der Zielkultur wiedergegeben werden kann. Wie man diesen Übersetzungsprozess aus problemlösender Perspektive betrachtet, wird im Folgenden erläutert.

5.3.2 Analyse des Übersetzungsprozesses aus problemlösender Perspektive

Da der Ausgangstext in der Anfangsphase des Übersetzungsprozesses in verschiedener Hinsicht noch zu definieren und zu konkretisieren ist, stellt er für den Übersetzer grundsätzlich ein **komplexes Problem** dar, das sich zugleich in einer **komplexen Problemsituation** befindet. Diese ist vor allem durch zwei Merkmale gekennzeichnet: Zum einen existieren sowohl viele offensichtliche erkennbare Herausforderungen, beispielsweise die Übersetzung von Fachwörtern und Entlehnungen, als auch verschiedene unbekannte und verborgene marktabhängige „Hintergründe". Solche „versteckten" Informationen muss der Übersetzer vor Beginn der eigentlichen Übersetzungsarbeit ermitteln, da diese mehr oder weniger als Voraussetzungen und Bedingungen für wichtige Entscheidungen weiterer Übersetzungsschritte dienen und daher in gewisser Weise den gesamten Übersetzungsprozess beeinflussen und steuern.

Dieses Phänomen des „Beeinflussens" stellt das zweite Merkmal der vorliegenden komplexen Problemsituation dar. Konkret ist darunter zu verstehen, dass das Lösen eines einzelnen Problems bzw. das Gewinnen einer unbekannten Information das Lösen weiterer Probleme beeinflussen wird, entweder mit positiven oder negativen „Nebenwirkungen". Nachdem beispielsweise der Übersetzer die Fahrzeugcharaktere im Ausgangtext herausgearbeitet hat, kann er anhand dieser gewonnenen Information die Zielgruppe des Produktes eingrenzen. Die Festlegung der Zielgruppe führt im Weiteren dazu, den bestimmten Geschmack, die Wünsche und die Verständnisbedingungen der Zielleser zu definieren und diese während des gesamten Übersetzungsprozesses zu berücksichtigen.

Um die vorliegende komplexe Problemsituation jedoch genauer untersuchen und konkretisieren zu können, kann sich der Problemlöser vor allem an der grundlegenden Problemlösestrategie „**Situationsanalyse**" (siehe 2.3.2.1) orientieren. Dadurch kann er Zweck und Funktion sowohl des Ausgangstextes als auch des Zieltextes ermitteln.

Während dieses Analyseprozesses findet gleichzeitig eine weitere wichtige problemlösende Strategie Anwendung – die „**Präzisierung des Hauptziels**" (siehe 2.3.2.3). Diese Strategie konzentriert sich vor allem auf das dialektische und komplexe Problemlösen, wo kein konkretes Ziel bzw. keine konkreten Ziele vorgegeben sind, die der Problemlöser daher selbst ermitteln muss. Die Gewissheit darüber, welchen originalen Zweck der Ausgangstext zu erfüllen hat und für welchen Zweck der Zieltext angefertigt werden soll, gibt dem Übersetzer in diesem Übersetzungsfall eine grundlegende Orientierung beispielsweise in Bezug auf Übersetzungsprinzip und -stil.

In der vorliegenden komplexen Problemsituation lautet das Hauptproblem: Wie kann der Übersetzer einen Zieltext anfertigen, der die chinesischen Leser begeistert, motiviert und dazu bringt, die Audi A3 Limousine zu kaufen? Dieses Hauptziel ist jedoch sehr vage formuliert und bedarf einer Präzisierung durch „**Zerlegen des Gesamtproblems bzw. des Gesamtziels**" (siehe 2.3.2.3). Wie der Problemlöser in diesem Übersetzungsbeispiel das Gesamtziel in einzelne konkrete Teilziele zerlegt, kann wie folgt, unterschieden nach linguistischer sowie funktionaler und kultureller Perspektive, dargestellt werden.

Aus linguistischer Sicht soll sich der Übersetzer beispielsweise mit folgenden Fragen bzw. Teilproblemen auseinandersetzen:

- Was sind Thematik und Inhalt des dritten und des achten Textabschnittes?
- Wie geht der Übersetzer mit Fachwörtern und insbesondere mit Entlehnungen um?
- Wie soll der Ausgangstext übersetzt werden? – Wortgetreu, sinngemäß oder funktionsorientiert?
- Wie kann der Zieltext von den Ziellesern besser verstanden und von der Zielkultur besser akzeptiert werden?

Die beiden letzten Fragen führen zur funktionalen und kulturellen Betrachtungsweise des Übersetzens hin, die im Weiteren folgende Fragen zur Beantwortung stellt:

- Wer sind die Zielleser und welche Wünsche, Bedürfnisse sowie Wissens- und Verstehensvoraussetzungen bringen sie mit?
- Existieren im Ausgangstext Elemente, die in der Zielsprache und -kultur nicht vorhanden sind? Wenn sie existieren, wie sind sie zu behandeln?
- Sind besondere Gegebenheiten und Bedingungen in der Zielkultur vorhanden, auf die der Übersetzer Rücksicht nehmen muss?
- Unterscheidet sich die Funktion des Ausgangstextes von der des Zieltextes?
- Bleibt die Textfunktion des Zieltextes während des gesamten Übersetzungsprozesses konstant und in jedem Textteil identisch?

Durch die Verwendung dieser problemlösenden Strategie des Zerlegens ist es möglich, das Hauptproblem durch die Bewältigung der jeweiligen konkreten Teilprobleme schrittweise zu lösen und somit schrittweise das Hauptziel zu erreichen. Zusätzlich sind diese Teilprobleme nach **Wichtigkeit, Dringlichkeit** und **Schwierigkeit** (siehe 2.3.2.3) einzustufen und zu behandeln, was sich im vorliegenden Übersetzungsprozess bereits zeigte. So spielt etwa im dritten Textabschnitt das Übersetzen von „Entlehnungen" eine sehr wichtige Rolle im Vergleich zu den Entlehnungen des achten Textabschnitts. Im Textabschnitt acht ist dagegen für das Übersetzen entscheidender, die Frage nach den Internetoptionen als erstes zu klären.

Für dieses komplexe Problemlösen bzw. für das Übersetzen des vorliegenden Übersetzungsbeispiels ist außer den grundlegenden Kompetenzen, die auch bereits für das Übersetzen des Beispieltextes A und B benötigt wurden, vor allem das systematische und analytische Denkvermögen des Übersetzers von sehr großer Bedeutung. Selbständiges und vertieftes analytisches Denken ermöglicht es dem Übersetzer in dem vorliegenden Fall, den Ausgangstext richtig zu rezipieren und ihn der Zielkultur und insbesondere den in der Zielkultur bestehenden Bedingungen und Gegebenheiten entsprechend wiederzugeben.

Hier möchte ich kurz auf das simulierte „komplexe Problemlösen" der „Lohhausen-Studie" (siehe 2.5.2) zurückgreifen und dies mit dem vorliegenden „realen" komplexen Problemlösen vergleichen. In gewisser Hinsicht sind diese zwei Fälle vergleichbar, da das jeweilige Hauptproblem sehr komplex ist und sich jeweils in einer unübersichtlichen Situation sowie einem undurchschaubaren System befindet. Das bedeutet, die Merkmale einer komplexen Problemsituation sind in beiden Fällen gegeben, weshalb für die Bewältigung des jeweiligen Hauptproblems eine Vielzahl verschiedener Einzelleistungen erforderlich ist. Dennoch unterscheidet sich diese Simulationsstudie auch stark vom tatsächlichen und realen Problemlöseprozess, da die simulierten Probleme „weder in einem sozial organisierten Rahmen mit entsprechenden Möglichkeiten der Informationssuche erfolgten, noch Personen mit bereichsspezifischen Expertenkenntnissen einschlossen" (Neber, 1987, 19). In einer realen Problemsituation dagegen hat der Problemlöser die Möglichkeit, über sein bereits erworbenes Wissen hinaus nach weiteren Hilfsmitteln zu suchen und diese zielgerichtet und kreativ anzuwenden.

Es ist festzustellen, dass zwischen vom Computer geschaffenen Leistungen und Leistungen der Menschen der kognitive Faktor den entscheidenden Unterschied darstellt. Der kognitive Faktor bedeutet in diesem Sinn, dass der Problemlöser motiviert und selbstbewusst arbeitet und auch über einen bestimmten Spielraum beim Problemlösen verfügt, in dem er seine individuellen, intellektuellen und kreativen Fähigkeiten beim Problemlösen anwenden und entfalten kann.

Zusammenfassend ist zuerkennen, dass das Übersetzen des vorliegenden Ausgangstextes einen komplexen Problemlöseprozess darstellt, da Übersetzen und Problemlösen nicht nur ähnliche Problemsituationen aufweisen, sondern beides auch ähnliche problemlösende Strategien und nötige Kompetenzen des Problemlösers erfordert.

Die Durchführung der praktischen Übersetzungsarbeiten an drei aus der Automobilbranche ausgewählten Beispieltexten basierte einerseits auf diesen dargestellten grundlegenden Theorien und andererseits auf meiner Berufserfahrung. Nun soll im nächsten Kapitel eine Schlussfolgerung gezogen und angestrebt werden, „Übersetzen als Problemlöseprozess" praxisbasierend darzulegen und Praxis und Theorie zu integrieren.

6. Fazit

In der vorliegenden Arbeit bildeten sowohl die übersetzerischen und problemlösenden theoretischen Grundlagen als auch die praktische Übersetzungswissenschaft, gestützt durch konkrete Übersetzungsbeispiele, Untersuchungsgegenstände und Schwerpunkte der gesamten Auseinandersetzung.

Konkret angestrebt war in erste Linie eine allgemeine theoretische Zusammenschau von Übersetzungsprinzipien, -strategien, -prozessen und -kompetenzen mit Bezug auf die entsprechenden Aspekte aus problemlösender Perspektive. Die Gegenüberstellung und die danach erfolgte ganzheitliche Betrachtung von „Übersetzen" und „Problemlösen" ermöglichten, „Übersetzen als Problemlöseprozess", insbesondere in Hinblick auf die handelnde Person, auf die problemlösenden Strategien, Prozessschritte und Kompetenzen, auf der theoretischen Ebene zu bestätigen.

Die Feststellung dieser Hypothese wurde durch die durchgeführten praktischen Übersetzungsarbeiten unterstützt und auch bestätigt. Konkret konnten die während des Übersetzungsprozesses aufgetretenen sowohl sprachlichen als auch kulturellen Probleme anhand der dargestellten geeigneten übersetzerischen und problemlösenden Strategien und Prozesse behoben werden. Dabei lässt sich dennoch auch feststellen, dass es nicht möglich war, alle realen Übersetzungsprobleme immer mit einer festgelegten und optimalen Lösung zu überwinden. Dies liegt vor allem an der Komplexität des Übersetzens und somit auch an der Komplexität und Vielfältigkeit der Übersetzungsprobleme. Hierzu soll die vorliegende Arbeit einen Beitrag leisten. In diesem Zusammenhang werden die drei zu Beginn der Arbeit festgelegten, miteinander verbundenen Ziele an dieser Stelle noch einmal knapp erörtert und hervorgehoben.

- Das Ziel, konkrete übersetzungsrelevante Situationen richtig erkennen, einschätzen und somit die Übersetzungsprobleme praxis- und situationsorientiert beheben zu können, wurde realisiert, indem während des praktischen Übersetzens aufgezeigt wurde, wie ein Übersetzer konkrete Übersetzungsprobleme und -situationen anhand bestimmter Übersetzungs- und problemlösender Theorien angehen und die Probleme lösen kann.
- Durch die theoretischen Analysen und die praktischen Übersetzungsarbeiten konnte die Haupthypothese der Arbeit „Übersetzen als Problemlöseprozess" sowohl auf der theoretischen als auch auf der praktischen Ebene bestätigt und dargelegt werden.

- Es hat sich ebenfalls gezeigt, dass die allgemeinen Übersetzungstheorien zwar als grundlegende theoretische Voraussetzung und erforderliches Vorwissen für die konkrete Operation der praktischen Übersetzungsbeispiele dienten, jedoch konnten sie nicht alle Perspektiven des Übersetzens sowie alle Übersetzungsprobleme und Problemlösungen behandeln und umfassen. Daher bestand das Ziel der vorliegenden Untersuchung aufgrund der praxisorientierten Vorgehensweise auch darin, einen „nachweisbaren" Beitrag zu der übersetzungstheoretischen Forschung und Entwicklung leisten.

Die durchgehende Operationalisierung, klare Handlungsempfehlungen und nicht zuletzt ausgewählte Praxisbeispiele, die Theorie und Übersetzungspraxis integrieren, zeigen, wie stringent die Arbeit ihrem grundlegenden Motto – aus der Praxis für die Praxis – folgte. Einem abschließenden Zitat von Werner Koller folgend möchte ich meine Arbeit mit einem Ausblick abschließen.

> Eine zentrale Aufgabe der Übersetzungswissenschaft als empirische Wissenschaft besteht darin, die Lösungen, die die Übersetzer in ihren Übersetzungen anbieten, zu analysieren, zu beschreiben und zu systematisieren – und, wenn dies möglich ist, daraus Vorschläge oder sogar Anleitungen für die Übersetzungspraxis abzuleiten (Koller, 2011, 10).

Dieses Zitat impliziert die Suche, Auseinandersetzung und Problemlösung während des Übersetzungsprozesses wie in der vorliegenden Arbeit sowohl theoretisch als auch praktisch erörtert. Koller geht aber noch einen Schritt über das Problemlösen hinaus: Er betont die tief greifenden und wertvollen Auswirkungen bzw. Ergebnisse, welche die übersetzerische problemlösende „Praxis" der „Theorie" liefern kann und die somit zur übersetzungstheoretischen Weiterentwicklung beitragen bzw. neben anderen Prozessen erst zu dieser führen. Beim übersetzerischen Problemlösen geht es nicht nur um die Analyse und das Systematisieren von Lösungen für konkrete Übersetzungsprobleme, vielmehr sollen diese als „nachweisbare" Impulse in die weitere Theoriebildung der Übersetzungswissenschaft hineinwirken. Auch diese Arbeit will in letzter Konsequenz einen Beitrag zu weiterführenden Überlegungen der allgemeinen Übersetzungstheorien leisten.

Literaturverzeichnis

Primärliteratur

Brockhaus – Die Enzyklopädie (1999): 20., überarbeitete und aktualisierte Aufl. Band 30. Leipzig/Mannheim: Brockhaus.

Brockhaus – Die Enzyklopädie (2006): 21., völlig neu bearbeitete Aufl. Leipzig/Mannheim: Brockhaus.

Enzyklopädie der Neuzeit (2011): Band 13. Stuttgart: J. B. Metzler.

Enzyklopädie Philosophie und Wissenschaftstheorie (1996): Band 4. Stuttgart: J. B. Metzler.

Metzler Lexikon Sprache (2005): Hrsg. von Helmut Glück, 3., neu bearbeitete Aufl. Stuttgart: J. B. Metzler.

Meyers enzyklopädisches Lexikon (1975): 9., bearbeitete Aufl. Band 14. Mannheim: Bibliographisches Institut.

Meyers enzyklopädisches Lexikon (1979): 9., bearbeitete Aufl. Band 24. Mannheim: Bibliographisches Institut.

„Fingerzeig aus Ingolstadt": In: Automobil Produktion. Ausgabe 3/2010. Verfasst von Wolfgang Gomoll. S. 48–49. Landsberg: Verlag Moderne Industrie.

„Die neuen Diesel Spitzenmotorisierungen von BMW": In: 33. Internationales Wiener Motorensymposium: 26.-27. April 2012. Zwei Bände. Verfasst u. a. von. Dr.-Ing. Ardey/Dipl.-Ing. Wichtl/Dipl.-Ing. Steinmayr. S. 111–136. Düsseldorf: VDI-Verlag.

„Form vollendet": Audi Magazin. Ausgabe 02/2013. Verfasst von Hermann J. Müller. S. 26–30. Ostfildern: J. Fink Druck.

Sekundärliteratur

Albrecht, Jörn (2013): *Übersetzung und Linguistik. Grundlagen der Übersetzungsforschung II.* 2., überarbeitete Auflage. Tübingen: Narr Francke.

Antos, Gerd (2005): Die Rolle der Kommunikation bei der Konzeptualisierung von Wissenbegriffen. In: Antos, Gerd/Wichter, Sigurd (Hrsg.): *Wissenstransfer durch Sprache als gesellschaftliches Problem.* Frankfurt am Main, Peter Lang. S. 339–364.

Arlik, Monika (2010): *Zwei Welten – ein Text: Ausgangstexterstellung und Übersetzung. Am Beispiel der Technischen Entwicklung der Volkswagen AG.* Hamburg: Dr. Kovac.

Arntz, Reiner (2004): Erfahrungen mit einer Interdisziplin. In: Pöckl, Wolfgang (Hrsg.): *Übersetzungswissenschaft. Dolmetschwissenschaft. Wege in eine neue Disziplin.* Wien: Edition Praesens, Verlag für Literatur- und Sprachwissenschaft. S. 29–35.

Bayer-Hohenwarter, Gerrit (2012): *Translatorische Kreativität. Definition – Messung – Entwicklung.* Tübingen: Narr Francke.

Becker-Carus, Christian (2011): *Allgemeine Psychologie. Eine Einführung.* Heidelberg, Spektrum.

Beller, Sieghard/Bender, Andrea (2010): *Allgemeine Psychologie – Denken und Sprache.* Göttingen: Hogrefe.

Bernardo, Ana Maria Garcia (2010): *Zu aktuellen Grundlagen der Übersetzungswissenschaft.* Frankfurt am Main: Peter Lang.

Betsch, Tilmann/Funke, Joachim/Plessner/Henning (2011): *Denken – Urteilen, Entscheiden, Problemlösen: allgemeine Psychologie für Bachelor; mit 14 Tabellen.* Berlin: Springer.

Brander, Sylvia/Kompa, Ain/Peltzer, Ulf (1989): *Denken und Problemlösen. Einführung in die kognitive Psychologie.* 2., durchgesehene Aufl. Opladen: Westdeutscher Verlag.

Bransford, John D/Stein, Barry S (1984): *The IDEAL Problem solver. A guide for improving thinking, learning, and creativity.* New York, W. H. Freeman and Company.

Burns, Bruce D (1999): Analoges Denken. In: Gruber, Hans/Mack, Wolfgang/Ziegler, Albert (Hrsg.): *Wissen und Denken. Beiträge aus Problemlösepsychologie und Wissenspsychologie.* Wiesbaden: Deutscher Universitäts-Verlag. S. 75–100.

Dizdar, Dilek (2006): Skopostheorie. In: Snell-Hornby, Mary/Hönig, Hans G/Kußmaul, Paul /Schmitt, Peter A (Hrsg.): *Handbuch Translation.* 2., verbesserte Aufl. Tübingen: Stauffenburg. S. 104–107.

Dörner Dietrich (1981): Handeln in komplexen Realitätsbereichen: Anmerkungen zur Fragestellung, Methode, Forschungstradition und der Forschungsverwertung des Projektes „Systemdenken". In: *Memorandum des Projektes „Systemdenken".* DFG 200/5.

Dörner, Dietrich (1983): Die Anforderungen komplexer und unbestimmter Probleme. In: Dörner, Dietrich/Kreuzig, Heinz W/Reither, Franz/Stäudel, Thea (Hrsg.): *Lohhausen. Vom Umgang mit Unbestimmtheit und Komplexität.* Bern: Hans Huber. S. 19–104.

Dörner, Dietrich (1987): *Problemlösen als Informationsverarbeitung.* 3. Aufl. Stuttgart: Kohlhammer.

Dörner, Dietrich/Kreuzig, Heinz W (1983): Problemlösefähigkeit und Intelligenz. In: *Psychologische Rundschau*. Band XXXIV, Heft 4, S. 185–192. Göttingen: Hogrefe.

Dörner, Dietrich/Reither, Franz/Stäudel, Thea (1983): Emotion und problemlösendes Denken. In: Mandl, Heinz/Huber Günter L (Hrsg.): *Emotion und Kognition*. München: Urban & Schwarzenberg. S. 61–84.

Doherty, Monika (1991): Spaltsatz oder Fokussierungspartikel? Ein übersetzungswissenschaftlicher Exkurs zum Verhältnis zwischen Grammatik und Stilistik. In: Kohrt, Manfred/Küper, Christoph (Hrsg.): *Problem der Übersetzungswissenschaft*. Berlin: Gerhard Weinert. S. 5–37.

Duncker, Karl (1963): *Zur Psychologie des produktiven Denkens*. Berlin, Springer.

Edelmann, Walter (1994): *Lernpsychologie. Eine Einführung*. 4., überarb. Aufl. Weinheim: Beltz, Psychologie Verlags Union.

Engberg, Jan (2004): Über die Notwendigkeit, bei der Beurteilung von Übersetzungsqualität Linguistik zu betreiben. In: Colliander, Peter/Hansen, Doris/Zint-Dyhr, Ingeborg (Hrsg.): *Linguistische Aspekte der Übersetzungswissenschaft*. Tübingen: Julius Groos. S. 63–84.

Fiehler, Reinhard/Becker-Mrotzek (2002): Unternehmenskommunikation und Gesprächsforschung. Zur Einführung. In: Becker-Mrotzek/Fiehler, Reinhard (Hrsg.): *Unternehmenskommunikation*. Tübingen: Gunter Narr. S. 7–12.

Fluck, Hans-Rüdiger (1997): *Fachdeutsch in Naturwissenschaft und Technik. Einführung in die Fachsprachen und die Didaktik/Methodik des fachorientierten Fremdsprachenunterrichts (Deutsch als Fremdsprache)*. Heidelberg: Julius Groos.

Frentz, Hartmut (2011): Sprachliche Kreativität als Kompetenz. In: Ehrhardt, Horst (Hrsg.): *Sprache und Kreativität*. Frankfurt am Main: Peter Lang. S. 135–154.

Fuchs, Albert (1983): *Sprache und logisches Denken. Theoretische und experimentelle Untersuchungen zum transitiven Schließen*. Frankfurt am Main: Peter Lang.

Funke, Joachim (1986): *Komplexes Problemlösen. Bestandsaufnahme und Perspektiven*. Heidelberg: Springer.

Gansel, Christina (2011): *Textsortenlinguistik*. Göttingen: Vandenhoeck & Ruprecht.

Gerzymisch-Arbogast, Heidrun (2004): Mein Weg in die Übersetzungswissenschaft: Spurensuche, Umwege, ein ‚ungepflügter Acker‘, das Ziel als Weg… In: Pöckl, Wolfgang (Hrsg.): *Übersetzungswissenschaft. Dolmetschwissenschaft. Wege in eine neue Disziplin*. Wien: Edition Praesens, Verlag für Literatur- und Sprachwissenschaft. S. 103–113.

Gerzymisch-Arbogast, Heidrun (2005): Textterminologie und Fachübersetzung. In: Kovtyk, Bogdan (Hrsg.): *Linguistische und didaktisch-psychologische Grundlagen der Translation.* Berlin, Logos. S. 37–48.

Götz, Katrin (2005): Textueller Kulturbezug als Übersetzungsproblematik: Ein zweckorientierter Lösungsansatz. In: Kovtyk, Bogdan (Hrsg.): *Linguistische und didaktisch-psychologische Grundlagen der Translation.* Berlin, Logos. S. 49–66.

Grätzel, Stephan (2007): *Methoden der praktischen Philosophie. Phänomenologie, Hermeneutik, Dialektik.* London, Turnshare Ltd.

Greiff, Samuel (2012): *Individualdiagnostik komplexer Problemlösefähigkeit.* Münster: Waxmann.

Gui, Qianyuan (2001): *Praktische Übersetzungswissenschaft. Mit chinesischen Prägungen und Übersetzungsbeispielen.* Stuttgart: Hans-Dieter Heinz.

Hansen, Gyde (2006): Die Rolle der fremdsprachlichen Kompetenz. In: Snell-Hornby, Mary/ Hönig, Hans G/Kußmaul, Paul/Schmitt, Peter A (Hrsg.): *Handbuch Translation.* 2., verbesserte Aufl. Tübingen: Stauffenburg. S. 341–343.

Helfrich, Hede (2007): Persönlichkeit im Kulturvergleich. In: Trommsdorff, Gisela, Prof. Dr. /Kornadt, Hans-Joachim, Prof. Dr. (Hrsg.): *Erleben und Handeln im kulturellen Kontext.* Göttingen: Hogrefe. S. 377–434.

Hesse, Friedrich W (1991): *Analoges Problemlösen. Eine Analyse kognitiver Prozesse beim analogen Problemlösen.* Weinheim, Psychologie Verlags Union.

Hönig, Hans G (1976): Zur Analysephase beim Übersetzen aus der Fremdsprache. In: Hagemann, Susanne (Hrsg.) (2011): *Übersetzen lernt man nicht durch Übersetzen. Translationswissenschaftliche Aufsätze 1976–2004.* Berlin: SAXA. S. 20–29.

Hönig, Hans G (1986): Übersetzen zwischen Reflex und Reflexion: Ein Modell der übersetzungsrelevanten Textanalyse. In: Hagemann, Susanne (Hrsg.) (2011): *Übersetzen lernt man nicht durch Übersetzen. Translationswissenschaftliche Aufsätze 1976–2004.* Berlin: SAXA. S. 30–49.

Hönig, Hans G (1988): Übersetzen lernt man nicht durch Übersetzen: Ein Plädoyer für eine Propädeutik des Übersetzens. In: Hagemann, Susanne (Hrsg.) (2011): *Übersetzen lernt man nicht durch Übersetzen. Translationswissenschaftliche Aufsätze 1976–2004.* Berlin: SAXA. S. 59–72.

Hönig, Hans G (1988): Wissen Übersetzer eigentlich, was sie tun? In: Hagemann, Susanne (Hrsg.) (2011): *Übersetzen lernt man nicht durch Übersetzen. Translationswissenschaftliche Aufsätze 1976–2004.* Berlin: SAXA. S. 73–89.

Hoffmann, Lothar (1985): *Kommunikationsmittel Fachsprache. Eine Einführung.* 2., neu bearb. Aufl. Tübingen: Narr.

Hoffmann, Lothar (1988): *Vom Fachwort zum Fachtext. Beiträge zur Angewandten Linguistik*. Tübingen: Narr.

Holz-Mänttäri, Justa (1984): *Translatorisches Handeln. Theorie und Methode*. Mänttä: Mäntän Kirjapaino Oy.

Hussy, Walter (1998): *Denken und Problemlösen*. 2., überarb. und erw. Aufl. Stuttgart: Kohlhammer.

Hussy, Walter/Klinck, Dorothea (1990): *Wissenserwerb beim Lösen komplexer Probleme: Der Einfluss von Kontext und Vorwissen*. Trier: Universität Trier.

Hüging, Anna-Katharina (2011): *Übersetzerisches Handeln im Kontext der medizinischen Fachkommunikation*. Trier, WVT.

Iscen, Ismail (2008): *Transformation und übersetzungswissenschaftliche Forschung. Zu den Grundproblemen der Übersetzungswissenschaft*. Hamburg: Dr. Kovac.

Kade, Otto (1968): *Zufall und Gesetzmäßigkeit in der Übersetzung*. Leipzig: VEB Verlag.

Kade, Otto (1971): Zum Verhältnis von Translation und Transformation. In: Ammer, Karl /Graul, Walter/Kade, Otto/Kokoschko, Karl (Hrsg.): *Studien zur Übersetzungswissenschaft*. Leipzig: VEB. S. 7–26.

Kadri´c, Mira/Kaindl, Klaus/Kaiser-Cooke, Michèle (2010): *Translatorische Methodik*. 4., überarbeitete Aufl. Wien: Facultas.

Kaindl, Klaus (2004): *Übersetzungswissenschaft im interdisziplinären Dialog. Am Beispiel der Comicübersetzung*. Tübingen: Stauffenburg.

Kengne Fokoua, Magloire (2009): *Methodische Probleme der Übersetzung. Unter besonderer Berücksichtigung der Übersetzungsprozeduren*. Hamburg: Dr. Kovac.

Kittner, Ingeborg (1994): Denken, Problemlösen. In: Guttmann, Giselher (Hrsg.): *Allgemeine Psychologie. Experimentalpsychologie*. Wien, WUV.

Klemm, Michael (2002): Ausgangspunkte: Jedem seinen Textbegriff? Textdefinitionen im Vergleich. In: Fix, Ulla/Adamzik, Kirsten/Antos, Gerd/Klemm, Michael (Hrsg.): *Brauchen wir einen neuen Textbegriff?* Frankfurt am Main: Peter Lang. S. 17–30.

Koller, Werner (2011): *Einführung in die Übersetzungswissenschaft*. 8. Aufl. Tübingen: Francke.

Kreuzig, Heinz W (1983): Die Effekte von Versuchssituation und Persönlichkeitsmerkmalen auf das Problemlösen. In: Dörner, Dietrich/Kreuzig, Heinz W/Reither, Franz/Stäudel, Thea (Hrsg.): *Lohhausen. Vom Umgang mit Unbestimmtheit und Komplexität*. Bern: Hans Huber. S. 281–396.

Kußmaul, Paul (2007): *Kreatives Übersetzen*. 2. Auflage. Tübingen: Stauffenburg.

Kußmaul, Paul (2009): *Übersetzen – nicht leicht gemacht. Beiträge zur Translation.* Berlin: SAXA.

Kußmaul, Paul (2010): *Verstehen und Übersetzen. Ein Lehr- und Arbeitsbuch.* 2. Aufl. Tübingen: Narr Francke.

Kvam, Sigmund (2009): *Grundlagen einer textlinguistischen Übersetzungswissenschaft. Forschungsüberblick und Hypothesen.* Münster: Waxmann.

Loogus, Terje (2008): *Kultur im Spannungsfeld translatorischer Entscheidungen. Probleme und Konflikte.* Berlin: SAXA.

Mack, Wolfgang/Raski, Bianca (2011): *Lernen, Gedächtnis, Wissen, Sprache, Denken und Problemlösen.* Hagen: Fern Universität.

Manis, Melvin (1974): *Lernen und Denken. Eine Darstellung kognitiver Prozesse.* Zürich/Köln: Benziger. Aus dem Amerikanischen Cognitive Processes von Urs Haeberlin.

Mietzel, Gerd (2007): *Pädagogische Psychologie des Lernens und Lehrens.* 8., überarbeitete und erweiterte Aufl. Göttingen: Hogrefe.

Neber, Heinz (1987): Angewandte Problemlösepsychologie. In: Neber, Heinz (Hrsg.): *Angewandte Problemlösepsychologie.* Münster: Aschendorff. S. 1–118.

Nord, Christiane (1991): *Textanalyse und Übersetzen. Theoretische Grundlagen, Methode und didaktische Anwendung einer übersetzungsrelevanten Textanalyse.* 2., neu bearbeitete Aufl. Heidelberg: Julius Groos.

Nord, Christiane (2002): *Fertigkeit Übersetzen. Ein Selbstlernkurs zum Übersetzenlernen und Übersetzenlehren.* Alicante: Imprenta Gamma.

Nord, Christiane (2006): Textlinguistik. In: Snell-Hornby, Mary/Hönig, Hans G/Kußmaul, Paul/Schmitt, Peter A (Hrsg.): *Handbuch Translation.* 2., verbesserte Aufl. Tübingen: Stauffenburg. S. 59–61.

Nord, Christiane (2010): *Fertigkeit Übersetzen. Ein Kurs zum Übersetzenlehren und -lernen.* Berlin: BDÜ Weiterbildungs- und Fachverlagsgesellschaft mbH.

Preiser, Siegfried (1976): *Kreativitätsforschung.* Darmstadt: Wissenschaftliche Buchgesellschaft.

Reinart, Sylvia (2009): *Kulturspezifik in der Fachübersetzung. Die Bedeutung der Kulturkompetenz bei der Translation fachsprachlicher und fachbezogener Texte.* Berlin: Frank & Timme.

Reiß, Katharina/Vermeer, Hans J. (1984): *Grundlegung einer allgemeinen Translationstheorie.* Tübingen: Niemeyer.

Reiß, Katharina (1993): *Texttyp und Übersetzungsmethode. Der operative Text.* 3., unveränderte Aufl. Heidelberg: Groos.

Resch, Renate (2006): *Translatorische Textkompetenz. Texte im Kulturtransfer.* Frankfurt am Main: Peter Lang.

Rollett, Wolfram (2008): *Strategieeinsatz, erzeugte Information und Informationsnutzung bei der Exploration und Steuerung komplexer dynamischer Systeme.* Berlin: Lit.Verl.

Roth, Thomas (1986): *Sprachstil und Problemlösekompetenz – Untersuchungen zum Formwortgebrauch im „Lauten Denken" erfolgreicher und erfolgloser Bearbeiter „komplexer" Probleme.* Göttingen.

Rüppell, Hermann/Hinnersmann, Herwig/Wiegand, Jan (1987): Problemlösen – Allgemein oder spezifisch? In: Neber, Heinz (Hrsg.): *Angewandte Problemlösepsychologie.* Münster: Aschendorff. S. 173–192.

Schmitt, Peter A (2006): *Translation und Technik.* 2. Aufl. Tübingen: Stauffenburg.

Schönpflug, Ute/Schönpflug, Wolfgang (1987): *Kernkurs: Problemlösen.* Erlangen/ Nürnberg: Dt. Inst. Für Fernstud.

Siever, Holger (2010): *Übersetzen und Interpretation. Die Herausbildung der Übersetzungswissenschaft als eigenständige wissenschaftliche Disziplin im deutschen Sprachraum von 1960 bis 2000.* Frankfurt am Main: Peter Lang.

Snell-Hornby, Mary (1986): Übersetzen, Sprache, Kultur. In: Snell-Hornby, Mary (Hrsg.): *Übersetzungswissenschaft – eine Neuorientierung. Zur Integrierung von Theorie und Praxis.* Tübingen: Francke. S. 9–29.

Spies, Kordelia/Lüer, Gerd (1998): Intelligenz als Fähigkeit zum Problemlösen. In: Roth, Erwin (Hrsg.): *Intelligenz. Grundlagen und neuere Forschung.* Stuttgart, Kohlhammer. S. 185–215.

Stäudel, Thea (1982): *Problemlösen und emotionale Verläufe.* Memorandum. Bamberg: Universität Bamberg.

Stäudel, Thea/Wagner, Stefan (1989): *Kompetenzeinschätzung, Problemlöseverhalten und Leistung bei unterschiedlichen Problemtypen.* Memorandum. Bamberg: Universität Bamberg.

Starker, Ulrike (2012): *Emotionale Adaptivität: ein integratives Problemlösemodell.* Lengerich: Pabst Science Publ.

Stempfle, Joachim (2010): *Die Psychologie des Problemlösens. Was Kommunikation in Entscheidungsgruppen erfolgreich macht.* Marburg: Tectum.

Stolze, Radegundis (2009): *Fachübersetzen – Ein Lehrbuch für Theorie und Praxis.* Berlin: Frank & Timme.

Stolze, Radegundis (2011): *Übersetzungstheorie. Eine Einführung.* 6 überarbeitete und erweiterte Aufl. Tübingen: Narr.

Strohbach, Sandra (2010): *Die Übersetzungen der chemischen Werke von Stanislao Cannizzaro. Ein Beitrag zur Geschichte der Fachübersetzung im 19. Jahrhundert.* Frankfurt am Main: Peter Lang.

Strohschneider, Stefan (2007): Problemlöseprozesse in kulturvergleichender Perspektive. In: Trommsdorff, Gisela, Prof. Dr./Kornadt, Hans-Joachim, Prof. Dr. (Hrsg.): Erleben und Handeln im kulturellen Kontext. Göttingen: Hogrefe. S. 59–108.

Süß, Heinz-Martin (1996): Intelligenz, Wissen und Problemlösen. Kognitive Voraussetzungen für erfolgreiches Handeln bei computersimulierten Problemen. Göttingen: Hogrefe.

Thußbas, Claudia (2001): Wissenstransfer. Der Einfluß von Inhalt und Vorwissen auf analoges Problemlösen. Köln: KSV.

Vermeer, Hans J. (1986): Übersetzen als kultureller Transfer. In: Snell-Hornby, Mary (Hrsg.): Übersetzungswissenschaft – eine Neuorientierung. Zur Integrierung von Theorie und Praxis. Tübingen: Francke. S. 30–53.

Vermeer, Hans J. (1992): Skopos und Translationsauftrag – Aufsätze. 3. Aufl. Frankfurt: Verlag für interkulturelle Kommunikation.

Wendt, Gabriele (2002): Bridging differences – Interkulturalität als eine Herausforderung für die Übersetzer/innen. In: Kovtyk, Bogdan/Wendt, Gabriele (Hrsg.): Aktuelle Probleme der angewandten Übersetzungswissenschaft. Sprachliche und außersprachliche Faktoren der Fachübersetzung. Frankfurt am Main: Peter Lang. S. 194–215.

Whorf, Benjamin Lee (1963): Sprache, Denken, Wirklichkeit. Beiträge zur Metalinguistik und Sprachphilosophie. Herausgegeben und übersetzt von Peter Krauser. Hamburg: Rowohlt.

Wiegand, Jan (1995): Entwicklung und Begründung eines integrativen Modells zur Förderung der kreativen Problemlösefähigkeit. Witterschlick/Bonn: Wehle.

Wilss, Wolfram (1988): Kognition und Übersetzen. Zu Theorie und Praxis der menschlichen und der maschinellen Übersetzung. Tübingen: Max Niemeyer.

Wilss, Wolfram (2008): Übersetzen als wissensbasierter Entscheidungsprozess. In: Krings, Hans P/Mayer, Felix (Hrsg.): Sprachenvielfalt im Kontext von Fachkommunikation, Übersetzung und Fremdsprachenunterricht. Für Reiner Arntz zum 65. Geburtstag. Berlin: Frank & Timme. S. 63–76.

Zhang, Ning (2006): Grundfragen einer Dolmetschdidaktik im Sprachenpaar Deutsch – Chinesisch. München: IUDICIUM.

Zima, Peter V (1994): Die Dekonstruktion. Einführung und Kritik. Tübingen / Basel: Francke.

Zybatow, Lew N. (2010): Translationswissenschaft – woher und wohin? In: Malgorzewicz, Anna (Hrsg.): Translation: Theorie – Praxis – Didaktik. Dresden – Wroclaw: Neisse. S. 91–116.

Abbildungsverzeichnis

Anhang

Beispieltext A

Fingerzeig aus Ingolstadt

Der neue Audi A8 bietet mehr als nur eine effektheischende Front inklusive einem mächtigen Single-Frame-Kühlergrill und ansprechende Fahrleistungen. Sein großes Plus ist die INTELLIGENTE VERNETZUNG verschiedener Fahrerassistenz-Systeme.

Der gebürtige Oberbayer Rupert Stadler hat das ‚Mir-san-mir'-Gefühl schon seit Kindesbeinen inhaliert. Dazu gehört auch eine zünftige Tracht, inklusive Lederhose, die, wie es sich gehört, aus Hirschleder ist. Deswegen dürfte es den Ober-Audianer auch besonders freuen, dass beim neuen A8 der Automatik-Hebel und die Kopfstützen in bester weißblauer Tradition in ebensolchem naturbelassenen Leder zu haben ist. Gegen einen angemessenen Aufpreis, versteht sich. Das gehört in der Oberklasse zum guten Ton.

Um in Asien mit seinen vielen Zeichen weiterhin erfolgreich sein zu können, hat Audi das Bedienkonzept MMI um ein Touchpad erweitert. Jetzt kann man das Navigationsziel nicht mehr nur per Drehrad oder Spracheingabe definieren, sondern einfach mit dem Finger die Buchstaben malen. „Das Entwicklungsziel war eine einfache Eingabe, zu der man keine Graphiken lernen muss, sondern einfach die Buchstaben und Zeichen wie auf einen Zettel schreiben

kann", erklärt Werner Hamberger, der an der Entwicklung des MMI beteiligt war.

Hochkomplexe Algorithmen

Für die Handschrift-Erkennung sind komplexe Algorithmen nötig. Die Audi-Entwickler griffen auf eine Software der französischen Firma ‚Vision Objects' zurück und verfeinerten diese. Doch das war nicht das einzige Problem, mit dem sich die Tüftler konfrontiert sahen. Da es für den Fahrer angenehmer ist, die einzelnen Buchstaben übereinander und nicht nacheinander zu schreiben, brauch-

te man einen dementsprechenden Sensor. Den lieferte die japanische Zuliefer-Firma ‚Alps'.

Man entschied sich gegen ein resitives System, da für dieses ein gewisser Druck auf den Sensor nötig ist. Die Konsequenz ist eine anfällige Oberfläche zum Beispiel für Kratzer. Bei der verwendeten kapazitiven Bauweise, bei der ein elektrisches Feld durch den Finger unterbrochen wird, kommen gleich mehrere Vorteile zusammen, den den Entwicklern in die Karten spielten: Da eine druckintensive Berührung nicht mehr zwingend notwendig ist,

Neckarsulm und der neue A8

Der neue A8 und der R8 Spyder stehen im Mittelpunkt einer Sonderausgabe der AUTOMOBIL PRODUKTION über das Audi-Werk Neckarsulm, die am 18. Mai erscheint. In dieser Sonderpublikation, die in enger Abstimmung mit der Audi AG entsteht, werden die neuen Fahrzeuge, der Entstehungsprozess sowie die Fertigungen vom Presswerk bis zum Leichtbauzentrum beleuchtet. Interview-

partner sind neben den Audi-Vorständen Michael Dick und Frank Dreves unter anderem Werkleiter Albrecht Reimold und Werner Frowein, Geschäftsführer der Audi quattro GmbH, die für den R8 Spyder verantwortlich zeichnet. Eine Übersicht der Top-Lieferpartner und ihrer Produkte und Dienstleistungen für das Audi Neckarsulm rundet das umfassende Portrait des Audi-Standorts ab.

kann man die Form des Touchpads und dessen Oberfläche beliebig gestalten, also auch kratz- und Fett-resistent.

Ausgeklügelte Abstandsregelung

Der leicht raue Kunststoff ist auch transparent, so kann man die Bedienoberfläche von hinten beleuchten und die Nummern der gespeicherten Radio-Stationen mit einem leichten Fingerdruck aufrufen. Das macht deutlich, wohin die Entwicklung zielt. „Das Touchpad wird zentraler Bestandteil unseres Bedienkonzeptes bleiben. Es werden künftig noch mehr Funktionen in das Touchpad integriert", gibt Werner Hamberger einen Ausblick. Doch auch die Konkurrenz schläft nicht. Daimler arbeitet bereits an einem Touchpad, welches das Audi-System noch übertreffen soll.

Integration und Vernetzung sind zwei der großen USPs beim neuen A8. Ansprechende Fahrleistungen kombiniert mit Komfort setzt die solvente Kundschaft bei einer Luxus-Limousine voraus. Die Unterscheidung der einzelnen Wettbewerber findet aber zunehmend bei den Fahrer-Assistenzsystemen statt. Und da zunehmend in Details. Die Abstandsregelung nutzt die Daten von 27 Steuergeräten, darunter die Karten des Navigationssystems und die Meßergebnisse von zwei neuen 76,5-GHz-Radarsensoren von Bosch, deren Daten auch noch synchronisiert werden müssen. So werden innerhalb von Sekundenbruchteilen 1 400 Signale verarbeitet. Dieser intensive Datentransfer benötigt eine dementsprechende Autobahn. Die ist dank des schnellen Flex-Ray-Bussystems achtspurig.

Die Ergebnisse sind durchaus beeindruckend: Das Abstandsregel-System antizipiert die Fahrmanöver der anderen Ver-

kehrsteilnehmer und agiert entsprechend. Blinkt ein Vordermann und will abbiegen, erkennt das ACC (Adaptive Cruise Control) dieses Manöver und bremst anschließend nicht so stark. Fährt man auf der Autobahn zu nah auf, überwacht das Side-Assist-System den Nebenspur. Ist diese frei, geht der Rechner von einem Überholmanöver aus und verzögert zunächst nicht so heftig. „Der Fahrer muss immer die Kontrolle haben", erklärt Marc Oliver Fischer. Richtig hilfreich ist das ACC im Start-Stopp-Verkehr: Die Elektronik bremst und beschleunigt das 2,6-Tonnen-Fahrzeug selbstständig. Damit nicht genug. Die Sensorik schnürt sozusagen ein „Rundumsorglos-Paket" und überwacht auch den Fahrschlauch nach hinten. Droht ein Heckaufprall, aktiviert das System die Warnblinkanlage, schließt die Fensterscheiben,

strafft die Gurte und schiebt die Kopfstützen nach vorne.

Vernetzter Nachfahr-Assistent

Der Nachtfahr-Assistent nutzt ebenfalls alle vernetzten Ressourcen und schaut so via einer Infrarot Kamera 300 Meter voraus. Zunächst werden Fußgänger oder Tiere, die im Begriff sind, auf die Fahrbahn zu treten, gelb markiert. Erkennt die Technik, dass eine Kollision droht, wird der Rahmen rot und ein Signalton ertönt. Zudem wird ein Bremsmanöver vorbereitet. Das ist auch gut so, denn schließlich will niemand den massiven Chrom-Singleframe-Grill sowie die LED-Leuchten und damit die beeindruckende etwas zu massive Präsenz des neuen Ingolstädter Flaggschiffs zerstören.

Wolfgang Gomoll ∎

Der neue Audi A8: Alle wichtigen Daten im Überblick

Neuer Audi A8		Jährliche Produktion	
Interner Code	AU641	2010	15 744
SOP	November 2009	2011	21 525
Plattform	MLB	2012	24 107
Segment	E-Segment	2013	26 559
Wettbewerb	Mercedes S-Klasse, BMW 7er, Lexus LS	2014	25 765
		2015	2 4671
Produktions-Standort	Neckarsulm	Leistung (4,2 TDI)	258 kW/350 PS
		Verbrauch	7,6 l/100 km
		CO_2	199 g/km
Quelle: Prognose Institut CSM		Abgasnorm	EU5

Hybridisierung: die elektrische Zukunft der Ringe

Der A8 ist da und Audi arbeitet schon an den nächsten Projekten. Dabei spielt die Elektrifizierung des Antriebsstrangs eine große Rolle. Bald wird ein A8-Hybrid-Konzept der Öffentlichkeit vorgestellt. Der Q7 Hybrid mit seiner Nickel-Metallhydrid-

Batterie (NiMH) wird dagegen nicht weiter verfolgt. Auch die Ingolstädter setzen auf die Lithium-Ionen-Technik, die im modularen Längs-Baukasten im Q5 Premiere feiert und dann über die Modell Palette (A4, A6, A7, A8) ausgerollt wird.

„Leichtbau ist ein zentrales Thema für die nachhaltige Mobilität der Zukunft"

Welche Rolle spielt der A8 in der neuen Audi-Strategie „2020", die Sie bald vorstellen werden?
Als Flaggschiff von Audi spielt der A8 eine zentrale Rolle, wie schon seine Vorgänger. Denn im A8 steckt alles, was Audi kann. Er zeigt, was technisch möglich ist und ist so etwas wie die Essenz unserer Marke. In diesem Sinne definiert er auch den technologischen Anspruch von Audi. Und viele seiner Features werden wir unseren Kunden sukzessive auch in anderen Baureihen anbieten.

Welches sind die wichtigsten Märkte für den A8?
China, die USA und Großbritannien sind neben Deutschland die wichtigsten Märkte. Aber auch

Russland und die arabischen Länder gewinnen weiter an Bedeutung.

Beim A8 haben Sie den Leichtbau weiter perfektioniert. Sind die Möglichkeiten ausgeschöpft?
Noch lange nicht. Leichtbau ist ein zentrales Thema für die nachhaltige Mobilität der Zukunft, und Leichtbau bleibt eine Kernkompetenz von Audi. Wir wollen die Gewichtsspirale umkehren und damit unsere Autos immer leichter und effizienter machen. In Zukunft werden wir dazu neben den klassischen Werkstoffen wie Stahl und Aluminium zunehmend auch Materialien wie Magnesium und Verbundwerkstoffe einsetzen.

Audi-Chef Rupert Stadler ist seit dem 1. Januar 2010 auch Mitglied des Volkswagen-Vorstands.

214

Beispieltext B

Lenkhilfölkühler
Klimakondensator
NT-Kühlmittelkühler
HT-Kühlmittelkühler
E-Lüfter

Zusatz-Kühlmittelkühler
Elektrische Zusatz-Kühlmittelpumpe

Abbildung 19: Kühlmodul

Die Kühlung der Ladeluft erfolgt in einem eigenen Kühlkreislauf mit dem Niedertemperatur-Kühlmittelkühler und der elektrischen Zusatzpumpe. Aufgrund des hohen Aufladegrades ist vor dem Haupt-Ladeluftkühler nach der ersten Verdichtungsstufe ein Zwischen-Ladeluftkühler direkt im Verdichtergehäuse des Niederdruck-Abgasturboladers integriert. Der Ladeluftkühler nach der zweiten Verdichtungsstufe befindet sich am Motor oben liegend. Dieser Wärmetauscher ist in Plattenbauweise mit verstärktem Gehäuse und angeschweißten Gussrohren für die hohen Druck- und Temperaturanforderungen ausgeführt.

Motor- und Ladeluftkühlungskreislauf benötigen aufgrund einer Befüll- und Entlüftungsverbindung nur einen Ausgleichsbehälter.

3.8 Abgasanlage

Die Gestaltung der Abgasanlage des neuen BMW TwinPower Turbo-Dieselmotors basiert auf folgenden Zielen:

- Niedriger Abgasgegendruck
- Motornahe Anordnung der Abgasnachbehandlungskomponenten
- Darstellbarkeit der Emissionsstufe EU6
- Berücksichtigung der Anforderungen an Fzg.-Akustik und Wärmemanagement
- Optimierung Bauteilgewicht
- Endrohrdesign

Ausgangspunkt ist das für BMW Dieselfahrzeuge typische funktionsoptimale Konzept einer motornahen Anordnung von Katalysator und Dieselpartikelfilter (DPF) in einem gemeinsamen Gehäuse (siehe Abbildung 20). Der BMW 6-Zylinder Reihenmotor bietet dafür optimale Voraussetzungen: Gegenüber dem BMW 6-Zylinder Basismotor wurde das Gehäuse sowie Kat- und DPF-Volumen an die geometrischen und funktionellen Anforderungen des neuen Motors angepasst, wobei eine einheitliche Geometrie über alle betroffenen Fahrzeugderivate realisiert wurde. Für den Einsatz in der BMW 5er-Baureihe ist der Katalysator als sogenannter NOx-Speicherkatalysator ausgeführt. Der DPF aus SiC-Werkstoff hat eine in Strömungsrichtung zonierte katalytische Beschichtung. Das gemeinsame Gehäuse ist außen mit einer akustisch-thermischen Isolation bestehend aus einem Vlies mit darüberliegender perforierter Metallfolie ausgeführt. Dadurch wird neben verringerter Bauteilabstrahlung auch eine Absorption von Luftschall im Motorraum bewirkt.

Der hintere Teil der Abgasanlage verläuft 2-flutig und beinhaltet einen Vorschalldämpfer sowie links und rechts jeweils einen Nachschalldämpfer. Die Endrohrblenden sind durch Form- und Fertigebung speziell für die neue BMW Dieselspitzenmotorisierung gestaltet. Durch eine Wandstärkenreduzierung auf 1,5 mm bei Rohren bzw. Schalldämpfern wird ein optimaler Kompromiss aus akustischen Eigenschaften und Gewicht erzielt. Die gesamte Abgasanlage am Beispiel der BMW 5er Baureihe ist in Abbildung 21 dargestellt.

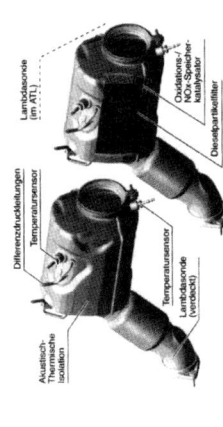

Lambdasonde (im ATL)
Oxidations-/NOx-Speicher-katalysator
Dieselpartikelfilter

Differenzdruckleitungen
Temperatursensor
Akustisch-Thermische Isolation
Temperatursensor
Lambdasonde (verdeckt)

Abbildung 20: Motornahes Abgasnachbehandlungssystem

215

Beispielstext C

Form

vollendet

Das jüngste Mitglied der Audi A3 Familie, die Audi A3 Limousine, begründet ein ganz neues Segment: die sportliche Kompakt-Limousine.

Die Werte für Kraftstoffverbrauch und CO₂-Emissionen der Audi A3 Limousine finden Sie auf Seite 30.

Kinder, die vor 50 Jahren ein Auto zeichneten,
hatten es relativ leicht. Abgesehen vom rundlichen Käfer
und reinrassigen Sportwagen entsprachen damals fast
alle Karosserien demselben stilistischen Strickmuster: In
der Regel waren sie nach dem Three-Box-Konzept gestylt
und ähnelten in der Silhouette einem vorn und hinten ab-
geflachten Ziegelstein, der die klassische Platzverteilung
– Motor vorn, Passagiere in der Mitte, Gepäck hinten – auf
Anhieb verdeutlichte. Ob amerikanische Straßenkreuzer
oder europäische Limousinen: Die Stufenheck-Grundform
war dieselbe, die optischen Unterschiede beschränkten
sich auf Abmessungen und individuelle Stilmittel.

Heute dagegen kennen junge Menschen die klassische Karosserieform fast nur aus Erzählungen. Die Jugend
im Europa des 21. Jahrhunderts ist gewöhnt an pragmatische Heckklappen-Kleinwagen, praktische Kombis, volumi-
nöse Vans und stämmige SUVs – Fahrzeuge mit Stufenheck
stellen im Straßenbild fast schon die Ausnahme von der
Regel dar. Doch das ist nicht überall so. Vor allem in China
und den USA erfreuen sich kompakte Limousinen nach wie
vor so großer Beliebtheit, dass sie das nach Stückzahlen
weltweit größte Marktsegment bilden.

Mit der sportlichen Audi A3 Limousine leistet Audi
jetzt einen neuen und höchst attraktiven Beitrag zu dieser
Kategorie und begründet darin sogar ein völlig neues Segment: Eine Premium-Kompakt-Limousine gab es bislang
bei Audi noch nicht. Bereits die ausdrucksstarke Synthese
aus klassischem Three-Box-Konzept und eleganter Coupé-
Optik kennzeichnet das jüngste Mitglied der Audi A3
Familie auf den ersten Blick als ein sportliches Fahrzeug.
Die coupéhafte Dachlinie, die kurzen Überhänge der Karosserie sowie zahlreiche Details betonen das sporti-
ve Erscheinungsbild. Mit verbreiterten Radhäusern, bis zu
19 Zoll großen Rädern und der gegenüber dem Schwestermodell um neun Millimeter reduzierten Höhe steht
die Audi A3 Limousine dynamisch und kraftvoll auf der
Straße. Dennoch ist sie mit 425 Litern Kofferraumvolu-
men absolut alltagstauglich. Weitere sportliche Akzente
setzen die stilprägende, präzise Schulterlinie sowie die
Dynamiklinie, die in einem markanten Winkel über die Silhouette ansteigt und harmonisch im Ansatz des hinteren
Stoßfängers ausläuft.

Eine ganz spezielle Kombination aus Effizienz und
Eleganz bildet der integrierte Heckspoiler, der bei hohen
Geschwindigkeiten den Auftrieb an der Hinterachse wir-
kungsvoll reduziert. Er betont zusammen mit den Heck-
leuchten den breiten Schnitt und die horizontalen Linien
des Fahrzeugs. Abgerundet wird das dynamische Bild
durch die optionalen LED-Scheinwerfer.

Aus dem athletischen Erscheinungsbild der
Audi A3 Limousine sollte man aber keine falschen Schlüs-
se ziehen. Denn obwohl der Wagen eine ganz neue Kategorie begründet, wurde wie bei allen anderen Audi
Modellen auch hier konsequenter Leichtbau praktiziert.
Die Motorhaube besteht aus Aluminium, während beim
Aufbau der Karosserie zahlreiche Bauteile aus formge-
härtetem Stahl verwendet wurden, die für niedriges Gewicht bei höchster Festigkeit bürgen. Das Resultat: Mit
dem 1,4-TFSI-Vierzylinder-Motor unter der Haube bringt
das Fahrzeug nur 1.250 Kilogramm auf die Waage. Al-
ternativ zum 103 kW (140 PS) starken 1.4 TFSI mit Zy-
linderabschaltung stehen ab Marktstart noch zwei weitere Antriebsalternativen für die Audi A3 Limousine zur
Wahl, die mit Direkteinspritzung, Turboaufladung, in-
novativem Thermomanagement und Start-Stop-System
ebenfalls über modernste Effizienztechnologie verfügen:
Bulliges Drehmoment (320 Newtonmeter) und hohe Spar-
samkeit (4,1 Liter kombiniert auf 100 Kilometer) sind
die hervorstechenden Eigenschaften des 110 kW (150
PS) starken 2.0 TDI. Das vorläufig leistungsstärkste

218

Aggregat in der Motorenpalette dagegen bildet der 1.8 TFSI mit souveränen 132 kW (180 PS), der die flotte Optik der Karosserie mit entsprechendem Temperament untermauert: In 7,3 Sekunden beschleunigt er die Audi A3 Limousine von 0 auf 100 km/h und danach bei Bedarf auf eine Höchstgeschwindigkeit von 235 km/h.

Auch mit ihrem aufwendigen Fahrwerk beeindruckt die Audi A3 Limousine. Gemeinsam mit der Karosserie ist es so ausgelegt, dass auch 19-Zoll-Felgen optional angeboten werden können. Dreiecksquerlenker und Aluminium-Schwenklager an der Vorderachse sowie eine Vierlenker-Hinterachse ermöglichen im Verbund mit der elektromechanischen Servolenkung äußerst agile Fahreigenschaften, die sich mit einem Sportfahrwerk noch steigern lassen. Bei der Wahl des S line Sportfahrwerks ist die Karosserie um 25 Millimeter tiefer gelegt, was auch den Schwerpunkt des Fahrzeugs reduziert und damit den Fahrspaß steigert.

Sehr gut aufgehoben fühlt man sich an Bord aber schon im Stand. Wie die Schwestermodelle glänzt auch die Audi A3 Limousine im Innenraum mit klar gestalteten »

Die Werte für Kraftstoffverbrauch und CO_2-Emissionen der Audi A3 Limousine finden Sie auf Seite 30.

Drei dynamische Motoren und umfangreiche Ausstattungsoptionen sorgen
bei der Audi A3 Limousine für vielfältige Konfigurationsmöglichkeiten.

Motoren

Audi A3 Limousine 1.4 TFSI (103 kW/140 PS)
Audi A3 Limousine 1.8 TFSI (132 kW/180 PS)
Audi A3 Limousine 2.0 TDI (110 kW/150 PS)

Antrieb/Getriebe

Vorderradantrieb, 6-Gang-Handschaltung, 7-Gang S tronic®

Serienausstattung

u. a. Klimaanlage manuell, elektromechanische Parkbrem-
se, Bremsassistent Folgekollision, Seitenairbags vorn und
Kopfairbagsystem, integrales Kopfstützensystem, elektromechanische Servolenkung, Start-Stop-System

Sonderausstattung

u. a. adaptive light, Komfortklimaautomatik, MMI Navigation plus mit MMI touch, adaptive cruise control inklusive
Audi pre sense front, Geschwindigkeitsregelanlage, Rück-
fahrkamera, Audi magnetic ride, Progressivlenkung

Informationen und Konfigurationsmöglichkeiten
finden Sie unter www.audi.de/a3-limousine

Die angegebenen Werte wurden nach dem vorgeschrie-
nen Messverfahren ermittelt. Verbrauch innerorts/außer-
orts/kombiniert (in l/100 km): 7,0-5,2/4,8-3,5/5,6-4,1,
CO₂-Emission kombiniert (in g/km): 129-107, EU5/EU6

Linien und Flächen, einer schlanken, bogenförmigen Ins-
trumententafel und der zum Fahrer hin orientierten Mit-
telkonsole. Ein Highlight bildet das optionale MMI Navigation plus mit MMI touch mit elektrisch ausfahrbarem
hochauflösendem 7-Zoll-Farbdisplay, hochwertiger Darstellung der Navigationskarte als 3D-Geländemodell mit
Topografie-Karteneinfärbung sowie einer Anzeige von vielen Sehenswürdigkeiten und Stadtmodellen in 3D. Das Be-
diensystem erlaubt den Zugriff auf eine 64 Gigabyte große
Festplatte, ein DVD-Laufwerk und eine Ganzwort-Sprach-
bedienung. Buchstaben und Zahlen lassen sich zudem
über ein berührungssensitives Feld auf dem Dreh-Drück-
Steller eingeben. Höchst unüblich in der Kompaktklasse
sind auch weitere Features des Infotainment-Programms.
Ein Modul ermöglicht digitalen Radioempfang (DAB+),
über die optionale Audi phone box lässt sich ein Mobile-
lefon komfortabel mit der Autoantenne koppeln, und der
705-Watt-Verstärker des Bang & Olufsen Sound Systems
(Sonderausstattung) verwandelt den Innenraum mittels
14 Lautsprechern in einen virtuellen Konzertsaal.

Für den Kontakt zur Außenwelt dagegen ist das
optionale Audi connect (www.audi.de/connect) zuständig. Die jüngste Entwicklungsstufe des Systems
vernetzt das Fahrzeug bei entsprechender Abdeckung
mit dem Internet. Davon profitiert der Fahrer in Form von
Echtzeit-Verkehrsinformationen, Navigationshilfen von
Google Earth und Google Street View sowie – erstmals in
einem Audi – auch von Parkplatzinformationen, die im Umfeld des angepeilten Ziels neben den Adressen von Parkplätzen und -häusern auch die Anzahl der freien Plätze und
der entstehenden Parkgebühren nennen. Beifahrer und

andere Passagiere dagegen können über den integrierten
WLAN-Hotspot surfen und mailen.

Und wollen Kinder wieder ihr Traumauto zeichnen,
ist das kein Problem: Tendenziell entspricht die Audi A3
Limousine dem guten alten Vorbild: Motor vorn, Menschen
in der Mitte, Gepäck hinten. Das Ganze nur schwungvoller
– und viel sportlicher.   //

▷ Sehen Sie die Audi A3 Limousine in Aktion
auf www.audi.de/a3-limousine.

Fifty years ago, children drawing a car had it relatively easy. Apart from the round-shaped Bug (Beetle) and thoroughbred sports cars, almost every car body back then had a similar profile based on the same three-box design: one box at the front for the engine, one in the middle for the passengers, and one at the back for the trunk. Whether American limos or European sedans, the basic notchback shape was the same, the only visual differences being size and individual styling elements.

Nowadays, literally youngsters know the classic cars only from old storybooks. Young people in 21st century Europe have become accustomed to pragmatic hatchbacks, practical station wagons, voluminous vans and chunky SUVs—notchbacks are almost the exception to the rule on Europe's roads. But it's not like that everywhere. Particularly in China and the US, compact sedans are still so popular that they represent the world's biggest market segment in terms of numbers.

A highly attractive new addition to this category, the sporty Audi A3 Sedan even establishes a completely new segment: This is the Audi brand's first ever premium compact sedan. The expressive synthesis of classic three-box design and elegant coupé looks marks out the youngest member of the Audi A3 family as a sporty vehicle. The coupé-like roofline and short body overhangs combine with numerous details to underscore the sporty appearance even further. With broader wheel arches, up to 19-inch wheels and nine-millimeter height reduction com-

pared with its sister model, the Audi A3 Sedan cuts a dynamic and muscular figure on the road. Yet with 425 liters of usable trunk area, it offers full everyday functionality. Further sporty highlights come in the shape of the distinctive, clean-cut shoulder line and the dynamic line that rises at an eye-catching angle along the silhouette and segues harmoniously into the rear bumper.

The integrated rear spoiler to reduce rear-wheel lift at high speeds is a compelling combination of efficiency and elegance. Together with the rear lights, it emphasizes the vehicle's broad cut and horizontal lines. Optional LED headlights round out the dynamic look and feel.

But don't draw the wrong conclusions from the Audi A3 Sedan's athletic appearance. Even though the car brings a whole new category to life, as with all other Audi models it features the latest in lightweight technology. The hood is aluminum, while numerous body parts are

made from hot-stamped steel, guaranteeing low weight and ultra-high strength. The result: Powered by its 1.4 TFSI four-cylinder engine, the vehicle weighs in at only 1,250 kilograms. By way of alternative to the 103 kW 1.4 TFSI with cylinder shutdown, two additional engine options will be available for the Audi A3 Sedan at launch, likewise boasting the latest efficiency technology with direct injection, turbocharging, innovative thermal management and start-stop system: Muscular torque (320 newton-meters) and great fuel economy (4.1 liters combined per 100 kilometers) are the strong points of the 110 kW 2.0 TDI. But the most powerful unit in the current engine lineup is the 1.8 TFSI with a refined 132 kW, underpinning the rakish looks of the body with a lively temperament: It propels the Audi A3 Sedan from 0 to 100 km/h in 7.3 seconds and, if you like, on to a top speed of 235 km/h.

The high-tech chassis is similarly an impressive highlight of the Audi A3 Sedan. Together with the body, it is designed so that 19-inch wheels can be offered as an option. A-arms and aluminum pivot bearings at the front and a four-link rear suspension coupled with electromechanically assisted steering make for extremely agile handling, which can be enhanced still further with a sport suspension. With the choice of the S line sport suspension, the body is lowered by 25 millimeters, which reduces the vehicle's center of gravity and increases the fun factor.

But even standing still, this is a car to feel good in. Like its siblings, the Audi A3 Sedan boasts an impressive interior with clearly defined contours and surfaces, a slender curved instrument panel and a center console angled toward the driver. A special highlight is the optional MMI Navigation plus system with MMI touch, including an electrically extending high-resolution 7-inch color display, high-quality representation of the navigation map as 3D ground model with topographical map coloring as well as a display of many points of interest and city models in 3D. The system provides access to a 64 gigabyte hard drive, DVD drive and whole-word voice control. Letters and numbers can be entered via a touch-sensitive pad on the turn/push control. Other features of the infotainment program are also a rarity in the compact class. A module allows digital radio reception (DAB+), a cell phone can be

221

conveniently connected to the car antenna via the optional Audi phone box, and the 705-watt amplifier of the Bang & Olufsen Sound System (optional) with its 14 speakers converts the interior into a virtual concert hall.

You can keep in touch with the outside world courtesy of the optional Audi connect system (*www.audi.com/connect*). Given the right coverage, the system's latest iteration connects the vehicle to the Internet. What's in it for you? Real-time traffic information, navigational guidance with images from Google Earth and Google Street View, and—for the first time in an Audi—information on parking garages near a destination, including addresses, number of available spaces and parking fees. An integrated Wi-Fi hot spot lets passengers surf and e-mail.

And children wanting to draw their dream car should have no problem, either: The Audi A3 Sedan corresponds largely with the classic three-box design—engine at the front, people in the middle, trunk at the back—just a whole lot more elegant and sporty.   //

 View the Audi A3 Sedan in action
at *www.audi.com/a3*.

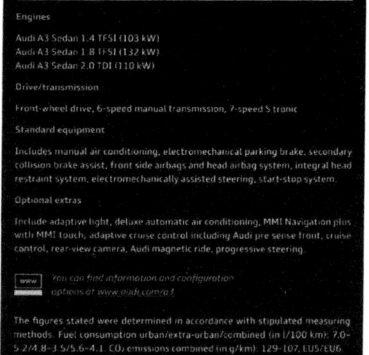

Engines

Audi A3 Sedan 1.4 TFSI (103 kW)
Audi A3 Sedan 1.8 TFSI (132 kW)
Audi A3 Sedan 2.0 TDI (110 kW)

Drive/transmission

Front-wheel drive, 6-speed manual transmission, 7-speed S tronic

Standard equipment

Includes manual air conditioning, electromechanical parking brake, secondary collision brake assist, front side airbags and head airbag system, integral head restraint system, electromechanically assisted steering, start-stop system.

Optional extras

Include adaptive light, deluxe automatic air conditioning, MMI Navigation plus with MMI touch, adaptive cruise control including Audi pre sense front, cruise control, rear-view camera, Audi magnetic ride, progressive steering.

www | You can find information and configuration
options at www.audi.com/a3.

The figures stated were determined in accordance with stipulated measuring methods. Fuel consumption urban/extra-urban/combined (in l/100 km): 7.0–5.2/4.8–3.5/5.6–4.1. CO₂ emissions combined (in g/km): 129–107. EU5/EU6